Yasuko Sakai

Nihon no ima

Yasuko Sakai

Nihon no ima
日本の今

Japan heute

Ein Japanischlehrwerk
für Fortgeschrittene

Unter Mitarbeit von Katrin Buchta

BUSKE

Bibliografische Information der Deutschen Nationalbibliothek

Die Deutsche Nationalbibliothek verzeichnet diese Publikation in der
Deutschen Nationalbibliografie; detaillierte bibliografische Daten sind im Internet über
<http://dnb.d-nb.de> abrufbar.
ISBN 978-3-87548-539-4

© Helmut Buske Verlag GmbH, Hamburg 2011. Alle Rechte, auch die des auszugsweisen Nachdrucks, der fotomechanischen Wiedergabe und der Übersetzung, vorbehalten. Dies betrifft auch die Vervielfältigung und Übertragung einzelner Textabschnitte durch alle Verfahren wie Speicherung und Übertragung auf Papier, Filme, Bänder, Platten und andere Medien, soweit es nicht §§ 53 und 54 URG ausdrücklich gestatten. Satz: Sönke Grützmacher, Druck: Strauss Offsetdruck GmbH, Mörlenbach. Bindung: Litges und Dopf, Heppenheim. Papier: alterungsbeständig nach ANSI-Norm resp. DIN-ISO 9706, hergestellt aus 100% chlorfrei gebleichtem Zellstoff. Printed in Germany. *www.buske.de*

目次

Vorwort xiii
前書き xv
第1課　歴 1
　【話してみよう】 1
　【本文】くりかえしてはならない歴史 2
　【会話】少数民族・アイヌ 2
　【語彙】 3
　【文法・表現】 5
　【練習】 7
　【まとめ】〜なる　の表現いろいろ 9
　【内容質問】 10
　【作文】 11
　【タスク】 11
　【漢字】 11
　【漢字テスト】 13
　【聴解】 14
　【翻訳】 15
第2課　現代の企業 17
　【話してみよう】 17
　【本文】大企業と中小企業 18
　【会話】不況と日本 18
　【語彙】 19
　【文法・表現】 23
　【練習】 24
　【内容質問】 26
　【タスク】 26
　【作文】 27
　【漢字】 27
　【漢字テスト】 28
　【語彙テスト】 29
　【聴解】 31
　【翻訳】 31
第3課　人生 33
　【話してみよう】 33
　【本文】人生八十年 34
　【会話】家族の形 34
　【語彙】 35
　【文法・表現】 38
　【練習】 41
　【内容質問】 42
　【作文】 42

　　【タスク】 43
　　【漢字】 43
　　【漢字テスト】 45
　　【聴解】 46
　　【翻訳】 46
第4課　教育 47
　　【話してみよう】 47
　　【本文】教育制度および教育思想 48
　　【会話】少子化と過保護 48
　　【語彙】 49
　　【文法・表現】 52
　　【まとめ】「わけ」の表現いろいろ 55
　　【練習】 55
　　【内容質問】 58
　　【作文】 59
　　【タスク】 59
　　【漢字】 60
　　【漢字テスト】 61
　　【聴解】 62
　　【翻訳】 62
第5課　食生活 65
　　【話してみよう】 65
　　【会話】バラエティー豊かな日本人の食卓 66
　　【食に関することわざ】 67
　　【語彙】 67
　　【文法・表現】 71
　　【練習】 72
　　【内容質問】 74
　　【タスク】 75
　　【作文】 75
　　【作文】「ことわざ」紹介 75
　　【漢字】 75
　　【漢字テスト】 76
　　【聴解】 78
　　【翻訳】 78
第6課　エネルギー 81
　　【話してみよう】 81
　　【本文1】新しいエネルギーの開発 82
　　【本文2】温暖化防止の一歩・温暖化対策 82
　　【語彙】 83
　　【文法・表現】 86
　　【語彙テスト】 88
　　【練習】 89
　　【ロールプレー】 91

【タスク】	91
【内容質問】	91
【漢字】	92
【漢字テスト】	94
【作文】	95
【聴解】	95
【翻訳】	96

第7課　経済の発達 ... 97

【話してみよう】	97
【本文1】経済の発達と産業構造の変化	98
【本文2】仮想現実（Virtuelle Realität）	98
【語彙】	99
【文法・表現】	102
【練習】	104
【内容質問】	107
【漢字】	108
【漢字テスト】	109
【聴解】	110
【作文】	110
【タスク】	111
【翻訳】	111

第8課　異文化 ... 113

【話してみよう】	113
【本文】身近な存在になった異文化	114
【会話】日本に求められること	115
【語彙】	115
【文法・表現】	118
【読解】	120
【練習】	121
【内容質問】	124
【漢字】	125
【漢字テスト】	126
【聴解】	127
【作文】	127
【タスク】	127
【翻訳】	127

第9課　人 ... 129

【話してみよう】	129
【本文1】日本人の人生	130
【本文2】不便と不幸	130
【語彙】	131
【文法・表現】	136
【練習】	139
【内容質問】	141

【漢字】	142
【漢字テスト】	144
【聴解】	145
【作文】	145
【タスク】	146
【翻訳】	146

第１０課　言葉 ... 149
【話してみよう】	149
【本文】武器としての敬語（敬語は何の役に立つか）	150
【会話】睡眠障害	150
【語彙】	151
【文法・表現】	154
【敬語】	156
【内容質問】	157
【副詞のまとめ】	158
【タスク】	172
【漢字】	172
【漢字テスト】	173
【聴解】	174
【翻訳】	174

解答 ... 177

第一課　Geschichte ... 177
Text: Geschichte, die sich nicht wiederholen darf	177
Dialog: Ethnische Minderheiten – Ainu	177
【語彙】	178
【文法・表現】	179
【練習】	180
【まとめ】〜なる	182
【内容質問】	183
【作文例】	184
【タスク】	185
【漢字テスト】	185
【聴解】	185
【聴解スクリプト】	186
【翻訳】	186

第二課　Moderne Unternehmen ... 188
Text: Großunternehmen und kleine und mittelständische Unternehmen	188
Dialog: Japan und die Rezession	188
【語彙】	189
【文法・表現】	191
【練習】	192
【内容質問】	193
【タスク】	194
【漢字テスト】	195

【語彙テスト】	195
【聴解】	196
【聴解スクリプト】	196
【翻訳】	197

第三課 Ein Menschenleben ... 199
Text: Ein Menschenleben dauert 80 Jahre ... 199
Dialoge: Die Familienstruktur ... 199

【語彙】	200
【文法・表現】	202
【練習】	204
【内容質問】	205
【作文例】	206
【タスク】	207
【漢字テスト】	207
【聴解】	207
【聴解スクリプト】長寿国，日本	207
【翻訳】	208

第四課 Bildung ... 210
Text: Das Bildungssystem und die Erziehungsidee ... 210
Dialog: Sinkende Geburtenrate und Verhätschelung ... 211

【語彙】	212
【文法・表現】	213
【練習】	215
【内容質問】	217
【タスク】	218
【漢字テスト】	219
【聴解】	219
【聴解スクリプト】教育制度	219
【翻訳】	220

第五課 Essgewohnheiten ... 222
Dialog: Ein reichhaltig und vielfältig gedeckter Tisch ... 222
Sprichwörter zum Thema Essen ... 223

【語彙】	224
【文法・表現】	225
【練習】	226
【内容質問】	227
【タスク】	229
【作文例】	229
【作文】「ことわざ」紹介	230
【漢字テスト】	230
【聴解】	230
【聴解スクリプト】	230
【翻訳】	231

第六課 Energie ... 233
Text 1: Die Erschließung neuer Energien ... 233
Text 2: Maßnahmen gegen die Erderwärmung ... 233
【語彙】... 234
【文法・表現】... 235
【語彙テスト】... 237
【練習】... 237
【タスク】... 239
【内容質問】... 239
【漢字テスト】... 240
【作文例】... 240
【聴解】... 241
【聴解スクリプト】地球環境問題 ... 241
【翻訳】... 242

第七課 Die Entwicklung der Wirtschaft ... 243
Text 1: Die Entwicklung der Wirtschaft und die Veränderung der Industriestruktur ... 243
Text 2: Virtuelle Realität ... 243
【語彙】... 244
【文法・表現】... 245
【練習】... 246
【内容質問】... 248
【漢字テスト】... 249
【聴解】... 250
【聴解スクリプト】経済の発達 ... 250
【作文例】... 251
【翻訳】... 251

第八課 Andere Kulturen ... 253
Text: Unterschiedliche Kulturen existieren nahe beieinander ... 253
Dialog: Was von Japan verlangt wird ... 254
【語彙】... 254
【文法・表現】... 255
【練習】接続詞 ... 257
【内容質問】... 259
【漢字テスト】... 260
【聴解】... 260
【聴解スクリプト】異文化 ... 260
【作文例】... 261
【タスク】... 262
【翻訳】... 262

第九課 Der Mensch ... 264
Text 1: Das Leben der Japaner ... 264
Text 2: Unannehmlichkeiten und Unglück ... 265
【語彙】... 265
【文法・表現】... 267
【練習】... 270

|　【内容質問】 271
|　【漢字テスト】 272
|　【聴解】 272
|　【聴解スクリプト】礼儀正しい日本人 272
|　【作文例】 273
|　【タスク】 274
|　【翻訳】 274

第十課　Die Sprache 276
　Text: Höflichkeitssprache als Waffe (Wozu braucht man *keigo*?) 276
　Dialog: Schlafstörungen 277
|　【語彙】 278
|　【文法・表現】 279
|　【内容質問】 280
|　【副詞のまとめ】 281
|　【タスク】 293
|　【漢字テスト】 294
|　【聴解】 294
|　【聴解スクリプト】 294
|　【翻訳】 295

漢字索引 297
　第一課 297
　第二課 298
　第三課 299
　第四課 300
　第五課 301
　第六課 302
　第七課 303
　第八課 304
　第九課 304
　第十課 306

索引 307

推薦のことば 327

Vorwort

Dem gestiegenen Interesse an der japanischen Sprache entsprechend liegt bereits eine Vielzahl von Lehrbüchern für die Grund- und Mittelstufe vor. Allerdings gestaltet sich gerade der Übergang zwischen den beiden Stufen als besonders schwierig. *Nihon no ima* möchte diesen Übergang erleichtern. Das Lehrwerk basiert insbesondere auf 30 Jahren Lehrerfahrung im Fach Japanisch als Fremdsprache, die Yasuko Sakai in Japan und in Deutschland gesammelt hat. Bei der Konzeption konnte sie zudem auf ihre Fachkenntnisse als Prüferin für *Oral Proficiency Interviews* (OPI) und aus der Mitarbeit an der Erarbeitung einer mündlichen Prüfung im Interview (OJAE) zurückgreifen.

Nihon no ima wendet sich an Lernende mit Vorkenntnissen im Umfang von ca. 300 Unterrichtsstunden, die das Kompetenzniveau A2/B1 des Gemeinsamen Europäischen Referenzrahmens erreichen möchten. In 10 Lektionen, die sich thematisch mit der japanischen Geschichte, Kultur und Gesellschaft beschäftigen, gibt das Lehrbuch einen Einblick in das heutige Japan und bietet den Lernenden an, ihre kommunikative Kompetenz anhand realistischer Sprachverwendungsaufgaben zu trainieren und zu erweitern.

An die Haupttexte bzw. Dialoge jeder Lektion schließen sich eine Vokabelliste mit Anwendungsbeispielen sowie eine Übersicht über feste Wendungen an. Abwechslungsreiche Übungen mit Fragen zum Textverständnis, Grammatikübungen, Aufsatzthemen sowie Übersetzungs- und Hörverständnisübungen bieten zahlreiche Möglichkeiten zur Anwendung und Vertiefung des Gelernten. Um der wachsenden Rolle neuer Medien bei der Sprachvermittlung Rechnung zu tragen, findet sich in jeder Lektion eine Internet-Rechercheaufgabe. Jede Lektion enthält eine Liste der neuen Schriftzeichen sowie einen Schriftzeichen- oder Vokabeltest. Ein Vokabel- und Schriftzeichenverzeichnis runden das Lehrbuch ab. Auf der Audio-CD sind Hörverständnisübungen sowie die Lektionstexte und Dialoge zu hören. Ausführliche Musterlösungen und eine Übersetzung der Lektionstexte bzw. -dialoge ermöglichen eine Verwendung von *Nihon no ima* im Unterricht und auch im Selbststudium.

Nihon no ima wurde bereits erfolgreich im Sprachunterricht an der Universität Leipzig getestet. Ein besonderer Dank gilt den Sprechern der Tonaufnahmen sowie den Studierenden für ihre Anregungen und Mitarbeit bei der Erstellung der Musterlösungen.

Leipzig, im März 2011   Katrin Buchta und Yasuko Sakai

前書き

　私は長年，日本とドイツにおいて日本語教育に携わってきました。その中で日々頭を悩ませてきたことは、やはり教科書の問題です。どんな教科書を使っても、要はそれを使っていかに教えるかということなのですが、やはり教科書が大事であることに変りはありません。

　初級の教科書は今日、本当にいろいろあります。教授法の研究もどんどん進み、私が日本語教育を始めた30年前とは比較にならないほどの目を見張るような進歩が見られます。日本語を教える際には、特にその到達目標をはっきりさせなければなりません。初級の基礎的な文型を終えた後に、中級へと橋渡しをし、その後いかにして専門課程に入っていける能力を身につけさせることができるかが、大きな課題となり、私自身大学レベルで、1995年以来それに取り組んできました。ヨーロッパの諸言語の運用能力を測るヨーロッパ・スタンダードを基準にして日本語の運用能力を測る必要性にもせまられてきました。また、OPI口頭能力試験官・OJAE欧州言語教育参照枠口頭表現能力評価法研究者としての立場からも、他の諸言語と比較できるような日本語能力の測定を念頭に置いた教材作成を目指してきました。

　教材を用いて何ができるようになるかというCan-do（能力記述文）の考えをもとに、理解力・発話力・やり取り・書く力・読む力を高め、同時にまた学習者自らが進歩の過程を自己評価できるような教材が必要になってきています。2000年4月(筆者は日本で13年間の「金沢を世界に開く市民の会」での日本語教育に加え、1995年－2000年までHeidelberg大学・日本語講師、また2000年からはLeipzig大学・日本語講師)から試験的に使用しながら改訂を重ねてきたこの『日本の今　1』は、学習者に現在の日本の問題などを提起しながら、学習者自身がその中の興味のある分野に焦点を当て、自分達でネットを用い、より深い考察を重ね、皆の前で発表、議論できるという形態をとっています。これまでの授業でも、切り口を自由にし、そのため学期ごとに異なった発表が見られました。そのうちのいくつかは教科書の中に参照例として取り上げてあります。また、文法は主に中級以上では「語彙表現」であるという見解から、表現や言い回しを中心に扱っており、そうした表現が学習者の作文や発表の際に頻繁に使用されるようになった事例もあります。

2009年2月の『日本の今2』履修時まで2年半学んだ学生達（総時間数720時間）の自己評価アンケート（Council of Europe (2002) Common European Framework of Reference for Languages より）によりますと、理解・発話・交話・書き・読みにおいて、ほぼＢ１－Ｂ２のレベルに到達したという結果を得ました。話題に興味が持つことができ，それについて学習者自身が自力で調査し、興味を深めていく中で、自ずと身についてくるものは大きいかと思います。

　基本的に『日本の今1』は初級段階が終わった300時間後の学習者を対象に設定していますが、学習者は自習用に使うこともでき、メールで添削も受けられるようになっているのが特徴です。中級の教科書として、学習者のお役に立つことを心から願っています。

　最後に教科書出版の大きな機会を与えてくださった Buske 出版社ハンブルクと何よりもパートナー・アドバイザーとして共に歩んできてくれた Katrin Buchta 氏に心からお礼を申し上げます。

ライプチッヒ大学
東アジア研究所日本学科
日本語講師　酒井　康子

第1課

歴史

【話してみよう】

第一課を始める前に話し合って見ましょう。

1）あなたの国の歴史の中でどんな時代が一番好きですか。
2）それはどうしてですか。
3）差別はどんなところにみられますか。
4）民族同士の間に様々な戦争がありますが、それについてどう思いますか。

【本文】くりかえしてはならない歴史

　明治維新以来、日本はすすんだ欧米各国に追い付くために、近代国家を建設することをめざしました。そのために、標準語をはじめ国民全体が共通の文化を持つことが必要でした。その結果、現代では日本中誰でもが日本語の読み書きができ、互いに理解し合える文化を共有することができるようになりました。

　しかし、その過程で、共有の文化を重視するあまり、地域独自の文化を排除してきたことも忘れてはなりません。その一つが、先住民族であるアイヌの人たちの文化です。

　さらに何よりも反省しなければならないことは、日本が植民地とした朝鮮半島や台湾で生活する人たちに対して、あるいは第二次世界大戦において占領したアジア各国の人たちに対して、それぞれの国の固有の文化を否定し、日本の文化を強制したことです。例えば、神社に参拝することを強要したり、姓名を日本風に改めさせたりしたことがありました。

　我々日本人はこのような過去のあやまちを絶対にくりかえしてはなりません。
そのためには、まず過去の事実を正しく見つめる勇気を持つことが必要です。

【会話】少数民族・アイヌ

伊藤：アイヌ人は現在日本にどれくらいいるのですか。

水島：まず、日本は単一民族の国ではなく、多民族国家です。朝鮮民族や、華僑を中心とする中国系の人々のほかに、昔からこの土地に住んでいる少数民族がいます。それがアイヌ人です。それに対して、この国で多数を占める民族がいわゆる私たちが考える日本人で、１億２千６百万人を超える日本人の中で、北海道のアイヌの人口は２万４千人ほどと言われています。

伊藤：アイヌ人に対しての差別がどうして起きてきたのですか。

水島：１９世紀に明治政府が成立して、アイヌに対する日本人への同化政策を採用したからです。教育を日本語で行い、風俗や名前まで日本風に改めさせました。アイヌは日本人と同化して暮らしています。しかし、今も差別が続いていて、就職や結婚の際も問題が起きることがあります。しかし、今、新しい動きも出始めました。若い人々の間でアイヌ文化復興運動が始まっています。

第1課

【語彙】

【本文】

1.	明治維新	めいじいしん	Meiji-Restauration (1868)
2.	追い付く	おいつく	aufholen, einholen, erreichen

例：一生懸命がんばってクラスのみんなに追い付いた。

3.	建設	けんせつ	aufbauen, Aufbau

例：モダンな町へと建設工事が日夜進んでいる。

4.	めざす		streben nach; beabsichtigen; zielen auf

例：進級試験への合格をめざして、お互いにがんばろう。

5.	標準語	ひょうじゅんご	Standardsprache, Hochsprache
6.	共通	きょうつう	gemeinsam, gemein

例：彼と私の共通点はお互いに音楽が好きなところです。

7.	共有	きょうゆう	gemeinsam besitzen, mitbesitzen

例：このアパートを友だちと共有しています。

8.	過程	かてい	Prozess, Verlauf, Vorgang

例：大事なことは結果ではなく過程である。

9.	重視	じゅうし	etw. für wichtig halten, wichtig nehmen, Wert auf etwas legen

例：政府は国際関係を重視している。

10.	排除	はいじょ	beseitigen, ausschließen

例：できるだけ摩擦は排除していきたい。

11.	先住民族	せんじゅうみんぞく	Ureinwohner
12.	反省	はんせい	nachdenken, sich Gedanken machen, reflektieren

例：自分のしたことをよく反省してください。

13.	植民地	しょくみんち	Kolonie

14. 占領　　　　　　せんりょう　　　　besetzen, einnehmen; Besetzung
例：第二次世界大戦中、日本は台湾を占領しました。

15. 固有　　　　　　こゆう　　　　　　eigentümlich, wesenseigen

16. 否定　　　　　　ひてい　　　　　　verneinen, (ab-)leugnen

17. 強制　　　　　　きょうせい　　　　zwingen, nötigen; Zwang
例：誰も言論は強制されてはならない。

18. 参拝　　　　　　さんぱい　　　　　einen Tempel/Schrein besuchen
例：首相は靖国神社を参拝しました。

19. 強要　　　　　　きょうよう　　　　erpressen, erzwingen
例：捕虜たちはたいへんな仕事を強要された。

20. 姓名　　　　　　せいめい　　　　　Vor- und Nachname

21. 改める　　　　　あらためる　　　　verbessern, verändern; erneuern
例：悪い習慣は改めなければなりません。

22. あやまち　　　　　　　　　　　　　Fehler

23. 絶対に　　　　　ぜったいに　　　　absolut, unbedingt
例：ミスは絶対にしてはならない。

24. 勇気　　　　　　ゆうき　　　　　　Mut, Kühnheit

【会話】

1. 単一　　　　　　たんいつ　　　　　einzig; einfach
例：日本は単一民族と言われているが、実はそうではない。

2. 華僑　　　　　　かきょう　　　　　Auslandschinese
例：中国人は昔、周辺のアジアやアメリカに渡って行った。その人たちを華僑と言うが、国籍を変えてしまった人は華人と言う。

3. 占める　　　　　しめる　　　　　　besetzen, einnehmen, innehaben
例：全世界で中国人は約２０％を占めている。

4.	差別	さべつ	Diskriminierung; Unterschied
5.	同化政策	どうかせいさく	Anpassungspolitik
6.	採用	さいよう	jn. anstellen, aufnehmen

例：企業は優秀な若者を採用したがっている。

7.	風俗	ふうぞく	Sitte
8.	就職	しゅうしょく	eine Stellung finden

例：大学を卒業して大企業に就職した。

9.	復興運動	ふっこううんどう	Wiederaufbaubewegung

【文法・表現】

1. ～ために （目的）

Zur Angabe eines Zweckes, einer Absicht oder eines Grundes („um … zu", „weil", „deshalb", „aus diesem Grund").

【例文】　a.　新しい車を買う<u>ために</u>、一ヶ月１００ユーロづつ貯金している。
　　　　　b.　ドイツ語を勉強する<u>ため</u>、ドイツに来ました。
　　　　　c.　来年日本に行きます。<u>そのために</u>毎日日本語を勉強しています。

2. ～をはじめ

Zur Benennung oder Hervorhebung des ersten Gliedes einer Aufzählung („… und", „sowohl … als auch", „nicht nur … sondern auch").

【例文】　a.　彼は英語<u>をはじめ</u>、フランス語、ドイツ語、何でも話せる。
　　　　　b.　会議参加国は各先進国<u>をはじめ</u>、世界２５０カ国にのぼった。

3. ～ようになる

Zum Ausdruck einer langsamen, allmählichen Entwicklung („es kommt dazu, dass …", „endlich/schließlich").

【例文】　a.　難しい日本語が読める<u>ようになりました</u>。
　　　　　b.　もうすぐ日本語の面白さがわかる<u>ようになります</u>よ。

4. 〜あまり （あまりに〜ので）

„vor", „in", „so ... dass"

Beachten Sie den Unterschied zu 「あまり ... ない」.

【例文】　a. ショックのあまり、寝込んでしまった。

　　　　　b. 働きすぎたあまり、病気になってしまった。

　　　　　c. 子どもを大切にするあまり、過保護にしてしまった。

5. 以来

„seit", „seitdem", ähnliche Bedeutung wie 「〜てから」

【例文】　a. 昨年の冬学期以来、日本語を勉強している。

　　　　　b. 昨年の冬学期が始ってから、日本語を勉強している。

　　　　　c. 入社以来、一度も会社を休んだことがない。

　　　　　d. あれ以来、彼には会っていない。

6. さらに

„überdies", „außerdem", „darüber hinaus"

【例文】　a. 物価はすでに高い。さらに、今度は交通費も値上げされるらしい。

　　　　　b. 台風の影響で雨が降っている。風も強くなってきた。さらに悪いことには、停電になってしまった。

7. あるいは

„oder", „beziehungsweise"

【例文】　a. この件は私、あるいは田中さんに聞いてください。

　　　　　b. 今週、あるいは来週中に一度お目にかかりたいと思います。

第1課

【練習】

I 〜ために　次の（　）の中に適当な言葉を入れなさい。

1. Ziel（目的）
a. 来年日本に（　　　　）、今日本語を勉強しています。
b. 来週のパーティー（　　　　）、新しい服を買いたいんです。
c. 試験（　　　　）だけに、日本語を勉強しているのではありません。
d. やせる（　　　　）、ダイエットしています。
e. 健康（　　　　）、毎週スポーツしています。

2. zugunsten von jemandem, in jemandes Interesse（利益）
a. 子ども（　　　　）、働いています。
b. 家族（　　　　）、おいしい料理を作っています。
c. あなた（　　　　）、このケーキを焼きましたから、食べてください。
d. 戦争中、国（　　　　）、死んでいった若者が多かった。

3. Grund（理由、原因）
a. 雨（　　　　）、家が流された。
b. 病気（　　　　）、大学を休みました。
c. 地震（　　　　）、家が壊されました。
d. 事故が（　　　　）、会社に遅れてしまいました。
e. 彼が（　　　　）、会議が始められませんでした。

次の例は気をつけてください。
f. 雨（　　　　）、草や木が大きく育ちます。
g. 先生（　　　　）、日本語が上手になりました。

II 次の「〜ため」は(a)目的、(b)原因、理由、(c)利益の中のどれか、答えなさい。
1. 病気で休んでいる友だちのために、ノートをコピーしてあげた。
2. 山下さんは元気すぎるために、よくけがをするんです。

3. 人生を楽しむために、働いているんです。
4. 昨晩、夜遅くまでコンピューターゲームをしていたため、今日は大変眠いです。
5. 新幹線の事故のために、電車はみんな1時間遅れました。
6. 彼女は家族のために、あのような事件をおこしたのでしょう。
7. 来月の日本語スピーチコンテストのために、今から準備しておきます。

III 次の文を「ため」を使って右と左をつなぎなさい。
1. この問題を調べます。　　委員会を作りました。
2. この川の汚染の原因を調べます。　　スイスに行かなければなりません。
3. 修士論文の資料を集めます。　　日本に行くつもりです。
4. 田辺さんはドイツに行ってドイツ語の勉強をします。　　会社を辞めます。
5. 娘　　部屋の掃除をしておきます。
6. 母　　花を買う。
7. 父　　洗車しておく。
8. 兄　　映画の切符を買っておく。
9. 昨日は遅くまで本を読んでいました。　　今朝早く起きられませんでした。
10. 労働条件が悪かったです。　　その会社を辞めました。
11. スト　　電車が止まりました。
12. 東京のラッシュはすごかったです。　　疲れました。
13. この機械は大変便利です。　　良く売れています。
14. 私は外国語が下手です。　　外国に行った時、困ります。
15. この問題は複雑です。　　なかなか解決できません。
16. 私にとって日本語は簡単でした。　　すぐに覚えられました。
17. 長い間病気でした。　　学校を一年休んでいました。
18. 最近は流行語が多すぎます。　　古い世代の人は理解に苦しんでいます。
19. サッカーがありました。　　車が渋滞しています。
20. この国には言論の自由がありません。　　言いたいことが言えません。

【まとめ】〜なる の表現いろいろ

ここでは「なる」の文法的な接続をまとめました。

1. Nomen＋になる
   - 先生になる
   - 雨になる
   - １２時になる

2. な- Adj +になる
   - きれいになる
   - 静になる
   - 有名になる

3. い- Adj + なる
   - 大きくなる
   - 高くなる
   - おいしくなる

4. Verb + ようになる

   a. Infinitivform + ようになる (zum Ausdruck der Veränderung einer Gewohnheit)
   - ドイツにきてから、たくさん歩くようになりました。
   - 最近たくさん本を読むようになりました。
   - 日本人はワインを飲むようになりました。

   b. Potentialform / intransitives Verb (im Infinitiv) +ようになる

      (zum Ausdruck von Veränderungen in den Fähigkeiten, Möglichkeiten)
   - 最近ようやくお酒が飲めるようになりました。
   - だんだん日本の新聞が読めるようになりました。

c. ない（い fällt weg）– Form + くなる

(Gewohnheiten oder Fähigkeiten verschwinden)

- 最近全然歩かなくなりました。
- お酒が飲めなくなりました。

【内容質問】

次の質問に答えなさい。

【本文】

1. 明治維新以後、日本は何をめざしましたか。
2. どうしてですか。
3. そのために何が必要でしたか。
4. そのいい結果としてどんなことがありましたか。
5. その悪い結果としてどんなことがありましたか。
6. 日本はどんな人たちに対して、自分の文化を強制しましたか。
7. 「日本の文化を強制した」というのはどういうことですか。
8. 「過去のあやまち」というのはどういうことですか。
9. 今から日本人は何をしなければなりませんか。

【会話】

1. アイヌというのはどういう人々のことですか。
2. 少数民族というのはどういうことですか。
3. どうしてアイヌに対しての差別が始りましたか。
4. 同化政策というのはどんな政策ですか。どんなことをさせましたか。
5. 今も日本社会の中に差別があると思いますか。

【作文】

次の質問に答えて、それからそれを３００字ぐらいで要約してください。

1. あなたは差別されたことがありますか。
2. それはどんなとき差別と感じましたか。
3. 差別されるのはどんな人たちだと思いますか。
4. 差別される人たちはどんな気持ちだと思いますか。
5. 差別はどういうことだと思いますか。

【タスク】

日本における少数民族についてインターネットなどで情報を得て発表しなさい。

【漢字】

カタカナ：音読み　ひらがな：訓読み[1]

1. 治　ジ、チ　　　　　　　Regierung, Heilung　　　政治(せいじ)
   　　おさめる、　　　　　　regieren, unterdrücken
   　　おさまる　　　　　　　sich legen, unterdrückt werden
   　　なおす、なおる　　　　heilen　　　　　　　　　病気が治(なお)る
2. 歴　レキ　　　　　　　　Fortdauer, Verlauf　　　歴史(れきし)、履歴書(りれきしょ)
3. 史　シ　　　　　　　　　Geschichte, Chronik　　 史学(しがく)、東洋史(とうようし)
4. 欧　オウ　　　　　　　　Europa　　　　　　　　　欧州(おうしゅう)、欧米(おうべい)
5. 米　ベイ、マイ、こめ　　Reis, Amerika　　　　　 新米(しんまい)、日米(にちべい)、米国(べいこく)

---

[1] Es können nur die häufigsten Lesungen und Bedeutungen angegeben werden.

6.	建	ケン、コン、<u>た</u>てる	bauen	建設、建立、建物
		たつ	errichtet werden	
7.	設	セツ、<u>もう</u>ける	anlegen, vorbereiten, gründen	設立、機関を設ける
8.	標	ヒョウ	Zeichen, Markierung	標準語、目標
9.	共	キョウ、とも	zusammen, alle	共通語、私共
10.	要	ヨウ	Hauptsache, Notwendigkeit	必要、重要
		いる	brauchen	
11.	果	カ	Frucht, Ergebnis	結果、果樹園
		<u>は</u>たす、<u>は</u>てる	vollenden, enden	
12.	解	カイ、ゲ、<u>と</u>く	(auf-)lösen	理解、溶解、解答
		<u>と</u>ける	sich lösen, aufgehen	
		とかす	kämmen	
13.	視	シ	Sicht, Betrachtung	重視、軽視
14.	程	テイ、ほど	(Aus-)Maß, Grad	程度、過程
15.	域	イキ	Gebiet, Region	地域、領域
16.	独	ドク	allein, Deutschland	独身、独自、孤独
		ひとり	allein	
17.	植	ショク、<u>う</u>える	pflanzen	植民地、植物
18.	戦	セン、<u>たたか</u>う	kämpfen	戦争、戦場
19.	姓	セイ、ショウ	Familienname	姓名
20.	改	カイ、<u>あらた</u>める	ändern, reformieren	改正、改革
21.	風	フウ、かぜ	Wind, Aussehen, Stil	日本風、風車

22.	絶	ゼツ、たえる	aussterben, enden	絶望（ぜつぼう）、絶対（ぜったい）
23.	占	セン、しめる	besetzen, einnehmen	占領（せんりょう）、占い（うらない）
		うらなう	wahrsagen	
24.	越	エツ、こす、こえる	überschreiten, passieren	超越（ちょうえつ）、越境（えっきょう）
25.	府	フ	Lager, Behörde, Hauptstadt	大阪府（おおさかふ）、京都府（きょうとふ）、政府（せいふ）
26.	策	サク	Maßnahme, Plan, Politik	政策（せいさく）、策略（さくりゃく）
27.	就	シュウ、つく	Platz einnehmen, Stelle antreten	就任（しゅうにん）、就職（しゅうしょく）、就く（つく）
28.	職	ショク	Anstellung, Amt, Beruf	職業（しょくぎょう）、職種（しょくしゅ）
29.	俗	ゾク	Sitten und Gebräuche; vulgär	風俗（ふうぞく）
30.	採	サイ、とる	annehmen, anstellen; sammeln	採用（さいよう）、採集（さいしゅう）

【漢字テスト】

（　　）の中の漢字を書きなさい。＿＿＿の部分は平仮名をつけなさい。

1. 中国の（　　　　）は長いです。
　　　　　れきし

2. 日本は（　　　　　）の進んだ文化に追い付くために努力しました。
　　　　　おうべい

3. （　　　　）を日本（　　　）に（　　　　）めさせる。
　　せいめい　　　　　　ふう　　　　あらた

4. 日本語の<u>標準語</u>はＮＨＫのアナウンサーが使っている<u>言葉</u>です。

5. 他人を（　　　　）することは難しいです。
　　　　　りかい

6. その（　　　　）<u>独自</u>の文化を作る（　　　　）がある。
　　　　ちいき　　　　　　　　　　　　　ひつよう

7. ドイツ（　　　　）の教育に対する（　　　　）についてどう思いますか。
　　　　せいふ　　　　　　　　　　せいさく

8. <u>第二次世界大戦</u>のころの<u>植民地</u>の人々の<u>生活</u>はひどかった。

9. 大学を<u>卒業</u>したら、（　　　　）して、早く<u>独立</u>したい。
　　　　　　　　　　しゅうしょく

10. <u>結果</u>が大切なのではありません。その（　　　　）が大切なのです。
　　　　　　　　　　　　　　　　　　　かてい

11. <u>企業</u>はどんな人を（　　　　）したがっていますか。
　　　　　　　　　　さいよう

【聴解】

次の会話を聞いて下の質問に答えなさい。

1. 北海道のどんな町にアイヌ村がありますか。

2. アイヌと日本人は違いますか。

3. 現在アイヌはどのくらいいますか。

【翻訳】

1. Die Ainu sind japanische Ureinwohner und leben heute hauptsächlich in Hokkaido.
2. Die Meiji-Regierung hat 1899 unter dem Vorwand die Ainu zu beschützen ein Gesetz zur Anpassung der Ainu an die Japaner verkündet.
3. Gleich nach dem Schulabschluss hat er eine Stelle in dieser Firma bekommen, obwohl die Stellensituation dieses Jahr sehr schwierig ist.
4. Sie hat sich vor Kummer ins Meer gestürzt.
5. Wir müssen uns beeilen, damit wir den Zug nicht verpassen.
6. Die Produktion wird voraussichtlich die Nachfrage nach diesem Produkt nicht erreichen.
7. Diese Region hat ihren eigenen Dialekt, deswegen kann ich nichts verstehen.
8. Seit letztem Monat hat es nicht mehr geregnet, deshalb ist die Waldbrandgefahr hoch.
9. Der Mitarbeiter der zuständigen Behörde hat hartnäckig diese Tatsache bestritten.
10. Seine Worte wurden schließlich von allen ernst genommen.
11. この町に来て以来、たくさんの友だちが出来ました。
12. お父様をはじめ家族の皆様にどうぞよろしくお伝えください。
13. 四年毎のオリンピックのために、いろいろな施設が作られている。
14. ５年間日本語を勉強して、やっと少し日本語の新聞が読めるようになりました。
15. 寂しさのあまり、悪い友達と付き合うようになってしまった。
16. 電車はストライキ中で、さらに悪いことに、雪まで降り出した。
17. この仕事は田中さん、あるいは山中さんに頼んでください。
18. ストライキのために多くの人々の足がうばわれた。
19. このプロジェクトを成功させるために、会社一体になって頑張った。
20. 将来いい仕事を見つけるために、今から準備しなければなりません。

第2課

現代の企業

【話してみよう】

第二課を始める前に話し合って見ましょう。

1. あなたの国に大企業はどのくらいの割合でありますか。
2. 将来企業で働くとしたら、どんな企業で働きたいと思いますか。それはどうしてですか。
3. 大企業と中小企業のいい点と悪い点をくらべてみてください。
4. あなたが企業の経営者だとしたら、どんな経営方針をとりますか。

【本文】大企業と中小企業

　日本の企業の中には、大企業もあれば、中小企業もあります。大企業は一般的に豊かな資金を用いてすぐれた設備を買い入れ、商品を大量に安く生産することができます。また、生産量や価格を決定する点で、かなり計画的に動くこともできます。これに対して、中小企業は、大企業の下請けとして部品などを生産している企業も多く、また大企業に比べて、設備や資金に限りがあり、生産力や賃金・労働時間に格差が存在しています。

　しかし、中小企業も生き残りのために、新しい技術の導入をはかり、経営の合理化を進めるなど、様々な努力をしています。また、独自の創造性に富んだ技術を持つ企業もあり、特定の分野では強い競争力を示しています。したがって、日本の経済発展と経営の安定は大きな課題となっています。

【会話】不況と日本

田中：１９９５年は日本にとって、歴史的にも重要な年と言えますね。例えば、阪神大震災のショックの直後、地下鉄サリン事件から始まる一連のオウム真理教事件が日本を揺るがせました。こうした事件に加えて、バブル景気崩壊後、長引く不況が日本社会を暗くしているんですね。

町田：しかし、逆に言えば日本人はこうした大震災やオウム事件から教訓を得ることもできたんじゃないでしょうか。バブル全盛のころ、人々はお金の本当のありがたさを忘れて、様々な高級品を買いあさった。ところが、大震災はそうした物質を一瞬のうちに瓦礫に変えてしまった。その後、不幸に見舞われた災害者に世界中から暖かい援助の手がさしのべられた。阪神大震災は一番大切なものはお金や品物ではなく、人の心であるということを教えてくれたんですよ。

田中：同じことはオウム事件にも言えますね。オウム真理教に入信した若者の多くは「いい大学に入り、いい会社に入って出世することが、人生にとって一番大切なこと」と親や教師によって教えられてきた。彼らの心の弱さが間違った教えに惑わされて、あのような事件になってしまったのではないでしょうか。

第2課

町田：その意味では現在の不況は日本や日本人にとって、本当に大切なものは何かを問い直すための大切な冷却期間とも言えますね。

【語彙】
【本文】

1. 大企業　　　　　　だいきぎょう　　　　　　Großunternehmen
2. 中小企業　　　　　ちゅうしょうきぎょう　　kleine und mittelständische Unternehmen
3. 資金　　　　　　　しきん　　　　　　　　　Fonds, Geldmittel, Kapital
例：会社を作るときに資金はたいへん重要です。
4. 豊かな　　　　　　ゆたかな　　　　　　　　reich, wohlhabend
例：豊かな社会で豊かな国民が育つ。
5. すぐれた　　　　　　　　　　　　　　　　　hervorragend, ausgezeichnet
例：会社は経営にすぐれた人をさがしている。
例：彼は経営にすぐれている。
6. 設備　　　　　　　せつび　　　　　　　　　Einrichtung, Ausstattung
例：会社には設備資金が必要です。
7. 大量に　　　　　　たいりょうに　　　　　　massenhaft, viel
例：大量生産で作れば、品物は安く買える。
8. 価格　　　　　　　かかく　　　　　　　　　Preis, Wert
例：商品の価格は、人件費による。
9. 決定　　　　　　　けってい　　　　　　　　Entscheidung
例：今はボスの決定を待っている。
10. 計画的　　　　　　けいかくてき　　　　　　planmäßig, systematisch
例：時間がないので、計画的に行動しなければならない。
11. 下請け　　　　　　したうけ　　　　　　　　Zulieferungsauftrag; Zulieferer
例：大会社の下請けとして子会社があります。

12.	部品	ぶひん	Zubehör, Teil

例：機械が壊れても、部品がなくて、新しい機械を買わなければならない。

13.	～に比べて	～にくらべて	im Vergleich mit, verglichen mit

例：あの人の漢字の知識に比べて私の知識は少ない。

14.	賃金	ちんぎん	Lohn

例：賃金が安い会社では、いい人材を集めにくい。

15.	限り	かぎり	Einschränkung, Grenze; begrenzt, beschränkt

例：政府の財政には限りがありますから、世界中の貧困は救えない。

16.	格差	かくさ	Unterschied, Differenz, Gefälle

例：大企業と中小企業では給料と労働時間に大きな格差があります。

17.	生き残り	いきのこり	Überlebender

例：彼は戦争の生き残りです。

18.	導入	どうにゅう	Einführung, Einleitung; einführen, einleiten

例：我が社は新しい労働制度を導入した。

19.	経営	けいえい	Management, Verwaltung, Betrieb

例：彼は経営学を勉強しています。

20.	合理化	ごうりか	Rationalisierung

例：合理化された会社は売上もいい。

21.	努力	どりょく	Bemühung, Mühe

例：日本語が上手になるために、努力しなければなりません。

22.	創造性	そうぞうせい	Kreativität, Erfindungsgabe

例：創造性に富んだデザインは人気がある。

23.	したがって		deshalb, demnach, also

例：A=B, B=C したがって、A=C です

第２課   21

24. ～に富む   ～にとむ   reich sein an etw.
例：アイディアに富んだ商品の開発が待たれる。

25. 競争力   きょうそうりょく   Wettbewerbsfähigkeit
例：日本は世界経済での競争力を高めるために、企業の国際化を進めなければならない。

26. 課題   かだい   Aufgabe, Thema

【会話】

1. 阪神大震災   はんしんだいしんさい Kansai-Erdbeben
例：阪神大震災は１９９５年１月１７日に大阪、神戸を中心に起きた大地震である。

2. オウム真理教   オウムしんりきょう   Aum-Sekte
例：浅原 彰晃（しょうこう）がマインドコントロールで若者たちに多くの罪を犯させた事件。東京の地下鉄で朝のラッシュアワーにサリンを撒かせ合計２７人が死亡。無差別殺人事件として大きな話題をまいた。浅原は主犯として、２００６年９月に死刑を宣告された。現在なお東京高裁に控訴中。

3. 事件   じけん   Vorfall, Angelegenheit, Zwischenfall
例：最近いろいろな事件が起きています。

4. 一連   いちれん   Reihe, Serie, eine Reihe von
例：政府の一連の事件は国民を驚かせた。

5. 揺るぐ   ゆるぐ   wackeln, wanken, beben

6. 加える   くわえる   addieren, hinzufügen
例：２に２を加えると４になる。

7. 景気   けいき   Konjunktur
例：日本経済の景気はなかなかよくならない。

8. 崩壊   ほうかい   Zusammenbruch, Zerfall, Niedergang
例：地震で多くの建物が崩壊した。

9.	不況	ふきょう	Flaute, Rezession

例：不況によって失業者が増えた。

10.	逆に言えば	ぎゃくにいえば	umgekehrt gesagt, anders herum gesagt
11.	教訓	きょうくん	Belehrung, Lehre, Lektion
12.	全盛	ぜんせい	Blütezeit, Höhepunkt
13.	買いあさる		etw. kaufen wollen, Jagd machen auf
14.	瓦礫	がれき	Schutt, Trümmer; wertloser Kram
15.	物質	ぶっしつ	Stoff, Substanz, Materie
16.	一瞬	いっしゅん	Augenblick, Moment

例：地震で一瞬のうちにすべてを失った。

17.	災害者	さいがいしゃ	Opfer, Verunglückter, Geschädigter
18.	見舞う	みまう	besuchen, aufsuchen; heimsuchen, überfallen

例：大きな台風が日本列島を見舞った。

19.	援助	えんじょ	Hilfe, Unterstützung, Beistand
20.	入信	にゅうしん	einen Glauben annehmen
21.	出世	しゅっせ	Aufstieg, (schnelle) Karriere

例：彼は出世して大会社の社長になった。

22.	惑う	まどう	sich verlaufen, sich verirren; zögern, schwanken

例：悪い考えに惑わされてはならない。

23.	冷却期間	れいきゃくきかん	Abkühlungspause, -phase

【文法・表現】

1. ～もあれば、～もある

Zur Aufzählung, wie 「 … し、 … し」 („und", „sowohl … , als auch").

【例文】　a. 学生の中には、ドイツ人もいれば、フランス人もいる。
　　　　　b. 世の中、お金持ちもいれば、貧乏人もいる。

2. ～点で

„in diesem Punkt", „hinsichtlich", „im Hinblick darauf, dass…"

【例文】　a. 第二次世界大戦で多くを失った点で、ドイツと日本は似ている。
　　　　　b. この点で、彼の意見には賛成です。

3. これに対して

Zum Ausdruck eines Gegensatzes oder Vergleichs („im Gegensatz zu", „demgegenüber", im Vergleich mit").

【例文】　a. 先進国は子供の数が減っている。これに対して、発展途上国では人口の増加に苦しんでいる。
　　　　　b. キリスト教では罪はとても大変なことです。これに対して仏教では罪はすべて許される。

4. ～に比べて

„verglichen mit", „im Vergleich zu"

【例文】　a. 兄に比べて、弟はスポーツが上手だ。
　　　　　b. ヨーロッパの言葉に比べて、日本語は文法はやさしいが漢字は難しい。

5. ～に限りがある

„begrenzt sein", „beschränkt sein"

【例文】　a. 収入に限りがあるので、欲しい物が何でも買えるわけではない。
　　　　　b. 時間に限りがあって、名所をすべて回れなかった。

6. ～に富んだ

„reich sein an"

abgeleitet vom Verb 富む（とむ）, „reich sein an"

【例文】a. この車はアイディアに富んだ現代の車です。

b. 最近はバラエティーに富んだ食生活が工夫できます。

7. したがって

„deshalb", „folglich", „demzufolge"

abgeleitet vom Verb したがう、„folgen, begleiten"

【例文】a. 予算が不足している。したがってこの計画は実行できない。

b. 運動するとエネルギーを使う。したがって太らない。

【練習】

I 次の例にならって、文を作りなさい。

1. ～もあれば、～もある

　　イタリアワインもあれば、ドイツワインもある。

ワインの中イタリアワインもあれば、ドイツワインもある。

2. ～の点で

　　生活費の安さの点で、田舎は住みやすい。

3. これに対して

　　ドイツの夏はそんなに暑くない。これに対して日本は大変暑い。

4. 〜に比べて

   私に比べて、あなたの方が数倍も若い。

   _____

5. 〜に限りがある

   バーゲンでは、数に限りがあって、いいものは早くなくなります。

   _____

6. したがって

   父の兄、したがって私の伯父さんです。

   _____

II 本文を聞いて次の____に適当な言葉を入れて、内容が同じになるようにしなさい。

日本の企業には_____や_____があります。大企業は商品を_____に_____生産することができます。

これに対して、中小企業は_____の下請けをしている企業が多く、_____に比べて、_____に限りがあり、_____や_____・_____に格差があります。

しかし、中小企業も生き残るために、いろいろな_____をしています。例えば、新しい技術を_____たり、経営を_____したりしています。

また、ある分野では強い_____をもっています。したがって、_____と_____は大きな課題になっています。

【内容質問】

次の質問に答えなさい。

【本文】

1. 日本の企業にはどんな企業がありますか。
2. 大企業というのはどんな企業のことですか。
3. 中小企業というのはどんな企業のことですか。
4. 中小企業はどんな努力をしていますか。
5. どんな企業が特定の分野で強い競争力を持っていますか。
6. これらの企業にとって大きな課題は何ですか。
7. ドイツの大企業と中小企業の割合はどのくらいですか。
8. ドイツの大企業とは、例えばどんな企業ですか。
9. ドイツでは中小企業はどんな努力をしていますか。話し合いなさい。

【会話】

1. １９９５年日本ではどんなことがありましたか。
2. どうして日本社会は暗くなりましたか。
3. 日本人は何から教訓を得ましたか。
4. 高級品とは例えばどんな物ですか。
5. お金の本当のありがたさとは何ですか。
6. 人生で本当に大切なものは何ですか。
7. 教訓とはどんなことですか。
8. オウムに入る人たちはどんな人たちですか。
9. 不況の時、人々はどんなことを考えなければなりませんか。

【タスク】

企業というテーマで、インターネットなどから情報を得て、自分の興味のある点にしぼって、まとめなさい。例えば、「日本とドイツの企業」など。

【作文】

あなたが将来就職するとしたら、どんな企業に就職したいですか。それはどうしてですか。３００字ぐらいで書きなさい。

【漢字】

カタカナ：音読み　ひらがな：訓読み

1.	企	キ、くわだてる	planen, versuchen, unternehmen	中小企業（ちゅうしょうきぎょう）、企画（きかく）
2.	般	ハン	tragen; alles, allgemein	一般（いっぱん）、全般（ぜんぱん）
3.	豊	ホウ、ゆたか	viel, reichlich	豊富（ほうふ）、豊満（ほうまん）
4.	資	シ	(Geld-)Mittel	資金（しきん）、資料（しりょう）、学資（がくし）
5.	設	セツ、もうける	anlegen, vorbereiten, gründen	設備（せつび）、施設（しせつ）、設計（せっけい）
6.	量	リョウ、はかる	Menge, messen, wiegen	生産量（せいさんりょう）、計量（けいりょう）
7.	価	カ、あたい	Preis, Wert	価格（かかく）、物価（ぶっか）
8.	比	ヒ、くらべる	vergleichen	比較（ひかく）、対比（たいひ）
9.	限	ゲン、かぎる	begrenzen	限界（げんかい）、期限（きげん）
10.	労	ロウ	Mühe, Anstrengung, Arbeit	労働者（ろうどうしゃ）、疲労（ひろう）
11.	技	ギ、わざ	Technik, Fähigkeit	技術（ぎじゅつ）、技師（ぎし）、技能（ぎのう）
12.	術	ジュツ	Kunst, Technik, Mittel	学術（がくじゅつ）、手術（しゅじゅつ）
13.	営	エイ、いとなむ	(ein Geschäft) betreiben	経営（けいえい）、営業（えいぎょう）
14.	創	ソウ	Schöpfung	創造（そうぞう）、創設（そうせつ）
15.	造	ゾウ、つくる	herstellen, produzieren	建造（けんぞう）、造園（ぞうえん）
16.	競	ケイ、キョウ、きそう	wetteifern, konkurrieren	競争（きょうそう）、競馬（けいば）

17.	争	ソウ、あらそう	streiten, um etwas kämpfen	戦争（せんそう）、闘争（とうそう）
18.	示	ジ、シ、しめす	zeigen	指示（しじ）、展示（てんじ）
19.	展	テン	ausbreiten	展覧会（てんらんかい）、発展（はってん）
20.	震	シン、ふるえる	zittern, beben	地震（じしん）、震度（しんど）
21.	災	サイ、わざわい	Unglück, Katastrophe	災害（さいがい）、被災（ひさい）
22.	件	ケン	Sache, Angelegenheit, Fall	事件（じけん）
23.	景	ケイ	Aussicht, Ansicht	景色（けしき）、景気（けいき）
24.	況	キョウ	Zustand, Lage	不況（ふきょう）、状況（じょうきょう）
25.	逆	ギャク、さか	umgekehrt, entgegengesetzt	逆行（ぎゃっこう）、逆様（さかさま）
26.	訓	クン	jap. Lesung, Lehre	訓練（くんれん）、教訓（きょうくん）
27.	級	キュウ	Rang, Klasse	学級（がっきゅう）、級友（きゅうゆう）
28.	害	ガイ	Schaden	被害者（ひがいしゃ）、水害（すいがい）
29.	違	イ、ちがう	verschieden sein, sich irren	間違い（まちがい）、勘違い（かんちがい）
30.	切	セツ、きる	schneiden	大切（たいせつ）、切実（せつじつ）

【漢字テスト】

（　　　）の中の漢字を書きなさい。＿＿＿＿の部分は平仮名をつけなさい。

1. 日本には（　　　　　　　　）と（　　　　　　　）があります。
　　　　　　　ちゅうしょうきぎょう　　　だいきぎょう

2. （　　　　　　　）に豊かな（　　　　　　）は限られています。
　　いっぱんてき　　　　　　しきん

第2課　29

3. 日本の（　　　　　　）はドイツに（　　　）べて長い。
　　　　　ろうどうじかん　　　　　　　　くら

4. （　　　　　　）を（　　　）う。
　　ぎじゅつりょく　　　きそ

5. （　　　）が悪いことを（　　　　）という。
　　けいき　　　　　　　　ふきょう

6. バブルのころ日本人は（　　　　　　）を買いあさった。
　　　　　　　　　　　　こうきゅうひん

7. （　　　　　　）を示す。
　　そうぞうせい

8. 日本は（　　　）が多い国ですから、（　　　　　）も多い。
　　　　　　じしん　　　　　　　　　　さいがい

9. あなたの意見は（　　　　）っています。
　　　　　　　　　まちが

10. 大切なのは人の心であるという（　　　　　　）があります。
　　　　　　　　　　　　　　　　　きょうくん

11. 逆に言えば、お金はあまり重要ではないということです。

【語彙テスト】

I　次の語彙を日本語で説明しなさい。

1. 大企業　　　　　5. 労働力　　　　　9. 長引く
2. 中小企業　　　　6. 格差　　　　　　10. 買いあさる
3. 大量　　　　　　7. 導入　　　　　　11. 出世
4. 賃金　　　　　　8. 崩壊　　　　　　12. 全盛

II 次の（　　）の中に上から適当な言葉を選んで入れなさい。
そのさい、形も適当なものに変えなさい。

| 資金 | ～に比べ | さしのべる | 入信する | 創造性 | 教訓 |
| 課題 | 逆に言う | 問い直す | 災害者 | 見舞う | |

1. 彼はキリスト教に（　　　　　　　）。

2. 今年日本はいくつもの台風に（　　　　　　　）。

3. ドイツのグリマーが災害に見舞われたとき、ドイツ中から援助の手が（　　　）。

4. 先人の意見にはたくさんの（　　　　　　　）がある。
   先人：Vorgänger

5. 自分で会社を造る時、たくさんの（　　　　　）が必要だ。

6. これからの日本の（　　　　　）は、どう国際社会に生き残るかです。

7. 台風や地震の（　　　　　）には国から多くの見舞金が支払われる。

8. 欧州（　　　　　）、アメリカは歴史が長くない。

9. この情報が正しいかどうか、もう一度（　　　　　）みます。

10. 企業は（　　　　　）に富んだ意見を求めている。

11. この事件は彼にとって大変でした。しかし（　　　　　）、大変いい経験をしたということができる。

第2課

Track 6

【聴解】

次のテープを聞いて下の質問に答えなさい。

1. Aは将来どんな会社で働きたがっていますか。
2. それはどうしてですか。
3. 先生はAの考え方についてどう思っていますか。

【翻訳】

1. Für die Durchführung der Wahlen sind beträchtliche finanzielle Mittel notwendig.
2. China ist ein Land, das reich an Ressourcen ist.
3. Wegen der Rezession gehen immer mehr Unternehmen bankrott.
4. Die asiatischen Länder haben eine Reihe von Maßnahmen zur Wiederherstellung der Wirtschaft ergriffen.
5. Nach einem freien Neujahrswochenende begann der Unterricht planmäßig.
6. Er befürchtet, dass durch die Maut viele kleine Zulieferer leiden.
7. Ein Experte hat sich dafür ausgesprochen, Kindergärten kostenlos zur Verfügung zu stellen und im Gegensatz dazu Studiengebühren zu erheben.
8. Jeden Tag seit dem großen Beben habe es Nachbeben gegeben, und auch an diesem Abend wird die Erde noch mal wackeln.
9. Seit eineinhalb Jahren arbeiten sie mit einem Großunternehmen der Pharmaindustrie zusammen.
10. Alle Zeit ist begrenzt.
11. 人生にはいい時もあれば、悪い時もある。あせらず、ゆっくりいきましょう。
12. 私の能力と時間には限りがあるので、この仕事はできません。
13. 仙台は他の町に比べて大変斬新(ざんしん)な町です。
14. 独創性に富んだアイディアは各世界で求められています。
15. 旧西ドイツに比べて、旧東ドイツにはまだまだ多くの改善されなければならない点があります。
16. 子供の頃、「他人と比べてはいけません」とよく母に言われました。

17. 東京や広島のように、ドレスデンは第二次世界大戦の時、ほとんどが爆破されました。したがって、町はほとんど新しくなりました。
18. 彼の話はいつも教訓に富んでいて、逆境(ぎゃっきょう)の時の助けになる。
19. バブル全盛の頃の日本人にとって、豊かさと言うのは単にお金の問題であるかのように思われていたようだ。
20. 今日日本社会の大きな格差は、勝ち組み、負け組みという言葉で表されている。

第3課

人生

【話してみよう】

第三課を始める前に話し合って見ましょう。

1. 今までの人生の中で何が一番楽しかったですか。
2. 日本人の生活についてどんなことに興味がありますか。
3. これからの人生をどのように生きたいですか。
4. もう一度人生を生きられるとしたら、どんな生活がしてみたいですか。それはどうしてですか。

【本文】人生八十年

「人生五十年」と言われた一世代前、サラリーマンの定年は55歳に決まっていました。息子夫婦と同居するのが一般的だったので、定年定職後は植木の手入れなどをして、悠々自適（自分の思うままに静かな生活を送ること）の生活をしたものでした。

「人生八十年」の現在、様子はすっかり変わりました。寿命が延びて引退後の時間がとても長くなったのです。定年を迎えた時、自分の両親がまだ健在であることも珍しくありません。現在、高齢者と考えられるのは65歳以上ですが、70歳を過ぎても活躍する人も数多くいます。とは言え、定年延長についての社会側の対応は遅く、最近になって、やっと一部の企業で60歳定年制が採用されるようになりました。定年を待たずに、「早期退職」をする人も多くなりました。

しかし、若い時から仕事だけで、何の趣味もなく過ごしてきた人たちにとっては、急に暇になっても何をしていいのかわかりません。定年退職後も働き続けるか、新しいことを始めるか、趣味に熱中するか、何らかの形で第2の人生の過ごし方を考えなければなりません。

【会話】家族の形

会話1：お昼休みの会社で

村山：最近は家族の形もドンドン変わってきているそうですね。

竹中：そうだそうですね。複数の家族が一緒に暮らしている所なんかあるらしいですよ。

村山：他人と一緒に暮らすということですか。僕は一人っ子で寂しい思いをしたから、それもいいかもしれませんね。

竹中：核家族化が進みすぎた反動でそのように社会も変わってきたのでしょうね。でも、他人と一緒に暮らすと、気を使わなければならないし、それに、家族の良さがなくなってしまうような気もします。

村山：それどころか、ある所では、男性だけ、女性だけで共同生活をしている所すらあるそうですよ。

竹中：それも気楽かもしれませんね。

第3課

会話２：一家団欒(いっかだんらん)の時。夫と妻

夫： 久しぶりだ<u>な</u>。こんな静かな日曜日は。ところで文子はどこへ行った<u>の</u>。

妻： この頃は毎日お隣のお宅に遊びに行ってるの。文子と同級生の子がいる<u>のよ</u>。

夫： そうか。その家も核家族なのかな。

妻： そうなの。でも他の家族と同居しているんで、にぎやか<u>な</u>んですって。

夫： そうか。

妻： この間、ちょっと用があってお邪魔したら、若い独身の男性が文子や子供達の世話をしていた<u>のよ</u>。びっくりしたわ。「いつもすみません。」って挨拶したんだけど、彼は実に子供の扱いが上手<u>なのよ</u>。

夫： そうか。会社でもそんな話を聞いたけど、社会が変わってきたんだ<u>な</u>。

【語彙】

【本文】

1. **人生**　　　　　じんせい　　　　　(Menschen-)Leben

例：人の人生は長いようで短いものです。

2. **世代**　　　　　せだい　　　　　　Generation

例：今の若い世代もいつかは古い世代になる。

3. **定年**　　　　　ていねん　　　　　Dienstaltersgrenze

例：私の父は今年定年です。

4. **息子**　　　　　むすこ　　　　　　Sohn

例：私には息子と娘がいます。

5. **同居**　　　　　どうきょ　　　　　Zusammenleben, -wohnen

例：世代が違うと、同居は難しくなる。

6. **退職**　　　　　たいしょく　　　　Pensionierung, Rücktritt, seinen Abschied nehmen, in den Ruhestand treten

例：去年退職して、第二の人生が始まりました。

| 7. | 植木 | うえき | Gartenpflanze, Topfpflanze |

例：植木の手入れ、特に盆栽が趣味です。

| 8. | 手入れ | ていれ | Pflege, Betreuung |
| 9. | 悠々自適 | ゆうゆうじてき | ein ruhiges, geruhsames Leben |

例：暇もお金もあって悠々自適の生活は理想的ですね。

| 10. | 様子 | ようす | Zustand, Lage, Umstände |

例：ちょっと子供達の様子を見てきます。部屋で静かに勉強しているようですが。

| 11. | 寿命 | じゅみょう | (natürliche) Lebensdauer, Leben |

例：日本人の平均寿命は世界で一番長いです。

| 12. | 延びる | のびる | sich verlängern, sich ausdehnen |

例：寿命が延びると、人生も変わってきます。

| 13. | 迎える | むかえる | empfangen, aufnehmen, begrüßen |
| 14. | 健在 | けんざい | gesund sein |

例：ご両親はご健在ですか。

| 15. | 珍しい | めずらしい | selten, ungewöhnlich; seltsam |
| 16. | 高齢者 | こうれいしゃ | Senior, betagte Person |

例：高齢者の多い社会を高齢化社会といいます。

| 17. | 活躍 | かつやく | Tätigkeit, Aktivität |

例：益々のご活躍を期待しています。

| 18. | 延長 | えんちょう | Erweiterung, Verlängerung, Ausdehnung |
| 19. | 対応 | たいおう | Entsprechung, Übereinstimmung |

例：災害に対する国の対応は遅れている。

| 20. | 採用 | さいよう | Annahme, Aufnahmen, Anstellung |

例：一流企業に採用になりました。

第3課

21. 程度　　　　　　ていど　　　　　　　　Grad, Ausmaß
例：地震の情報が遅いので、被害の程度がわからない。

22. 熱中する　　　　ねっちゅうする　　　　sich für erw. begeistern, schwärmen, sich in etwas vertiefen
例：子供はコンピューターゲームに熱中しています。

【会話】

1. 複数　　　　　　ふくすう　　　　　　　Plural, Mehrzahl
例：日本語には複数形がない。

2. 他人　　　　　　たにん　　　　　　　　der Andere, Fremder
例：遠い親戚より近い他人という言葉がある。

3. 一人っ子　　　　ひとりっこ　　　　　　Einzelkind
例：私は兄弟のいない一人っ子です。

4. 寂しい　　　　　さびしい　　　　　　　einsam, verlassen, öde; traurig

5. 核家族　　　　　かくかぞく　　　　　　Kernfamilie
例：核家族がいいのか、大家族がいいのか。

6. 進む　　　　　　すすむ　　　　　　　　vorwärts gehen, vorangehen, Fortschritte machen
例：日本の技術は進んでいる。

7. 反動　　　　　　はんどう　　　　　　　Reaktion, Gegenwirkung
例：厳しい受験戦争の反動で、大学では勉強しなかった。

8. 共同生活　　　　きょうどうせいかつ　　Zusammenleben, Gemeinschaftsleben

9. 気楽　　　　　　きらく　　　　　　　　sorglos, unbekümmert; bequem, behaglich
例：今日は社長がいないので気楽です。

10. 独身　　　　　　どくしん　　　　　　　Ehelosigkeit; ledig

11. 世話　　　　　　せわ　　　　　　　　　Hilfe, Beistand; Pflege, Betreuung
例：お年よりの世話をしています。

【文法・表現】

1. ～たものです

„es war so, dass …" (betonter Bezug auf die Vergangenheit)

【例文】　a.　子供の頃、暗くなるまで外で遊んでいて、よく母に叱られ<u>たものです</u>。
　　　　　b.　学生の時は良く勉強し<u>たものです</u>。

2. ～ままに

„genauso, wie …", „so, wie …"

【例文】　a.　人生、思う<u>ままに</u>生きられたらいいのに。
　　　　　b.　考える<u>ままに</u>、作文を書いてください。

3. ～とは言え

„dennoch", „trotzdem", „trotz …", „auch wenn"

【例文】　a.　最近日本の経済は少しよくなってきました。<u>とは言え</u>、まだまだ全体の景気がよくなったわけではありません。
　　　　　b.　今は食べ物が充分ある時代です。<u>とは言え</u>、飢えのために死ぬ人もいます。

4. やっと

„endlich"

【例文】　a.　秋になって<u>やっと</u>涼しくなってまいりました。
　　　　　b.　５年間、日本語を勉強して<u>やっと</u>、何とか話せるようになりました。

5. ～ずに（ないで）

„ohne", „ohne zu …"

【例文】　a.　彼を待た<u>ずに</u>、先に行きましょう。
　　　　　b.　先生に聞か<u>ずに</u>、勝手なことをしてはいけません。

第3課

6. ～にとって

„für (jemanden)"

【例文】　a. この本はとても安いですが、私にとっては大切な思い出があります。
　　　　b. 親にとって、子供は一人一人大切なものです。

7. ～そう（伝聞）

„soll …", „es heißt, dass …" (dem Hörensagen nach)

【例文】　a. 今度のオリンピックには２００各国以上が参加したそうです。
　　　　b. 今度、新しい日本レストランができるそうです。

8. なんか

„so etwas wie …", „zum Beispiel" (umgangssprachlich)

【例文】　A: お腹がすきましたね。
　　　　B: 何か食べましょうか。お寿司なんかどうですか。
　　　　A: いいですね。行きましょう。

9. それに

„außerdem", „und dazu noch", „sogar" (Hervorhebung bei Aufzählung)

【例文】　a. 漢字の練習、文法の勉強、それにレポートも書かなければならない。
　　　　b. 両親、兄弟、それに近所の人までも見送りにきてくれた。

10. ～たら

kann als Konditionalsatz („falls", „wenn") übersetzt werden, aber auch, wie in den Beispielen hier, mit „als" (temporaler Nebensatz): die Handlung im Satzteil mit „-tara" liegt immer zeitlich vor der/den anderen Handlungen

【例文】　a. この間、町を歩いていたら、昔の友だちに偶然会いました。
　　　　b. 勉強していたら、友だちから電話がかかって、ディスコに誘われた。

11. の

(Schlusspartikel) wird hauptsächlich von Frauen und Kindern in weniger formellen Situation benutzt: als Fragepartikel (wie か) oder zur Betonung der eigenen Meinung (wie よ)

【例文】　a.　どこへ行くの。

　　　　　b.　休みはフランスで過ごすの。

12. ～んですって

umgangssprachliche Kurzform von 「～だそうです。」 „es heißt, dass …" / „man sagt, dass …"

【例文】　a.　新しいレストランはとても美味しいんですって。

　　　　　b.　あの人は明日、日本に行くんですって。

13. のよ

(nur Frauensprache) zur Hervorhebung der eigenen Meinung

【例文】　今度結婚するのよ。

14. な

Satzschlusspartikel zur Hervorhebung (oft mit etwas gedehntem „a"), in eher informellen Situationen und häufiger von Männern verwendet. Der Sprecher scheint seine eigenen Gedanken unbewusst laut auszusprechen.

【例文】　a.　世界にはいろいろな人がいるんだな。

　　　　　b.　すごいな。あんなにたくさんの言葉が話せるなんて。

第3課

【練習】

I 次の例文にならって、3つの「ものだ」の練習をしなさい。

1. ～ものだ

a. Verb Grundform / *nai*-Form+ものだ（そうするのが当然だ）

学生は勉強するものだ。

Schüler müssen natürlicherweise lernen.

b. Verb *ta*-Form+ものだ（なつかしい）

子供の頃はよくお母さんに本を読んでもらったものだ。

In meiner Kindheit hat mir meine Mutter ein Bad vorgelesen.

c. Verb, Adj. +ものだ （感動、感嘆）

子供が大きくなるのは早いものだ。もう結婚するなんて。

Kinder werden schnell erwachsen. Jetzt heiraten sie schon.

II「～ずに（ないで）」,「なくて」の違い

上の二つの意味の違いを考えなさい。

例：さいふを持たずに、買い物に出かけた。*Ohne mein Portmonaie, ging ich einkaufen.*

さいふを持っていなくて、何も買えなかった。*Ohne meine ___ konnte ich nichts einkaufen.*

III て形のいろいろな形を調べてみよう。

次のアンダーラインの箇所は（　　　　）の中のどちらの言葉と同じ意味ですか。

1. 付帯状況（ふたいじょうきょう）：窓を<u>閉めないで</u>、寝ました。（閉めなくて、<u>閉めずに</u>）
2. 手段：ナイフを<u>使わないで</u>料理した。（使わなくて、<u>使わずに</u>）
3. 原因・理由：彼が<u>来なくて</u>、心配した。（<u>来ないので</u>、来ずに）
4. 並列（へいれつ）：太郎は試験に<u>合格せず</u>、次郎が合格した。（合格しなくて、<u>合格しないで</u>）

IV ドイツ語の „für" は日本語では次のような用法があります。

～のために　　（他の人の利益になるように）

～にとって　　（文の終わりには意見や評価が来る）

～としては　　（そのものの標準と比べてみると）

例：　　あなたのために、料理を作りました。召し上がれ。

　　　　私にとって、子供は一番大切なものです。

　　　　彼は日本人としては、背が高いほうです。

【内容質問】

次の質問に答えなさい。

【本文】

1. 「人生５０年」と言われたのはいつごろですか。
2. その頃定年退職した人は何をしていましたか。
3. 定年が５５歳から６０歳に変わったのはどうしてですか。
4. 社会は何をしなければなりませんか。
5. どうして「早期退職」をする人が増えたと思いますか。
6. 定年後多くの人はどうして何をしたらいいのかわからないのですか。
7. 第二の人生とはどういう意味ですか。

【会話】

1. 核家族とはどういう家族のことですか。
2. 核家族が増えるとどういう問題が起りますか。
3. 会話文を丁寧体に直しなさい。
4. 核家族と大家族のいい点と悪い点をあげなさい。

【作文】

４の、核家族、大家族の長所と短所をそれぞれ考えて、その結論を４００字程度に作文しなさい。

第3課

【タスク】
日本の高齢化社会と日本人の寿命について調べ、発表しなさい。

【漢字】
カタカナ：音読み　ひらがな：訓読み

1.	定	テイ、ジョウ、さだめる	festsetzen, entscheiden	定年(ていねん)、定規(じょうぎ)
2.	息	ソク、いき	Sohn, Atem / Atem, Hauch	息子(むすこ)、寝息(ねいき)
3.	夫	フ、フー、おっと	Ehemann, Mann	夫人(ふじん)、夫婦(ふうふ)
4.	婦	フ	Frau	産婦(さんぷ)、婦人(ふじん)
5.	退	タイ、しりぞく	sich zurückziehen	引退(いんたい)、退場(たいじょう)、退院(たいいん)
6.	適	テキ	passen, geeignet sein	適当(てきとう)、最適(さいてき)
7.	寿	ジュ、ことぶき	langes Leben, Glückwunsch	長寿(ちょうじゅ)、寿命(じゅみょう)
8.	命	メイ、ミョウ、いのち	Befehl, Schicksal, Leben / Leben	生命(せいめい)、命令(めいれい)
9.	延	エン、のばす	verlängern, verschieben	延命(えんめい)、延期(えんき)
10.	迎	ゲイ、むかえる	empfangen, entgegengehen	歓迎(かんげい)、迎合(げいごう)
11.	健	ケン、すこやか	gesund	健康(けんこう)、健在(けんざい)
12.	珍	チン、めずらしい	selten, ungewöhnlich	珍味(ちんみ)、珍客(ちんきゃく)
13.	活	カツ	Leben, Aktivität	活動(かつどう)、活発(かっぱつ)
14.	躍	ヤク、おどる	springen, hüpfen	活躍(かつやく)、躍動(やくどう)

15.	数	スウ、かず	Zahl	数学、数字
16.	応	オウ	antworten; passen	応対、応接間、対応
17.	制	セイ	System Gesetz	制度、学制
18.	熱	ネツ、<u>あつい</u>	Fieber, Hitze, heiß	熱中、太陽熱
19.	暇	カ、ひま	freie Zeit, Muße, Urlaub	余暇、休暇
20.	複	フク	doppelt, vielfach; wieder	複数、複雑、重複
21.	緒	ショ	Beginn	一緒、鼻緒、
		お	Strick, Riemen	へその緒
22.	暮	ボ	versinken, zu Ende gehen, dunkel werden	日暮れ、暮時
		<u>くらす</u>	leben	
23.	寂	ジャク、<u>さびしい</u>	einsam, öde, verlassen	静寂、寂び
24.	核	カク	Kern	核戦争、核家族
25.	隣	リン、となり	Nachbarschaft	隣人、右隣
26.	身	シン、み	Körper	身分、独身、単身

第3課

【漢字テスト】

（　　）の中の漢字を書きなさい。＿＿＿の部分は平仮名をつけなさい。

1. （　　　　　）を迎えた（　　　　　）は同じ趣味を持って生きる
   ていねん　　　　　ふうふ
   のが望ましい。

2. 最近は科学が発達して（　　　　　）が延びています。
   　　　　　　　　　　　じゅみょう

3. （　　　　　）しい物を（　　　　　）からいただきました。
   　めずら　　　　　　　　りんじん

4. 年をとってもまだ、元気で（　　　　　）している人の（　　　　　）
   　　　　　　　　　　　　　かつやく　　　　　　　　かず
   は多いです。

5. （　　　　）の（　　　　　）はいつも遅いです。
   　せいふ　　　たいおう

6. 友だちと（　　　　　）に（　　　　）らしていても、寂しいです。
   　　　　　いっしょ　　　　く

7. （　　　　　）というのは両親と子供だけのかぞくのことです。
   　かくかぞく

8. この問題は複雑すぎて、わかりません。

9. （　　　　）があったら、（　　　　　）いお茶でも飲みませんか。
   　ひま　　　　　　　　　あつ

10. 日本の教育（　　　　　）についてどう思いますか。
    　　　　　　せいど

【聴解】

次の会話を聞いて下の質問にこたえなさい。

1. おじいさんの若い頃の平均寿命は何歳ぐらいでしたか。
2. おじいさんは昔と比べて今の方が幸せだと思っていますか。
3. 恵さんはおじいさんのいることでどんなことがいいと思っていますか。

【翻訳】

1. In den vielen Jahren, in denen er sein Hobby ausübt, hat er seinen Stil gefunden.
2. Im Jahr 2007 betrug in Deutschland die durchschnittliche Lebenserwartung neugeborener Jungen 76,6 Jahre, die neugeborener Mädchen 82,1 Jahre.
3. Er ging, ohne sich zu verabschieden. Niemand wusste, was passiert war.
4. Ich habe keine Lust zur Party zu gehen, und außerdem fehlt mir auch der passende Anzug.
5. Ohne Blätter an den Bäumen sieht der Garten wirklich verlassen aus.
6. Das ist sehr hilfreich für mich.
7. Die Bahnstrecke wird bis zur nächsten Stadt erweitert.
8. Die Bauarbeiten gehen schnell voran.
9. Nach einem Unfall hat er seine Begeisterung für das Surfen verloren.
10. Auch wenn es April ist, sind die Morgen recht kühl.
11. 学生の頃、友だちとよく一緒に映画に行ったものです。
12. 早いものですね。もう一年が過ぎていきます。
13. 今朝はいい天気でしたから、傘を持たずに大学に来てしまいました。
14. 日本学で長年日本語を勉強しています。とは言え、新聞がすらすら読めるわけではありません。
15. 自分の思うままに作文を書いてください。
16. 最近の若い人は、文化の違いなど何も考えずに外国に行って、苦い経験をする人もいるようです。
17. 最近、やっと少し日本語が楽に話せるようになりました。
18. 戦争を知らない若い世代にとって、靖国問題はどんな意味があるのでしょうか。
19. 最近の日本では高齢者も悠々自適の生活することは難しくなってきています。
20. いつの時代も社会の現実に対応した制度が求められています。

第4課

教育

【話してみよう】
第四課を始める前に話し合って見ましょう。
1. あなたは自国の教育に満足していますか。
2. あなたの国の教育状況について説明してください。例えば、日本は６３３４制です。
3. どんな教育が理想的ですか。
4. 教育のためにばくだいなお金を使う日本の制度についてどう思いますか。

【本文】教育制度および教育思想

　江戸時代には、幕府の昌平校や各藩校が武士階級の学問・教育の機関であり、庶民教育のためには寺子屋があった。１８５４－５９年になると、西洋の学術を学ぶ学校が設けられた。この学校などが、のちに東京大学となるわけである。幕末には、国学・漢学・洋学・西洋医学を研究教授する幕府の学校ができていた。したがって、幕末になると各藩で幕府にならって急激に藩校の増設が見られた。１８世紀の末から１９世紀の半ばごろまでに１５０校を数える。

　庶民の教育のための寺子屋は、町人階級の進出が著しい１７１６－１７３３年にその数が急に増え、幕府も藩もこれを保護したが、同時に封建制維持の目的から、その教育内容に限りがあった。寺子屋とならんで郷学(ごうがく)・私塾も開かれていた。郷学は各藩で藩校のほかに武士の子弟の教育と庶民教育の役割を果たし、幕末までに１２５校を数え、明治に入ってからも数百の郷学が設けられたと言われる。寺子屋や郷学は後の小学校設置のための基礎となった。

　明治政府の統一的教育政策は１８７２年の「学制」に始まり、７９年の「教育令」、８６年の「学校令」から９０年の教育勅語に至って国家主義的教育の基礎が確立し、以後１９４５年の敗戦に至るまで、これが教育の指導理念となったのである。

【会話】少子化と過保護

五木：最近は少子化、高齢化の記事がいつでも新聞をにぎわしていますね。

松本：将来の日本が心配ですね。というより我々の子供達が大人になったときはどうなるのでしょうね。家の子供も一人っ子ですからどうしても過保護の傾向があるんですよ。我々親は子供の自立心を育てようとするんですが、祖父母がいるのでどうしてもね。最近もこんなことがあったんですよ。久々にお盆に田舎に帰って、僕の兄弟家族と会いましてね。それは久しぶりで楽しかったのですがね、そのうち家の子と兄貴の子がゲームの取り合いで喧嘩を始めたんです。いわば、当然のことですよ。黙ってみていればいいものをおばあちゃんが飛んでいって干渉するんですよ。僕達兄弟も子供の頃は取っ組み合いの喧嘩をしたものですよ。でもその後で、またすぐ仲良くなって協調する。そんなことを

繰り返していくうちにいろいろな社会の仕組みが分かってくるものなのですね。

五木：やはり少子化で、子供達は我慢することを知らない傾向が強いようですね。現場の先生も言っていますよ。出来ないとすぐに諦めてしまうということです。その上に外に出て遊ぼうとしない。ひとりで家の中でコンピューターゲームをしながら、誰とも話さない。すなわち、人と協調していくことが出来なくなる。そんな子供が、社会にでるとどうなるのでしょうね。出来ない仕事はすぐに諦める。同僚との協調関係は薄くなる。そして仕事をやめていく。それから先はどうするのでしょうか。

松本：やはり大変でももう一人子供を作っておくのだったな。僕は５人兄弟の末っ子でいつも兄貴達にいじめられていたけど、喧嘩しながらも色々なことを教わったものですよ。大人になってからもいい関係が続いているしね。

【語彙】

【本文】

1.	幕府	ばくふ	[Bakufu], Shōgunat, Shōgunatsregierung
2.	昌平校	しょうへいこう	Schule des Bakufu (ursprünglich 1630 von Hayashi Razan gegründete Schule zur Ausbildung konfuzianischer Gelehrter, Ausbau in den 1690er Jahren, Umbenennung in Shōheikō und Erteilung des halb-offiziellen Status als Schule des Bakufu)
3.	藩校	はんこう	Schule für die Samurai, Daimyatsschule
4.	庶民	しょみん	einfaches Volk
5.	寺子屋	てらこや	Tempelschule, private Schule für Kinder in der Edo-Zeit
6.	学術	がくじゅつ	Wissenschaften

7.	設ける	もうける	gründen, errichten; festlegen

例：政府の施設が設けられた。

8.	幕末	ばくまつ	Ende der Tokugawa-Zeit (1853-1867)
9.	急激	きゅうげき	plötzlich, abrupt; schlagartig, drastisch

例：幕末に急激に鎖国を解くことを西洋から要求された。

10.	増設	ぞうせつ	vergrößern, ausbauen, zusätzlich einrichten

例：オリンピックのために新しいホールが増設された。

11.	著しい	いちじるしい	bedeutend, beachtlich, ansehnlich

例：最近の中国の発展は著しい。

12.	保護する	ほごする	schützen, behüten; pflegen

例：親は幼い子供を保護しなければならない。

13.	秩序	ちつじょ	Ordnung; Recht und Ordnung; System

例：秩序正しい社会のために法律がある。

14.	維持	いじ	Erhaltung, Aufrechterhaltung, Bewahrung, Instandhaltung

例：政権を維持するのはやさしくない。

15.	郷学	ごうがく	Dorfschule, Schule für das Volk und die Samurai
16.	私塾	しじゅく	Privatschule (insbes. in der Edo-Zeit und bei einem Lehrer zu Hause)

例：大学に落ちて今は私塾でがんばっています。

17.	役割	やくわり	Rolle

例：首相としての役割を果たした。

18.	学制	がくせい	Schulsystem, Schulwesen

例：日本では６３３４制の学制があります。

第4課　　　　　　　　　　　　　　　　　　　　　　　　　　　　　　　　51

19.	教育勅語	きょういくちょくご	Kaiserlicher Erziehungserlass
20.	国家主義	こっかしゅぎ	Nationalismus
21.	至る	いたる	ankommen, anlangen, erreichen

例：論文を書くに至るまでは大変でした。

22.	基礎	きそ	Grundlage, Fundament, Basis

例：日本語の基礎があれば、進歩は早いです。

23.	確立する	かくりつする	aufstellen, gründen, errichten, festlegen

例：民主主義制度が確立された。

24.	敗戦	はいせん	Niederlage; verlorener Krieg

例：日本は１９４５年８月に敗戦した。

25.	指導	しどう	Anleitung, Leitung; Unterweisung; Führung

例：厳しい指導のもとで一人前の仕事ができる。

26.	理念	りねん	Idee; Prinzip; Doktrin

例：どの会社にも会社理念がある。

【会話】

1.	記事	きじ	(Zeitungs-)Bericht, Artikel
2.	少子化	しょうしか	Sinken der Geburtenrate; Trend zu weniger Kindern

例：最近は少子化の傾向が進み、ほとんどの家庭は一人か二人の子供しか持たない。

3.	過保護	かほご	übertriebene Fürsorge, Verhätschelung

例：祖父母は孫を過保護にする傾向がある。

4.	現場	げんば	derselbe Ort, Tatort

例：現在の教育現場では教師たちの苦労は並大抵ではない。

5. 諦める	あきらめる	aufgeben, verzichten; sich fügen

例：長年の夢を病気のために諦めなければならなかった。

6. 傾向	けいこう	Tendenz, Trend

例：最近は文字離れの傾向があるらしい。

7. 協調する	きょうちょうする	zusammen arbeiten, einträchtig handeln
8. 薄い	うすい	dünn; schwach; leicht

例：薄いコーヒーをアメリカンコーヒーといいます。

9. 我慢	がまん	Geduld, Ausdauer

例：昔の武士はお腹がすいてもじっと我慢したそうです。「武士は食わねど高楊枝」

10. 自立心	じりつしん	Unabhängigkeitsgefühl

例：親は子供の自立心を育てなければならない。

11. 喧嘩	けんか	Streit, Krach; Handgemenge

例：子供同士の喧嘩に大人は口をはさむべきではない。

【文法・表現】

1. 〜わけ

„das ist der Grund, weshalb/warum …", „deshalb", „aus diesem Grund"

【例文】　a. 兄の奥さん、つまり私にとっては義理の姉というわけである。
　　　　　b. 寒いわけです。外は雪が降っています。

2. のちに

„danach", „später" (schriftsprachlich, anstelle von あと)

【例文】　a. ドイツの首都は統一前はボンで、のちにベルリンとなる。
　　　　　b. 彼は大学を卒業して、のちに有名な医者になりました。

第4課　　　　　　　　　　　　　　　　　　　　　　　　　　　　　　　　　53

3.　～にならって

„etw./ jn. nachahmend/ kopierend" (abgeleitet von ならう „nachfolgen/zum Muster machen")

oft verwendet bei Gegenüberstellungen

【例文】　a.　手本にならって、きれいに漢字を書きなさい。

　　　　　b.　留学生は滞在中、日本人にならって、日本の習慣を身につけるものです。

4.　～を数える

„... zählen", „die Zahl von ... erreichen"

【例文】　a.　この町の文化施設は３００を数える。

　　　　　b.　千人を数える人々がコンサートに集まったそうだ。

5.　～の目的から

„ausgehend von dem Ziel", „mit der Absicht"

【例文】　a.　日本人すべてが文字の読み書きができるようにとの目的から、

　　　　　　　義務教育がおこなわれた。

　　　　　b.　世界中の子供達が幸せになれるようにとの目的から、ユニセフが造られた。

6.　～と並んで

„zusammen mit ..." (von 並ぶ, „in einer Reihe stehen", „sich anstellen")

【例文】　a.　車は機械製品と並んでドイツの重要な輸出品である。

　　　　　b.　トヨタはニッサンと並んで日本の有名な車のメーカーである。

7.　役割を果たす

„seiner Rolle gerecht werden", „eine Rolle spielen"

【例文】　a.　子供を一人前になるまで育てて、親としての役割を果たさなければならない。

　　　　　b.　彼は来年、大統領として４年の任期を終え、その役割を果たす。

8. 〜に始まり、〜に至るまで

„ausgehend von/angefangen mit …, bis hin zu …", „von … bis …" (formeller als から … まで)

【例文】　a. 掃除に始まり、料理に至るまで、完璧に彼女はお客様を迎える準備をした。

　　　　　b. 幼稚園に始まり、大学に至るまで、多くの友だちができた。

9. 傾向がある

„es gibt die Tendenz / den Trend, dass …"

【例文】　最近、子供の生まれる数が減る傾向があります。

10. すなわち

„nämlich", „das heißt", „mit anderen Worten"

【例文】　日本の首都、すなわち東京は世界でも有数の大都市です。

11. いわば

„sozusagen", „mit einem Wort", „gewissermaßen"

【例文】　ハイデルベルクは言わば私の第二の故郷です。

12. その上（に）

„außerdem", „noch dazu", „ferner", „überdies"

【例文】　日は暮れるし、その上、雨まで降ってきた。

13. 〜いいものを

„es wäre besser gewesen …, …" (negative Folge)

【例文】　言わなければいいものを、彼女は決定的な言葉を言ってしまったんですよ。

【まとめ】「わけ」の表現いろいろ

1. 訳　　　　　　　　　　Grund
2. わけだ　　　　　　　　es ist selbstverständlich
3. わけにはいかない　　　kann nicht, müssen
4. わけない　　　　　　　einfach
5. わけではない　　　　　nicht immer
6. わけがない　　　　　　es ist unmöglich

【練習】

I ～そうです。/ ～ということです。/ ～ですって。/ ～と聞きました。

上の表現のどれかを使って、次の文を言い換えなさい。

1. 昨日、ギリシャで大きな山火事がありました。

2. 田中さんは来年結婚します。

3. 彼は昨晩ほとんど寝ていません。

4. 山中さんは日曜日町で財布を盗まれました。

5. 来年からまたガソリンの値段が上がります。

6. あの人はすべてをあきらめました。

II 「～わけです。」を使って次の文を完成させなさい。

1. (　　　　　　　　　　　　)。外はあられが降っていますから。

2. (　　　　　　　　　　　　)。彼は全然勉強しませんでしたから。

3. (　　　　　　　　　　　　)。彼女は来月結婚するそうです。

4. (　　　　　　　　　　　　)。彼の奥さんは日本人ですから。

5. (　　　　　　　　　　　　)。お子さんが病気だそうですから。

6. (　　　　　　　　　　　　)。彼は子供の時、日本に住んでいましたから。

7. さっきあんなに食べたのですから、(　　　　　　　　　　　　)。

8. あんなに一生懸命勉強したのですから、(　　　　　　　　　　　　)。

9. 彼女はモデルですから、(　　　　　　　　　　　　)。

10. ドイツ人ですから、(　　　　　　　　　　　　)。

III 次の文を翻訳しなさい。

1. 寒いわけです。窓が開いていましたから。

2. こんな漢字わけないですよ。

3. 明日は会議に出ないわけにはいきません。本社から社長が来るのですから。

第4課 57

4. 嫌いと言うわけではないのですが、今は食べたくありません。

5. ドイツ人が皆ビールが好きと言うわけではありません。

6. 彼が今日ここ来るわけがありません。今、彼は日本にいるのですから。

7. 今日は早く帰らないわけにはいきません。子供の誕生日ですから。

8. 特別な訳もありませんが、今日は早く家に帰りたいのです。

9. どうして遅く来ましたか。訳を説明してください。

10. こんな町の真中にあるのですから、家賃が高いわけですよ。

IV 次の_____に注意して同じ使い方のものを選びなさい。（例：１と１０）

1. 汚いわけです。全然掃除していないのですから。
2. こんな計算わけないですよ。
3. 明日は大学を休むわけにはいきません。大切な試験がありますから。
4. 行きたくないというわけではないのですが、今は家にいたいんです。
5. 日本人が皆よく働くというわけではありません。
6. あの店が今日休みのわけがありません。さっき行ってきたのですから。
7. 今日は映画に行くわけにはいきません。子供が病気ですから。
8. 特別な訳もありませんが、今日は誰にも会いたくないのです。
9. どうして昨日学校を休んだのですか。訳を説明してください。
10. 夜おそく寝るのですから、朝起きられないわけですよ。
11. 早起きすることは私にとってわけないです。
12. 彼が日本が嫌いなわけはありません。日本語を勉強しているのですから。

V 「わけだ」「わけにはいかない」「わけがない」「わけではない」の中からどれか一つを使って次の文のアンダーラインの部分を書き換えなさい。

1. 頭がよくても皆が<u>幸せになれるとは限りません。</u>

2. このことは大切ですから、上司に<u>伝えなければなりません。</u>

3. 彼のことですから、<u>来ないはずがありません。</u>

4. 彼は入院していますから、大学に<u>来られません。</u>

5. せっかく彼女が私のために作ってくれた料理ですから、<u>食べなければなりません。</u>

6. ドイツ人が皆ビールが<u>好きだとは限りません。</u>

7. 彼は正しいのですから、<u>間違っているということはできません。</u>

8. <u>できないはずです。</u>全然勉強しなかったのですから。

【内容質問】

次の質問に答えなさい。

【本文】

1. 江戸時代には武士階級のためにどんな教育機関がありましたか。
2. また、庶民のためには何がありましたか。
3. 東京大学の基となる学校はいつごろ作られましたか。
4. 幕府の学校や藩校では何が教えられていましたか。
5. 寺子屋はどうしてその名前がつけられましたか。
6. 寺子屋はいつごろ数が増えてきましたか。
7. どうして寺子屋の教育には限界がありましたか。

第4課

8. 郷学はどんな学校でしたか。
9. 今の小学校の基となるものは何でしたか。
10. 明治政府の統一的教育政策はいつ確立されましたか。

【会話】

1. 三田さんは最近どんな新聞記事を読みましたか。
2. 「少子化」というのはどういうことですか。
3. 「過保護」というのは例えばどういうことですか。
4. 調査によって、何がわかりましたか。
5. 「生きる力」というのはどういう意味ですか。
6. どうして最近の子供は「生きる力」が弱くなったのでしょうか。
7. その理由は一つだけですか。
8. どうして家の中で一人でテレビゲームをする時間が増えることが子供達に悪影響を与えるのでしょうか。
9. 少子化と過保護の関係は何だと思いますか。
10. 「自立心」というのはどういうことですか。
11. 三田さんと前田さんの意見では、子供たちはどうあるべきだと言っていますか。

【作文】

少子化が社会に与える影響について作文しなさい。

【タスク】

教育問題についてインターネットなどで興味のある分野で調べて発表しなさい。例えば「日本とドイツの教育制度」の違いなど。

【漢字】

カタカナ：音読み　ひらがな：訓読み

1. 育　イク、<u>そだつ</u>　　　　　(auf-)wachsen　　　　　　　教育、育児
   　　　<u>そだてる</u>　　　　　　aufziehen
2. 幕　マク　　　　　　　　　　(Vorhang; Aufzug)　　　　　幕府、天幕
   　　　バク　　　　　　　　　　(Shōgunat)
3. 武　ブ、ム　　　　　　　　　(Militär)　　　　　　　　　　武士
4. 士　シ　　　　　　　　　　　Samurai, Gefolgsmann,　　　武士、弁護士、修士
   　　　　　　　　　　　　　　Mann, Gelehrter
5. 関　カン、せき　　　　　　　(Barriere)　　　　　　　　　　機関、関係、関する
6. 末　マツ、バツ、すえ　　　　(Ende)　　　　　　　　　　　幕末、年末
7. 激　ゲキ、<u>はげ</u>しい　　　　(heftig, stark, ungestüm)　　急激に、
   　　　　　　　　　　　　　　　　　　　　　　　　　　　　激情
8. 著　チョ、<u>あらわ</u>す　　　　(schreiben, veröffentlichen)　著者、著述
   　　　<u>いちじる</u>しい　　　　(merklich, auffallend)
9. 進　シン、<u>すすむ</u>　　　　　(vorwärtsgehen, fortschreiten)　進出、進学
   　　　すすめる　　　　　　　(fördern)
10. 封　フウ　　　　　　　　　(Siegel)　　　　　　　　　　封建制、
    　　　ホウ　　　　　　　　　(Lehen)　　　　　　　　　　封筒、封鎖
11. 容　ヨウ　　　　　　　　　(Form, Aussehen, Inhalt)　　内容、容姿
12. 令　レイ　　　　　　　　　(Befehl)　　　　　　　　　　命令、教育令
13. 敗　ハイ、<u>やぶ</u>れる　　　　(besiegt werden, erfolglos sein)　敗戦、敗者
14. 至　シ　　　　　　　　　　(Extrem)　　　　　　　　　　至上主義
    　　　<u>いたる</u>　　　　　　　(ankommen, führen zu)

15.	保	ホ、<u>たも</u>つ	(behalten, bewahren)	過保護、保守派
16.	護	ゴ	(verteidigen, beschützen)	援護、護衛
17.	傾	ケイ、<u>かたむ</u>く	(sich neigen)	傾向、傾斜
18.	減	ゲン、<u>へ</u>る	(abnehmen)	増減、減少
19.	薄	ハク、<u>うす</u>い	(dünn; schwach, leicht; hell)	薄情、肉薄
20.	我	ガ、われ、わ	(ich, selbst, mein, unser)	我慢、自我、我が社
21.	態	タイ	(Zustand, Aussehen)	状態、態度
22.	状	ジョウ	(Zustand, Lage, Form, Brief)	状態、年賀状、形状
23.	渉	ショウ	(überqueren; zu tun haben mit)	干渉、交渉

【漢字テスト】

（　）の中の漢字を書きなさい。＿＿＿の部分は平仮名をつけなさい。

1. （　　　　　）にはかなりの<u>数</u>の学校が（　　　　）と<u>庶民</u>のために作られて
　　　ばくまつ　　　　　　　　　　　　ぶし
いました。

2. その頃、侍のための（　　　　　）としては<u>昌平校</u>や<u>藩校</u>があり、庶民のために
　　　　　　　　　　　　　　きかん
は<u>寺子屋</u>がありました。

3. （　　　　　）によって、（　　　　　）しい数の人々が貧しい生活を強い
　　　はいせん　　　　　　　いちじる
られた。

4. <u>封建制</u>を<u>維持</u>するために（　　　　　）の（　　　　　）には限りがあった。
　　　　　　　　　　　　　　　　がくもん　　　　　ないよう

5. 戦後はお腹が減っても、我慢しなければならなかった。

6. 我々は最近の子供たちを（　　　　）にする（　　　　）に目をむけなけ
   かほご　　　　　けいこう
   ればならない。

7. 子供は一般的に、親の干渉を嫌うものです。

8. 最近は親子の関係が（　　　　）くなってきていると言われる。
   　　　　　　　　　　うす

9. 今の勉強は専門過程に入るための基礎となる。

【聴解】

次の会話を聞いて下の質問に答えなさい。
1. 識字率というのはどういうことですか。
2. 日本ではいつから普通の人たちが読み書きができるようになりましたか。
3. 何が悪循環なのですか。

【翻訳】

1. In der Krebs-Grundlagenforschung werden Stammzellen eine besondere Rolle spielen.
2. Der Sohn trat in die Fußstapfen des Vaters und wurde Arzt.
3. Ich hatte einen großen Streit mit meinen Eltern über meine Berufswahl.
4. Welche Probleme bringt das Sinken der Geburtenrate mit sich?
5. Das rund 100 Jahre alte Gebäude hat ein neues Gesicht: eine neue 150 Quadratmeter große Vorhalle wurde angebaut.
6. Bei den Lebensmittelpreisen ist eine steigende Tendenz zu verzeichnen.
7. Sie möchte in die USA gehen, um ihre wissenschaftliche Forschung fortzuführen.
8. Die Zahl der Verkehrsunfallopfer hat plötzlich zugenommen.

9. Diesen alten Tempel instand zu halten, kostet pro Jahr 300 Millionen Yen.
10. Ich musste den Plan aufgeben, in den Ferien nach Japan zu fahren.
11. 彼は来られないわけです。事故で入院しているのだから。
12. ドイツ人にならって、ドイツ語の発音を覚えました。
13. 最近は少子化、晩婚化（遅くまで結婚しないこと）の傾向があるようです。
14. ドイツの首都、すなわちベルリンの人口はおよそ３５０万人です。
15. 彼女はいわば、私の命の恩人のような人です。
16. 熱はあるし、体はだるいし、その上に、吐き気までする。
17. 高齢化は少子化と並んで先進国の大きな問題である。
18. 日本に行く目的から、今一生懸命お金をためているのです。
19. 青春のひと時をライプツィヒで過ごして、後にゲーテはイタリアに行った。
20. 彼は会社員としての役割を果たして、定年退職しました。

第5課

食生活

【話してみよう】

第五課を始める前に話し合って見ましょう。

1. どんな食べ物が好きですか。
2. あなたの国の食生活について説明してください。
3. 日本食とあなたの国の食事を比べてみてください。
4. これから未来の食事はどう変わっていくと思いますか。

【会話】バラエティー豊かな日本人の食卓

ジョーンズ： 先日は立派な日本料理をごちそうさまでした。楽しかったです。でも日常に食べる家庭料理はあれとは違うと思うんですが。

鈴木： ええ、家庭ではもっと実質的な料理を作りますね。

ジョーンズ： <u>どこの国でも</u>家庭料理というのはそうですね。家庭では普通どんな料理を食べているんですか。

鈴木： 日本人の食生活には伝統的な主食と副食という考え方があります。米が主食で、野菜や魚・肉などが副食です。

ジョーンズ： 低カロリー食として日本食の良さが最近アメリカでも注目され、例えば豆腐を食べる人が増えてきました。肉食が普及したのはそんなに古いことではなさそうですね。

鈴木： 肉食はそうとう古くから行われてきました。仏教の影響によって、<u>食べなくなった</u>。それが明治になってから復活したのです。パンを食べるようになったのも明治以降です。特に第二次世界大戦後、パン食が普及しました。最近では様々なインスタント食品も好まれるようになり、日本人の食生活は昔に<u>比べる</u>とずいぶん多様化しました。

ジョーンズ： 日本の家庭で食べる外国料理にはどんなものがありますか。

鈴木： 戦前から、西洋風や中華風の食べ物が家庭料理の中にありました。「カレーライス」というインド風のカレー料理はずっと以前から好まれていました。戦後はハンバーグステーキやイタリアのパスタ料理、韓国系の焼肉なども大変ポピュラーになり、とくに子供達に好まれています。そのほかにイタリア、インド、ロシア、ドイツ、スペイン、メキシコ、北欧、東南アジアなどいろいろなレストランがあります。

ジョーンズ： 本当にそうですね。世界中の料理が食べられると言ってもいいですね。

鈴木： それから、アメリカのマクドナルドやケンタッキーフライドチキンなどのファーストフードの店やファミリーレストランのチェーンもたくさん見かけると思います。

第5課

【食に関することわざ】

1. 『ご飯にはしを突き立ててはいけない』

日本では人が亡くなると、まくら元にご飯を山盛りにして置く。これをまくら飯と言う。このまくら飯に、はしを突き立てる習慣になっている。墓や仏壇の前にご飯を供える時も同じようにはしを立てる。やがて、はしを立てたご飯は死者を意味すると考えられるようになった。山盛りのご飯はたくさん食べてくださいと言う意味で、はしはすぐに食べてもらえるように立てる。

2. 『食べてすぐ横になると、牛になる』

地方によっては牛ではなく、犬になると伝えられている。この俗信は、昔の人が見慣れていた風景から単純に連想してできた。身近にいた牛や犬は、物を食べ満足すると、すぐ休息をとる。これは消化を助ける役目を果たしているのだが、これを見た人たちが人間にこの姿を当てはめたのだ。横になる姿をそのまま、牛や犬と表現したわけだ。食事の直後に横になる姿は行儀が良くない。

3. 『茶柱が立つと、縁起が良い』

茶柱とは、茶の茎の部分。これが湯のみの中で垂直に浮いていると良いことがあるという意味だ。

【語彙】

【会話】

1.	先日	せんじつ	neulich, vor Kurzem, unlängst

例：先日はご招待いただいてありがとうございました。

2.	立派	りっぱ	großartig, herrlich, ausgezeichnet

例：彼は立派に自分の役割を果たした。

3.	日常	にちじょう	Alltag; alltäglich, gewohnt

例：日常会話は何とかなります。

| 4. | 家庭料理 | かていりょうり | Hausmannskost |

例：外食もいいけど、家庭料理が一番ですね。

| 5. | 実質的 | じっしつてき | wesentlich, substanziell; gehaltvoll |

例：彼の考え方は理想ばかりではなく実質的です。

6.	普通	ふつう	normalerweise, üblicherweise
7.	伝統的	でんとうてき	traditionell
8.	主食	しゅしょく	Hauptnahrungsmittel
9.	副食	ふくしょく	Beilage, Nebengericht

例：日本の主食と副食は欧米の感覚と違うようです。

| 10. | 低〜 | てい〜 | niedrig-, -arm |

例：最近は低カロリーの食事が見直されているようです。

| 11. | 豆腐 | とうふ | Tofu (Sojabohnenquark) |
| 12. | 普及 | ふきゅう | Ausbreitung, Verbreitung, Popularisierung |

例：電化製品の普及には著しいものがあります。

| 13. | 影響 | えいきょう | Einfluss |
| 14. | 復活 | ふっかつ | Wiederaufleben; Auferstehung |

例：この町を復活させるためには若い力が必要です。

| 15. | 以降 | いこう | ab, seit |

例：言文一致体運動以降、日本語の口語文が作品の中に取り入れられた。

| 16. | 様々 | さまざま | verschieden, mannigfaltig, allerlei |

例：考え方は人様々です。

| 17. | 多様化 | たようか | Diversifikation; Vielfältigkeit |

例：消費者のニーズの多様化によって、生産も変わってきます。

第 5 課

18.	～風	～ふう	Art, Weise; Stil

例：ヨーロッパ風の生活が若い人々の間で好まれています。

19.	戦後	せんご	Nachkriegszeit, nach dem Krieg
20.	韓国	かんこく	Süd-Korea
21.	～系	～けい	Abstammung, (Familien-) Linie

例：あの人は中国系アメリカ人です。

22.	焼肉	やきにく	gebratenes Fleisch
23.	北欧	ほくおう	Nordeuropa

【ことわざ】

1.	突き立てる	つきたてる	hineinstecken; in die Erde stoßen

例：ご飯に箸を突き立てるのは悪い習慣です。

2.	亡くなる	なくなる	sterben

例：両親はすでに亡くなりました。

3.	山盛り	やまもり	große Portion, aufgehäufte Portion

例：山盛りのフルーツが出された。

4.	習慣	しゅうかん	Sitte, Gewohnheit
5.	墓	はか	Grab
6.	仏壇	ぶつだん	buddhistischer Hausaltar

例：私は仏教徒ではありませんが、仏壇に手を合わす習慣があります。

7.	供える	そなえる	darbringen, opfern, feierlich widmen

例：日本では仏壇や神棚にお供え物をします。

8.	地方	ちほう	Gegend, Gebiet, Region
9.	牛	うし	Kuh, Rind

10.	俗信	ぞくしん	Volksglaube, Aberglaube

例：地方ではまだまだ俗信が残っている。

11.	見慣れる	みなれる	sich an einen Anblick gewöhnen
12.	風景	ふうけい	Landschaft
13.	単純	たんじゅん	einfach, schlicht; naiv, einfältig
14.	連想	れんそう	Assoziation, Gedankenverbindung

例：漢字を覚えるために、物語を連想することは役に立つ。

15.	身近	みぢか	Nähe von jmd., Vertrautheit

例：身近な人々を大切にしてください。

16.	満足	まんぞく	Zufriedenheit

例：今の状況に満足しています。

17.	休息	きゅうそく	Ruhe, Pause

例：昼ご飯の後の少しの休息は脳にもいい。

18.	消化	しょうか	Verdauung

例：食事のあとのシュナップスは消化を助ける。

19.	姿	すがた	Gestalt, Form, Figur, Aussehen

例：最近彼の姿を見ませんが、どこか旅行でも。

20.	横になる	よこになる	sich hinlegen; schlafen

例：失礼してちょっと横になってきます。

21.	表現	ひょうげん	Ausdruck, Formulierung, Darstellung

例：彼女は表現力が豊かです。

22.	直後	ちょくご	gerade danach, unmittelbar nach

例：あなたが出た直後に電話がありました。

23.	行儀	ぎょうぎ	Manieren, Benehmen

24.	茶柱	ちゃばしら	aufrecht schwimmende Teestiele (Glückssymbol)
25.	茎	くき	Stängel, Halm
26.	垂直	すいちょく	senkrecht, vertikal

【文法・表現】

1. どこの〜でも、どんな〜でも　(Fragepronomen 〜でも)

„jedes; welch ... auch immer"

【例文】　a. どこの国でも、自国の文化は大切なものです。
　　　　　b. どんな料理でも食べられます。

2. 〜なくなる

„verschwinden; zu Ende gehen; verloren gehen; nicht da sein"

【例文】　a. 最近の子供はあまり本を読まなくなりました。
　　　　　b. 若い日本人はあまり米を食べなくなりました。

3. 〜に比べて / に比べると

„verglichen mit / im Vergleich zu..."

【例文】　a. 日本に比べてドイツの物価は安いと思いましたが、最近はそうでもない。
　　　　　b. 男の人に比べると女の人の地位はまだまだ低いです。

4. 〜てはいけない

„nicht dürfen" (verneinte Befehlsform)

【例文】　a. ここに駐車してはいけない。
　　　　　b. 酒を飲んではいけないと医者に言われてしまった。

5. ～てもらえる

(jemand macht etwas für / zu Gunsten des Sprechers)

【例文】 a. あなたに喜んでもらえると思って、このプレゼントを選びました。
b. この品が気に入らなければ、レシートを持って店に行けば、変えてもらえます。

6. やがて

„bald; demnächst; in Kürze"

【例文】 a. 長い冬が終わると、やがて暖かい春が来ます。
b. 彼はやがて有名な作家になることでしょう。

7. ～を意味する

„bedeuten, darstellen"

【例文】 a. 日本の数字の4は、その音から死を意味すると考えられている。
b. その言葉が何を意味するのかはわからなかった。

8. 横になる

„sich hinlegen, schlafen"

【例文】 a. 疲れたので失礼して横になってきます。
b. 横になってテレビを見ていたら、いつの間にか寝てしまった。

【練習】

I ～なくなる

1. 習慣がなくなる

例：昔はよく本を読みましたが、今は読まなくなりました。

a. 前はよく車を運転しましたが、<u>運転しなくなりました</u>。
b. 前はよく酒を飲んだものですが、病気になってから、<u>今は飲まなくなりました</u>。

第5課　　　　　　　　　　　　　　　　　　　　　　　　　　　　　　　　73

　　c. 若い頃はよく歩きましたが、今は__歩かなくなりました__。
　　d. 学生時代はよく勉強しましたが、今は__勉強しなくなりました__。
　　e. 若い頃は沢山食べたものですが、今は__食べらなくなりました__。

2.　可能性、能力がなくなる　（Potentialform eines intransitiven Verbs）
例：年を取って、だんだん目が見えなくなりました。
　　a. 若い頃は、よく徹夜(てつや)したものですが、今では__徹できなくなりました__。
　　b. 学生時代はいろいろな言葉が話せたものですが、今は__話せなくなりました__。
　　c. 昔は人の名前がすぐに覚えられたものですが、今では__覚えられなくなりました__。
　　d. 昔は子供達はよく外で遊んだものですが、交通が増え、危険になって、
　　　__今は外で遊えらなくなりました__。
　　e. 昔はこの川で泳げたものですが、水質汚染のために
　　　__泳げなくなりました__。

II　〜てもらう　（誰かのために、特別に何かすること）
例：あなたに喜んでもらえるために、部屋を掃除しました。
　　a. 明日の会議のために、済みませんが、__済んでもらえ__ませんか。
　　b. お年寄りに_____ために、いろいろな催(もよお)し物があります。
　　c. すみません、私は耳が遠いので、_____ませんか。
　　d. 友だちのために、プレゼントを買って、_____ました。
　　e. すみませんが、疲れたので、コーヒーを_____ませんか。

III　次の文を読みなさい
「食生活」
　食生活は風土や生活水準、生活様式などに大きく影響されます。
　日本では1950年代の中ごろから、技術革新が進み、経済が大きく発展しました。その結果、個人の所得も著しく伸びて、生活が合理化されるようになりました。こうした生活の変化に伴って、日本人の食べ物の量や質、そして食事についての考え方が変

わってきています。以前は米、魚が中心の食事でしたが、現在ではパン、肉、乳製品などが多く使われるようになり、特に若い人たちは後者を好む傾向が強いようです。

　欧米では逆に、高カロリーの食事を続けてきた結果、肥満などの成人病の問題が起きてきて、最近は日本料理の良さが見直されています。ここドイツでも至るところに寿司バーが出来てきて、人気を集めています。箸(はし)を上手に扱うドイツ人、お猪口(ちょこ)で日本酒を楽しむ姿も見られます。世界中で、働くための食事から楽しむための食事へと食生活に大きな変化がおきていると言えます。

　しかし、いくら食生活が変わっても家族のために心をこめて料理されたお母さんの家庭料理が最もいい食事であることに変わりがありません。

【内容質問】

次の質問に答えなさい。

【会話】

1. 日本では普通、家庭ではどんな料理を食べていますか。
2. 日本人の主食は何で、副食は何ですか。
3. ドイツでは主食は何ですか。ドイツにも主食、副食の違いがありますか。
4. どうして、アメリカで日本食の人気が高まってきましたか。
5. 肉食は日本ではいつ頃から行われてきましたか。
6. 日本では一時期、肉食は行われていませんでした。それはどうしてですか。
7. ドイツの食生活はどのように変わってきましたか。
8. ドイツでも日本食は好まれていますか。
9. インスタント食品についてどう思いますか。
10. あなたはよく料理を作りますか。またどんな料理が得意ですか。
11. 日本料理とドイツ料理を比べてみてください。

【ことわざ】

1. ドイツにもこうしたことわざや迷信がありますか。
2. あなたは迷信を信じますか。
3. ここに書かれていることわざの他にどんなことわざを知っていますか。

【タスク】

あなたの国の食生活について調べてください。歴史、または特徴などについて、インターネットから情報を得て、まとめなさい。

【作文】

日本とあなたの国との食文化を比較してください。

【作文】「ことわざ」紹介

次の質問に答えて、それからそれを３００字ぐらいで要約してください。
1. 先人の伝える「ことわざ」を信じていますか。
2. 例えば、どんな「ことわざ」があなたの国にはありますか。
3. 「ことわざ」はどんな意味を含んでいると思いますか。

【漢字】

カタカナ：音読み　ひらがな：訓読み

1.	派	ハ	Sekte, Gruppe, Schule, Partei	立派(りっぱ)、右派(うは)、派閥(はばつ)
2.	常	ジョウ、つね	gewöhnlich, normal, wiederholt	日常(にちじょう)、常識(じょうしき)
3.	普	フ	allgemein, universal	普通(ふつう)、普段着(ふだんぎ)
4.	副	フク	Begleitung, Ergänzung; Neben-	副食(ふくしょく)、副大統領(ふくだいとうりょう)
5.	低	テイ、ひくい	niedrig	最低(さいてい)、低賃金(ていちんぎん)
6.	豆	トウ、まめ	Bohne, Hülsenfrüchte	豆腐(とうふ)、豆乳(とうにゅう)
7.	及	キュウ	erreichen, reichen bis	普及(ふきゅう)、及第(きゅうだい)、言及(げんきゅう)
8.	影	エイ、かげ	Licht; Schatten, Silhouette; Gestalt	人影(ひとかげ)、影法師(かげぼうし)

9.	響	キョウ	schallen, wiederhallen; beeinflussen	影響、交響曲
10.	復	フク	zurückkehren; wiederholen	復習、復活
11.	系	ケイ	System, Abstammung	日系、直系
12.	突	トツ、つく	stoßen, schlagen, stechen	突撃、衝突
13.	墓	ボ、はか	Grab	墓地、墓参り
14.	純	ジュン	rein	単純、純粋
15.	消	ショウ、けす	auslöschen	消化、消灯、消費
16.	姿	シ、すがた	Gestalt, Figur, Aussehen	姿勢、姿態
17.	儀	ギ	Regel, Zeremonie	行儀、礼儀
18.	柱	チュウ、はしら	Pfeiler	水柱、茶柱
19.	垂	スイ、たれる	herunter hängen; fallen	垂直
20.	浮	フ、うかぶ	schwimmen, sich zeigen	浮世絵、浮浪者
21.	韓	カン	Korea	韓国、日韓

【漢字テスト】

（　　　）の中の漢字を書きなさい。_____の部分は平仮名をつけなさい。

1. 彼は右（　　　）です。
   　　　　　は

2. 日本人は（　　　　　）どんな食べ物を食べていますか。
   　　　　　にちじょう

3. 日本では（　　　）食は米で、（　　　）食は魚や肉です。
     　　　　　しゅ　　　　　　　　ふく

4. 彼は私の（　　　）に大きな（　　　）を（　　　）した。
     　　　　じんせい　　　　　　えいきょう　　　　およぼ

5. （　　　）の（　　　）の後で、（　　　）ず（　　　）
     にほんご　　じゅぎょう　　　　　かなら　　　ふくしゅう
   しなければなりません。

6. お（　　　）に（　　　）に（　　　）が浮くと、いいこと
     ちゃ　　　　すいちょく　　　ちゃばしら
   があると言われています。

7. 彼は（　　　）日本人です。
     かんこくけい

8. ご飯に箸を突き立ててはいけません。

9. 最近日本風の（　　　）は姿を（　　　）す（　　　）がある。
     　　　　　はか　　　　　　　　け　　　　けいこう

10. （　　　）、何時に大学に来ますか。
      ふつう

11. 勉強を始めたのは単（　　　）な動機からでした。
     　　　　　　　　　じゅん

【聴解】

次のテープを聞いて下の質問にこたえなさい。

1. 富田さんも山中さんもどんな料理が一番おいしいと思っていますか。
2. どうして最近和食は人気があるのですか。
3. 「一長一短」というのはどういうことですか。

【翻訳】

1. Man könnte das Angebot in diesem Restaurant japanische Hausmannskost nennen.
2. Sie hat mir eine Riesenportion Salat aufgefüllt.
3. In diesem Park kann man sich mittags gut ausruhen.
4. Er hat sich vor einem halben Jahr das Rauchen abgewöhnt.
5. Japaner verbinden den Monat April mit der Kirschblüte.
6. Der Vorstand unterstrich, dass es für ein weiteres Wachstum unumgänglich sei, noch in diesem Jahr zu diversifizieren.
7. Mit vollem Mund zu sprechen, gilt als schlechte Manieren.
8. Verdauung ist ein lebenswichtiger körperlicher Vorgang.
9. Schiller starb 1805 in Weimar. 21 Jahre lag er in aller Stille in seinem Grab, bis am 17. September 1826 bei einer Feierstunde sein mutmaßlicher Schädel im Sockel einer Büste des Dichters verstaut wurde.
10. Der Begriff *nikkeijin* bezeichnet Japaner oder deren Nachkommen, die in ein Land außerhalb Japans umgesiedelt sind und die dortige Staatsbürgerschaft erworben haben oder Japaner, die ein lebenslanges Aufenthaltsrecht in einem anderen Land als Japan erworben haben.
11. 先日はご招待いただきありがとうございました。とても楽しかったです。
12. 薬としての漢方薬の良さが注目され、例えば化学薬品を好まない人が増えています。
13. 健康上の問題から最近タバコを吸わない人が増えてきました。
14. 日本では東京オリンピックの前後、著しくテレビが一般家庭に普及しました。

15. 3人に一人が持っているといってもいいくらい、携帯電話が普及してきています。
16. 今日、様々なことわざがあまり意味を持たなくなっています。
17. 頭が痛いなら、少し横になっていてください。
18. どんな人でも生きる権利を持っている。
19. あなたに喜んでもらえると思って、このケーキを焼きました。沢山召し上がってください。
20. 日本では数字4は死を意味し、ホテルなどの部屋に4号室はありません。

第6課

エネルギー

【話してみよう】

第六課を始める前に話し合って見ましょう。

1. エネルギーにはどんなものがありますか。
2. エネルギー節約のためにどんな努力をしていますか。
3. 世界的にエネルギー不足が心配されていますが、どんな代替エネルギーが考えられますか。また従来のエネルギーと比べてください。

【本文１】新しいエネルギーの開発

　代表的なエネルギー資源である石炭や石油などは有限であり、また燃焼によって発生する二酸化炭素は地球の温暖化の原因であるとも指摘されています。日本でも政府や企業を中心に新しいエネルギーの利用に対する様々な試みが行われてきました。中でも電力の安定供給のためには、原子力の利用は重要であり、すでに日本の発電量の４分の１をまかなっています。

　しかし、原子力発電は事故がおきれば、深刻な被害を及ぼす可能性があり、また、廃棄物(はいきぶつ)の処理をどうするかなどの問題点も残されています。その他にも太陽光は計算機などのソーラーバッテリーとして身近なものになっていますし、地熱も火山地帯で発電所として実用化され、風力を利用した発電実験も行われています。

　新しいエネルギーの開発は急がなければなりませんが、その利用については安全性はもちろん、経済性、環境への影響など、総合的に検討する必要があります。

【本文２】温暖化防止の一歩・温暖化対策

　このごろ温室効果による地球温暖化が世界的な問題になっている。

　地球温暖化とは、人間が出す温室効果ガスによって、地球の平均温度が上昇する現象をいう。そして、このまま温室効果ガスが増え続けると、２１世紀末までに地球の平均気温が２度上昇すると予測されている。

　１９９７年１２月の今京都会議でまとめられた議定書は、各国の温室効果ガスの削減(さくげん)目標を定めた。２００８〜２０１２年に温室効果ガスの排出量を、日本は１９９０年の排出量の６％、アメリカが７％、EUが８％、先進国全体で５.２％減らさなくてはならない。最終的に日本に課せられた削減目標６％は、日本政府が予想した以上に厳しい数字だった。

　工業国日本では、企業の協力がなければ、この数字を実現することは不可能だ。生活の面でも、自治体が市民に呼びかけている。節電や、節水、ごみの減量を行うことで、二酸化炭素の排出量を減らすことを奨励(しょうれい)している。

第6課

【語彙】

【本文1】

1.	開発	かいはつ	Erschließung, Urbarmachung; Entwicklung

例：この町は都市開発が進んでいる。

2.	資源	しげん	Quelle, Ressource, Material

例：日本は天然資源の少ないことで有名です。

3.	石炭	せきたん	(Stein-) Kohle
4.	有限	ゆうげん	begrenzt, beschränkt, endlich

例：天然資源は有限ですから、大切に使わなければなりません。

5.	燃焼	ねんしょう	Verbrennung
6.	発生	はっせい	Entwicklung, Entstehung, Vorkommen
7.	二酸化炭素	にさんかたんそ	Kohlendioxyd
8.	地球	ちきゅう	Erde, Erdkugel
9.	温暖	おんだん	Wärme

例：どこか温暖な地方に住みたいものです。

10.	指摘	してき	Hinweis, Angabe, Hervorheben

例：論文のツメが甘いと教授に指摘されました。

11.	試み	こころみ	Versuch, Probe

例：政府の内戦終結の試みは失敗しました。

12.	供給	きょうきゅう	Versorgung, Belieferung, Angebot

例：需要があるから、供給があります。

13.	利用	りよう	Benutzung, Verwertung

例：最近、車より公共の交通を利用する人が増えています。

14. まかなう　　　　　　　　　　　　　　　versorgen, verpflegen;
　　　　　　　　　　　　　　　　　　　　　bestreiten, bewerkstelligen

例：市の経済は市民の税金によってまかなわれています。

15. 深刻な　　　　しんこくな　　　　　　　ernst, bedenklich

例：台風は深刻な被害をもたらした。

16. 被害　　　　ひがい　　　　　　　　　　Schaden, Verlust

例：毎年、ドイツでは川の氾濫による被害がでる。

17. 及ぼす　　　およぼす　　　　　　　　　ausüben, ausdehnen

例：彼は多大な影響を私に及ぼした。

18. 廃棄物　　　はいきぶつ　　　　　　　　Abfall(-stoff)

例：核廃棄物は今世界の問題となっている。

19. 処理　　　　しょり　　　　　　　　　　Erledigung, Handhabung,
　　　　　　　　　　　　　　　　　　　　　Behandlung

例：突然起きた問題の処理に時間がかかってしまった。

20. 火山地帯　　かざんちたい　　　　　　　Vulkangürtel

例：この辺りは火山地帯なので、温泉が多いのですね。

21. 発電所　　　はつでんしょ　　　　　　　Kraftwerk

22. 実用化　　　じつようか　　　　　　　　Anwendbarmachung,
　　　　　　　　　　　　　　　　　　　　　Implementierung, praktischer
　　　　　　　　　　　　　　　　　　　　　Gebrauch

例：ロボットの実用化にはもう少し時間がかかるだろう。

23. 風力　　　　ふうりょく　　　　　　　　Windstärke

例：オランダは風力を利用して、新しいエネルギー開発に先駆けている。

24. 環境　　　　かんきょう　　　　　　　　Umwelt, Milieu; Umgebung,
　　　　　　　　　　　　　　　　　　　　　(Lebens-)Umstände

例：いい環境で、いい子供が育つ。

25. 検討する　　けんとうする　　　　　　　überprüfen, nachprüfen,
　　　　　　　　　　　　　　　　　　　　　durchsehen

例：憲法改正の問題は、国会で再度検討されている。

第6課

【本文 2】

1. 防止　　　　　　　ぼうし　　　　　　　　Vorbeugung, Verhütung

例：事故防止に警察は日夜努めている。

2. 効果　　　　　　　こうか　　　　　　　　Effekt, Wirkung

例：毎日日本語を勉強しているのに、ちっとも効果が上がらない。

3. 上昇する　　　　　じょうしょうする　　　aufsteigen, ansteigen

例：春が近づいて、温度が上昇してきました。

4. 現象　　　　　　　げんしょう　　　　　　Phänomen

例：地球温暖化の現象は、世界的な問題である。

5. 予測する　　　　　よそくする　　　　　　vermuten, voraussehen, rechnen mit

例：今年の桜の開花は温暖化のために、早いと予測された。

6. まとめる　　　　　　　　　　　　　　　　abschließen, beendigen; sammeln; vollenden; ordnen

例：そろそろ、集めた資料をまとめて、論文を仕上げます。

7. 議定書　　　　　　ぎていしょ　　　　　　Protokoll

例：アメリカが京都議定書に賛成しなかったことは有名です。

8. 削減　　　　　　　さくげん　　　　　　　Kürzen, Kürzung

例：企業は不況から人員削減に努めています。

9. 目標　　　　　　　もくひょう　　　　　　Ziel; Absicht

例：大学受験に目標を定めて勉強しています。

10. 排出量　　　　　　はいしゅつりょう　　　Emissionsmenge, Ausstoßmenge

11. 先進国　　　　　　せんしんこく　　　　　Industrieland, fortschrittliches Land

12. 最終的に　　　　　さいしゅうてきに　　　schließlich, letzten Endes

13. 課す　　　　　　　かす　　　　　　　　　auferlegen, geben, zuweisen

例：政府は国民に税を課す。

14. 厳しい	きびしい	streng, hart, scharf

例：厳しいトレーニングを積んで、彼はオリンピックで優勝した。

15. 協力	きょうりょく	Zusammenarbeit, Mitwirkung

例：クラスの皆の協力があって、はじめて皆が進歩できる。

16. 実現	じつげん	Verwirklichung

例：この計画の実現化を目指している。

17. 自治体	じちたい	selbstverwaltete Körperschaft, Gemeinde, Kommune
18. 呼びかける	よびかける	anrufen, ansprechen, sich wenden an

例：選挙に投票することを呼びかける。

19. 節電・節水	せつでん・せっすい	Strom und Wasser sparen
20. 奨励する	しょうれいする	ermutigen, fördern, unterstützen

例：安倍前首相は、留学生30万人計画を奨励した。

【文法・表現】

1. ～を中心に

„...als Mittelpunkt", „hauptsächlich", „mit Spezialisierung auf..."

【例文】　a. 議長を中心に会議は進められた。

　　　　　b. 明治維新によって天皇を中心とする新政府が作られた。

2. ～によって

„durch", „mittels"; „entsprechend"; „aufgrund von..."

【例文】　a. この法律は憲法によって決められています。

　　　　　b. 手紙はコンピューターによって書かれていました。

第6課

3. ば（条件文）
„wenn / falls..." (Konditionalsatz)

【例文】　a. 明日雨が降れば、ピクニックは中止です。

　　　　　b. もし物が高ければ、あの店で買うのはやめましょう。

4. ～として
„als...", „für..."

【例文】　a. この建物は昔は病院として使われていました。

　　　　　b. 医者として、あなたに禁酒を忠告します。

5. 中でも
„vor allem", „besonders"

【例文】　a. 彼は英語もフランス語もドイツ語も得意ですが、中でも英語が一番です。

　　　　　b. この町の建物は皆とても立派ですが、中でも市庁舎が素晴らしい。

6. ～を及ぼす
„ausdehnen", „erreichen lassen", ausüben"; „es zu etw. kommen lassen"

【例文】　a. 台風は町全体に大きな被害を及ぼした。

　　　　　b. 私はこの本に大きな影響を及ぼされた。

7. ～はもちろん
„abgesehen von...", „neben"

【例文】　a. 人生において、仕事はもちろん、趣味も友だちも大切です。

　　　　　b. パスポートはもちろん、お金もカードも持ちましたね。

8. ～とは～を言う
„heißt" „nennt man"

【例文】　a. 省エネとは、エネルギーの節約を言う。

　　　　　b. パソコンとはパーソナル・コンピューターの省略を言う。

9. ～以上に

„mehr als", „über"

【例文】　a. 試験は思った以上に、難しかった。

　　　　　b. 被害は予想以上に大きかった。

10. ～の面で

„hinsichtlich", „in Bezug auf"

【例文】　a. 日本は技術の面で優れているが、創造性の面ではまだ欠けるところがある。

　　　　　b. 彼はある面では非常に大人だが、別の面ではまだ子供のようなところがある。

【語彙テスト】

下の言葉のなかから適当なものを選んで文を完成させなさい。

```
資源 (2x)、有限、電力、原子力、事故、可能性、廃棄物、経済性、安全性、
地球温暖化、平均、予測する、削減、厳しい、節水、排出量、奨励する
```

1. この車は（　　　　　）にも、（　　　　　）にも優れている。

2. （　　　　　　　）というのは、地球がどんどん暖かくなることである。

3. 今度の試験は易しかったので、試験の（　　　　　）はよさそうだ。

4. リストラで企業の人員の（　　　　　）が行われた。

5. （　　　　　）の（　　　　　）をフランスに持っていくことで大きな反対デモが行われた。

6. 政府は夏の暑さで雨が降らないことから、（　　　　　）を（　　　　　）。

第6課   89

7. 地球上の（　　　）は（　　　　）だから、新しいエネルギー（　　　　）
   を開発しなければならない。

8. 今年の夏は（　　　　）猛暑が（　　　　　　）。

9. 水力や風力によって、（　　　　　　）を作る試みがなされている。

10. 温室効果ガスの（　　　　　　）を減らすことは各国の急務（きゅうむ）である。
    急務：Dringlichkeit

11. 原子力は、（　　　　）の（　　　　　）が高く、危険だが、エネルギーとしては効果的である。

【練習】

I 次の二つの表現の違いを確認しなさい。

1. ～によって　　„durch", „von" + Passivform (schriftsprachlich: ～により)
a. 源氏物語は紫式部によって書かれた。
b. 台風によって大きな被害がもたらされた。
c. 第14回シンポジウムは国際交流基金によって支援された。

2. ～によると　„nach", „laut", „gemäß", „zufolge" (～によれば)
a. 天気予報によれば、明日はいい天気だそうだ。
b. 私の考えによれば、この案はコストが高すぎて余り現実的ではない。
c. 彼の言うところによると、昨日はやることが多すぎて、宿題ができなかったそうだ。

次の下線部に上の1か2を入れなさい。

1. この絵は世界的に有名な画家＿＿＿＿＿＿＿＿＿＿、描かれた。

2. 友だちの話＿＿＿＿＿＿＿＿＿＿、彼は最近日本に留学したそうだ。

3. 今年の長雨＿＿＿＿＿＿＿＿＿＿、農作物は大きな被害を受けたそうだ。

4. 彼は危ないところを友だち＿＿＿＿＿＿＿＿＿＿救われた。

5. 政府のスポークスマン＿＿＿＿＿＿＿＿＿＿、中国でのオリンピックはボイコットしないそうだ。

II ～とは～を言う、～と言う意味だ、～の略だ (zur Definition oder Begriffsbestimmung verwendet)
a. サラリーマンとは給料をもらって働く人のことである。
b. ゴールデンウィークというのは、日本の五月の連休のことだ。
c. 単身赴任というのは家族と離れて一人で赴任地に赴くことだ。
d. コンビニというのはコンビニエンスストアーの略である。

上の表現を使って次の下線部をうめなさい。
1. 影響を及ぼすと言うのは、＿＿＿＿＿＿＿＿＿＿＿＿＿＿＿＿＿＿＿＿。

2. 影響を及ぼされると言うのは、＿＿＿＿＿＿＿＿＿＿＿＿＿＿＿＿＿＿＿＿。

3. 新しいエネルギーと言うのは、＿＿＿＿＿＿＿＿＿＿＿＿＿＿＿＿＿＿。

4. 友情と言うのは、＿＿＿＿＿＿＿＿＿＿＿＿＿＿＿＿＿＿＿＿。

5. 礼状と言うのは、＿＿＿＿＿＿＿＿＿＿＿＿＿＿＿＿＿＿。

6. 「一石二鳥」と言うのは、＿＿＿＿＿＿＿＿＿＿＿＿＿＿＿＿＿＿＿。

7. 「弘法も筆のあやまり」と言うのは、＿＿＿＿＿＿＿＿＿＿＿＿＿＿＿。

8. 日独協会と言うのは、＿＿＿＿＿＿＿＿＿＿＿＿＿＿＿＿＿＿＿＿。

9. 義務と言うのは、＿＿＿＿＿＿＿＿＿＿＿＿＿＿＿＿＿＿＿＿＿＿＿＿＿＿＿。

10. ＿＿＿＿＿＿＿＿というのは、＿＿＿＿＿＿＿＿＿＿＿＿＿＿＿＿＿＿＿。

III 次のテーマで皆で会話しなさい。

質問：環境問題についてどんなことを知っていますか。
　　　現在近くにあるエネルギーはどんなものがありますか。
　　　地球温暖化という言葉を聞いたことがありますか。
　　　それはどういうことですか。
　　　もし、この状況が進むとどういう問題がおきてきますか。
　　　新しいエネルギーとしてどんなものが考えられますか。

【ロールプレー】

あなたはジャーナリストです。環境大臣に地球温暖化についてインタビューしなさい。

【タスク】

インターネットなどでエネルギー資源について調べ、自分の意見をまとめなさい。

【内容質問】

次の質問に答えなさい。

【本文1】

1. 代表的なエネルギー資源とは何ですか。
2. 地球温暖化の原因は何ですか。
3. 今新しいエネルギー資源として何が利用されてきていますか。
4. 原子力発電の問題点は何ですか。
5. 太陽光は何に利用されていますか。
6. 地熱は何に利用されていますか。
7. 今後新しいエネルギーの開発で、どんなことに注意しなければなりませんか。

【本文２】

1. 地球温暖化というのはどんな現象のことですか。
2. ２１世紀末にどんなことが起ると予測されていますか。
3. １９９７年の京都での環境会議では何が決められましたか。
4. 日本に課せられた数を、日本政府は予想していましたか。
5. どのようにして、日本はこの削減目標の６％を実現できますか。
6. 生活面で私たち一人一人は何をしなければなりませんか。
7. 地球温暖化についてあなたの考えを言いなさい。

【漢字】

カタカナ：音読み　ひらがな：訓読み

1.	源	ゲン、みなもと	Quelle, Ursprung, Anfang	資源、源氏物語
2.	炭	タン、すみ	Holzkohle	石炭、木炭
3.	油	ユ、あぶら	Öl	石油、油絵
4.	燃	ネン、もえる	brennen	燃焼、不燃性
5.	焼	ショウ、やける	(ab-)brennen; gebraten werden	山焼き、焼失
		やく	(ver-)brennen; braten, rösten	
6.	酸	サン、すい	Säure	酸性雨、酸化
7.	素	ソ	Element, Ursprung	酸素、水素、元素
		ス	schlicht, nackt, unbedeckt	
8.	球	キュウ、たま	Ball, Kugel	地球、球技
9.	暖	ダン、あたたかい	warm	温暖化、暖冬
10.	摘	テキ、つむ	pflücken	指摘、摘出
11.	供	キョウ、そなえる	darbringen, opfern	子供、供え物
		とも	Begleiter, Gefolge	
12.	給	キュウ	versorgen	供給、給食

第6課

13.	故	コ	verstorben	事故、故事
		ゆえ	Grund, Ursache	
14.	深	シン、ふかい	tief	深夜、深酒
15.	刻	コク、きざむ	(fein-)schneiden, schnitzen	深刻、時刻
16.	被	ヒ、こうむる	erleiden; erhalten	被害者
17.	処	ショ	behandeln, erledigen; verurteilen	処理
18.	陽	ヨウ	positiv; männlich; Sonne	太陽、陽性
19.	環	カン	Ring; umgeben	環境、環状線
20.	総	ソウ	allgemein, General-	総合、総会
21.	検	ケン	Untersuchung, Inspektion	検討
22.	討	トウ、うつ	angreifen, bekämpfen	討議、討論
23.	防	ボウ、ふせぐ	verteidigen, beschützen, verhüten	防止、防火
24.	効	コウ、きく	wirken, wirksam sein	効果、効能
25.	昇	ショウ、のぼる	steigen, befördert werden	上昇
26.	測	ソク、はかる	messen	測量、予測
27.	排	ハイ	ablehnen; ausstoßen; ableiten	排出、排水
28.	削	サク、けずる	(ab-)hobeln; ausstreichen, einschränken	削減
29.	厳	ゲン、きびしい	streng, ernst, hart	厳格、厳重

【漢字テスト】

（　　）の中の漢字を書きなさい。_____の部分は平仮名をつけなさい。

1. （　　　　）や（　　　　）は大切な（　　　　　）の資源です。
　　　せきたん　　　せきゆ　　　　　　　ちきゅう

2. おいしいパンを（　　）きましょう。
　　　　　　　　　　　や

3. 地震によって（　　　　）な（　　　　）を（　　　　）むりました。
　　　　　　　　しんこく　　　ひがい　　　　こう

4. （　　　　　）は（　　　　　）にとって大問題です。
　　　おんだんか　　　かんきょう

5. すべてを（　　　　　）に（　　　　）する（　　　　）がある。
　　　　　そうごうてき　　　けんとう　　　ひつよう

6. 労働（　　　　　）のコストを（　　　　　）しなければならない。
　　　　　ちんぎん　　　　　　さくげん

7. あの先生の授業は（　　　）しいと言われています。
　　　　　　　　　　　きび

8. （　　）人は画家として有名な人でした。
　　　こ

第 6 課　　　　　　　　　　　　　　　　　　　　　　　　　　　　　　95

9. （　　　　　）がもうすぐ（　　　　）ります。ご来光です。
　　　たいよう　　　　　　　　のぼ

10. （　　　　）と（　　　　）で H_2O です。
　　　さんそ　　　　すいそ

11. （　　　　　）の（　　　　　）を（　　　　　）におこなわな
　　　げんりょう　　　きょうきゅう　　　こうかてき
　ければならない。

12. （　　　　　）の（　　　　）の問題がまだ残っています。
　　　げんしりょく　　　しょり

13. 戦争を（　　　　）がなければならない。
　　　　　　ふせ

【作文】

次の質問に答えて、それから環境問題について３００字ぐらいで要約してください。

1. 地球環境にどのくらい興味がありますか。
2. 例えば、将来どんなエネルギー資源が使われると考えますか。
3. エネルギー節約のために、一人一人はどんなことができますか。

【聴解】

Track 18

次の会話を聞いて下の質問に答えなさい。

1. 石井さんと斎藤さんは何について話していますか。
2. アメリカはどうして地球環境問題について同意しませんか。
3. 「目先のこと」というのはどういうことですか。

【翻訳】

1. Die Debatte gewinnt angesichts der steigenden Ölpreise und der Endlichkeit der Ressourcen an fossilen Brennstoffen an Aktualität.
2. Das Erdbeben in Niigata Ende 2004 verursachte einen volkswirtschaftlichen Schaden von rund 30 Milliarden Dollar.
3. Stroh ist ein Abfallstoff, für dessen Erzeugung keine Energie notwendig ist.
4. Airbus möchte u.a. mit verbesserten Klimaanlagen den Ausstoß von Schadstoffen senken.
5. Falls er gewählt wird, ist eines seiner Ziele die Förderung von Kleinunternehmen in der Region.
6. Die Entsorgungskosten für Sonderabfall betragen 2000 bis 3000 Euro pro Tonne.
7. Ihr Text wurde als Vorlage für ein Kinderbuch verwendet.
8. Selbst unter seinen Parteigenossen gab es Widerstand gegen das von ihm eingebrachte Abfallgesetz.
9. Das Ergebnis der Vertragsverhandlungen überstieg die Erwartungen aller Beteiligten.
10. Zur Verhinderung von Sandstürmen werden in China Schutzwälder angepflanzt.
11. こうした研究はドイツを中心に進められています。
12. 日本語は勉強すればするほど面白くなりますよ。
13. 父の厳しい教育は私に大きな影響を及ぼした。
14. 今世界各国は環境問題に取り組んでいます。
15. 彼が大統領として適任かどうかについては意見が分かれます。
16. 様々なエネルギーの中で今注目されているのは、太陽光エネルギーです。
17. 面接試験は予想以上に大変でした。
18. 刺身はもちろん、和食なら何でも食べられます。
19. 私は日本語教師としてこの国に来ました。
20. 日本語は文字の面では難しいが、文法の面では易しい。

第 7 課

経済の発達

【話してみよう】

第七課を始める前に話し合って見ましょう。

1. あなたの国の経済はどうですか。
2. 経済の発達はどんなところに見られますか。
3. 経済が発達するとどんな問題がでてきますか。伴ういい点と悪い点を話してください。

【本文１】経済の発達と産業構造の変化

　産業全体における各種の産業の占める割合や、それぞれの関係を産業構造といい、産業の発達にともなって変化します。人間の長い歴史を通じて、農・林・水産業（第一次産業）に従事する人が多くを占める時代が長く続きました。１８世紀後半のイギリスの産業革命をきっかけに、蒸気などの動力と機械設備による工業生産が発達し、大量の商品がより少ない労働力で生産されるようになりました。その結果、金属・機械・化学などの製造業（第二次産業）や商業・運輸業・金融業・サービス業（第三次産業）などが発達してきました。

　日本においても、１９５０年代後半から、繊維などの軽工業に変わり、鉄鋼に代表される金属工業、自動車や電気製品などの機械工業、石油化学製品などの化学工業を中心とする重化学工業が著しく発達しました。特に１９６０年代からの日本の高度経済成長期には、少品種の大量生産が広まり、安い販売価格によって、商品である「もの（財）」が急速に広まりました。その後、１９７０年代からコンピューターなどを利用した生産技術が大きく進歩し、消費者の様々な要求にこたえる多品種の少量生産も可能になってきました。

【本文２】仮想現実 （Virtuelle Realität）

　「仮想現実」とは聞きなれない言葉だが、最近よく言われる「バーチャルリアリティ」、つまりコンピューターを使って現実を擬似体験させることを日本語に訳すとこうなるのだそうである。今度、画面に映る等身大の投手が球を投げると、本物の球が飛んでくる装置ができたという記事を読んだ。

　ところがこうした装置はスポーツや娯楽に限らず、医療の分野でも利用されているそうである。動物園に行きたいが病気で行くことができない少年がいる。その目の前に動物園の立体像が映る。少年がレバーを動かすと映像が動き、切符売り場を通り、中に入る。サルやゾウのいる所に近づくと、鳴き声が聞こえてくる。動物園に行った気分になった少年は、すっかり明るくなり、集中力も高まったそうだ。

　コンピューターがものを教えてくれ、スポーツの訓練をしてくれ、医療行為の一部をしてくれる。人間のすることは少なくなった。将来は学校も病院も沢山のコンピューターと、２～３人の技師だけになるかもしれない。

第7課

【語彙】

【本文１】

1.	産業	さんぎょう	Industrie
2.	構造	こうぞう	Struktur, System, Aufbau
3.	変化	へんか	Veränderung, Wandel

例：最近の社会の変化は大変速い。

4.	割合	わりあい	Verhältnis; Proportion; Anteil

例：男性と女性の割合は6対4だった。

5.	発達	はったつ	Entwicklung, Wachstum
6.	第一次産業	だいいちじさんぎょう	Primärindustrie

例：農業は第一次産業です。

7.	第二次産業	だいにじさんぎょう	Sekundärindustrie

例：水産業や林業は第二次産業です。

8.	第三次産業	だいさんじさんぎょう	Tertiärindustrie

例：サービス業は第三次産業です。

9.	農業	のうぎょう	Landwirtschaft
10.	林業	りんぎょう	Forstwirtschaft
11.	水産業	すいさんぎょう	Fischerei
12.	従事	じゅうじ	Beschäftigung mit

例：彼はサービス業に従事している。

13.	産業革命	さんぎょうかくめい	industrielle Revolution
14.	蒸気	じょうき	Wasserdampf

例：子供の頃は蒸気機関車があったものです。

15.	きっかけ		Gelegenheit, Anlass

例：日本旅行がきっかけとなって、日本語の勉強を始めました。

16.	動力	どうりょく	Triebkraft, Kraft

17.	大量	たいりょう	Masse, große Menge

例：今日は大量の魚が釣れました。

18.	結果	けっか	Ergebnis, Resultat, Folge

例：試験の結果が悪くて、追試を受けなければなりません。

19.	金属	きんぞく	Metall
20.	化学	かがく	Chemie
21.	製造業	せいぞうぎょう	herstellende Industrie
22.	商業	しょうぎょう	Handel
23.	運輸業	うんゆぎょう	Transportwesen
24.	金融業	きんゆうぎょう	Finanzwesen
25.	繊維	せんい	Textilfaser

例：戦後日本では繊維業が著しく発達した。

26.	軽工業	けいこうぎょう	Leichtindustrie
27.	鉄鋼	てっこう	Eisen und Stahl
28.	代表	だいひょう	Vertreter, Stellvertreter

例：式典では会社の代表が挨拶します。

29.	著しく	いちじるしく	in auffallender Weise

例：彼の日本語能力は著しく伸びた。

30.	高度経済成長期	こうどけいざいせいちょうき	Phase mit hohem Wirtschaftswachstum

例：1950年代の経済の高度成長期は様々な問題も残した。

31.	品種	ひんしゅ	Sorte, Art

例：各社とも品種改良に取り組んでいる。

32.	販売	はんばい	Verkauf, Vertrieb, Absatz

例：販売価格で各社は競争している。

第 7 課

33.	消費者	しょうひしゃ	Konsument, Verbraucher

例：会社は消費者の要求に敏感でなければならない。

34.	要求	ようきゅう	Forderung, Anspruch, Nachfrage

【本文２】

1.	仮想	かそう	Annahme, Vermutung
2.	現実	げんじつ	Wirklichkeit, Realität

例：あの人の意見はあまり現実的ではない。

3.	疑似体験	ぎじたいけん	Simulation
4.	訳す	やくす	übersetzen
5.	画面	がめん	Bildschirm
6.	本物	ほんもの	Echtheit, Unverfälschtheit, Original

例：偽物ではなく本物は高い。

7.	球	たま	Ball, Kugel
8.	装置	そうち	Vorrichtung, Einrichtung, Apparat

例：この病院にはいろいろな装置があって、近代的である。

9.	娯楽	ごらく	Unterhaltung, Vergnügen

例：カラオケやディスコなどの娯楽施設には多くの若者が集まる。

10.	限る	かぎる	sich beschränken, begrenzen, abgrenzen

例：寿司はあの店に限る。

11.	医療	いりょう	ärztliche Behandlung
12.	分野	ぶんや	Bereich, Gebiet, Fach

例：彼の専門分野は物理です。

13.	立体	りったい	Körper, Kubus, dreidimensionale Form

14.	映像	えいぞう	Bild; Spiegelbild
15.	切符売り場	きっぷうりば	Kartenschalter, Kasse
16.	気分	きぶん	Stimmung, Laune; Befinden

例：今日は気分があまりよくないので、家に帰りたいです。

| 17. | 集中力 | しゅうちゅうりょく | Konzentrationsfähigkeit |

例：集中力があまりないようですね。どうしましたか。

| 18. | 訓練 | くんれん | Übung, Training, Ausbildung; Drill |
| 19. | 行為 | こうい | Tat, Handlung, Geschäft |

例：彼の行為は大胆である。

| 20. | 将来 | しょうらい | Zukunft |
| 21. | 技師 | ぎし | Techniker, Ingenieur |

【文法・表現】

1. 〜ようになりました

„es ist dazu gekommen, dass..." (wörtlich)

【例文】a. 東北から九州まで新幹線で簡単に行けるようになりました。
b. 最近、毎日1時間づつ、漢字を勉強するようになりました。

2. 〜をきっかけに

„aus Anlass von...", „etw. zum Anlass nehmend"

【例文】a. 去年日本に行ったことをきっかけに、日本語の勉強を始めました。
b. 同じプロジェクトで働いたことをきっかけに、彼女とは親しくなりました。

3. 〜において

„in" (lokal; schriftsprachlich verwendet)

【例文】2008年のオリンピックは北京において開催されました。

4. ～によって

„durch", „mittels"; „entsprechend"; „aufgrund von..."

【例文】a. 戦争によって、両親を亡くしました。

b. この研究所は文部省によって設立されました。

5. ～を通じて

„durch", „ mittels"

【例文】a. 田中さんとは木村さんを通じて知り合いました。

b. インターネットを通じて安いホテルが予約できます。

6. ～に限らず

„nicht nur auf etw. beschränkt sein"

【例文】a. 音楽はクラシックに限らず、何でも聞きます。

b. 見合い結婚は日本に限らず、他の国でも行われている。

7. 高まる / 高める

„zu nehmen", „steigen" / „erhöhen"

【例文】a. コンピューターの需要は日に日に高まっている。

b. 企業は生産力を高めるためにすぐれた設備を買い上げた。

8. ～にともなって（連れて）

„zusammen mit jmd."; „als Folge von...", „durch"

【例文】a. 暖かくなるにともなって、桜の花が咲き始めた。

b. 子供が大きくなるにともなって、我が家の食費も増えてきた。

【練習】

I 「ように」の様々な用法に注目して、次の例文をドイツ語に訳しなさい。

1. ようになる（習慣の変化）

    例：だんだん酒をよく飲むようになりました。

2. ようになる（能力・可能性の変化）

    例：３００の漢字が読めるようになりました。

    例：男女ともに２０歳で選挙に投票できるようになりました。

3. ようにする（いつも努力する）

    例：食事の後で、いつも歯を磨くようにしています。

4. ようになっている（自動的にそうなっている）

    例：この機械はボタンを押すと自動的に作動するようになっている。

5. よう（に）（目的）

    例：来年日本に行けるように、今日本語を勉強しています。

    例：忘れないように、メモしておいてください。

6. よう（に）（伝達、間接話法）

    例：明日９時にここに来るように言われました。

7. よう（な／に）（比喩）

    例：りんごのような頬。

II 次の「ように」を使った文の中から同じ使い方のものを選びなさい。

1. 私が言うようにしてください。

2. ドアの前に立つと自然に開くようになっています。

3. やっと泳げるようになりました。

4. 若いうちにできるだけたくさんいい本を読むようにしてください。

5. 黒板の字がよく見えるようにめがねをかけました。

6. 甘いものは食べないようにしているんです。

7. タイマーをセットしておけば見たい番組が録画できるようになっているんです。

8. よく母に人の悪口を言わないように言われました。

9. 説明書に書いてあるようにすればいいんです。

10. いくら妹をいじめないように言ってもだめみたいです。

11. 切符がとれるように前もって予約しておいたほうがいいでしょう。

12. 大学のころから日本文化に興味を持つようになりました。

13. ようやく漢字が１０００ぐらい読めるようになりました。

14. ドイツに来てからよく散歩するようになりました。

III 【熟語読み】次の熟語を読みなさい。
1. 経　　　　経済、経営、経理、経文、経典、
2. 割　　　　割合、割り勘、割り算、割引、一割
3. 変　　　　変化、変動、変人、異変
4. 革　　　　革命、改革、皮革
5. 商　　　　商品、商業、商売
6. 品　　　　品物、品質、品種
7. 価　　　　価格、価値、物価、
8. 消　　　　消費、消化、消火、火消し
9. 生　　　　生産、誕生、生年月日、出生、生娘、生物、先生、生徒、生活

IV 【語彙】

下の□の中から適当な語彙を選んで下の＿＿＿に入れなさい。
必要なら形も変えなさい。

経済	発達	割合	占め	関係	第三次産業
きっかけ	労働力	代表	価格	消費者	要求
体験	現実	医療	集中力	将来	限る

1. 最近は<ins>医療</ins>が<ins>発達</ins>して、人の死亡率が低くなりました。

2. 大企業は＿＿＿＿＿が豊かで、いろいろな商品が大量に作れ、＿＿＿＿＿も安くなります。

3. サービス業などの産業を＿＿＿＿＿といいます。

4. 昨年企業で研修して、いろいろな＿＿＿＿＿を積みました。

5. クリスマスが近づき＿＿＿＿＿がなくなり、勉強できなくなりました。

6. 大学の＿＿＿＿＿学で、各国の産業について勉強しました。

7. 昨年旅行で知り合ったことを＿＿＿＿＿に、今年彼と結婚することになりました。

8. まだ自分の＿＿＿＿＿について、あまり深く考えたことはありません。

9. ＿＿＿＿＿の＿＿＿＿＿に基づいて商品を作らなければなりません。

10. 仕事についていろいろな希望がありますが、＿＿＿＿＿＿＿はそんなにやさしくない。

11. 支出全体の食費が＿＿＿＿＿＿＿割合をエンゲル係数*といいます。
    *Engel-Koeffizient

12. 和食は寿司に＿＿＿＿＿＿ます。

13. 日本では労働者と経営者の＿＿＿＿＿＿はそんなに悪くない。

14. 経営者の＿＿＿＿＿は＿＿＿＿＿を確保するために、労働者と話し合った。

【内容質問】
次の質問に答えなさい。
【本文１】
1. 産業構造は何によって変化しますか。
2. 第一次産業の代表的なものはなんですか。
3. 第二次産業が発達したきっかけはなんですか。
4. 日本ではいつごろ経済が著しく発達してきましたか。
5. ４の時期を何といいますか。
6. 産業が高度に発達した結果、どんなことができるようになりましたか。
7. コンピューター技術が進歩してからはどんなことができるようになりましたか。

【本文２】
1. 仮想現実というのはどういうことですか。
2. コンピューター技術はどんなところに利用されていますか。
3. どうして少年にこのゲームが役に立ちましたか。
4. どのようにして少年はゲームで動物園の中に入ることが出来ましたか。
5. 将来は人間のする仕事はなくなると思いますか。

6. 機械がすべてをしてくれる社会についてどう思いますか。
7. 人間しか出来ない仕事、ことについて考えてください。

【漢字】

カタカナ：音読み　ひらがな：訓読み

1.	革	カク	Reform	革命、改革、
		かわ	Leder	革製品
2.	械	カイ	Maschine; Gelegenheit	機械
3.	属	ゾク	gehören zu	金属、所属
4.	製	セイ	herstellen, machen	日本製、特製、
				輸入、輸出
5.	輸	ユ	senden, transportieren	密輸
6.	融	ユウ	schmelzen, auflösen	金融業、融和
7.	繊	セン	dünn, fein	繊維
8.	維	イ	Band, Seil	明治維新
9.	軽	ケイ、かるい	leicht	軽工業
10.	鋼	コウ、はがね	Stahl	鉄鋼
11.	販	ハン	Verkauf	販売
12.	費	ヒ、ついやす	ausgeben, verschwenden	食費、費用、消費者
13.	求	キュウ、もとめる	fordern, bitten; suchen	要求、求婚
14.	可	カ	gut; möglich; Zustimmung	可能、不可、許可
15.	仮	カ、かり	vorläufig, probeweise	仮想
16.	等	トウ	Grad, Klasse, Gleichheit	等々、等級
17.	投	トウ、なげる	werfen, schmeißen	投手

18.	装	ソウ、ショウ、<u>よそお</u>う	sich ankleiden, schmücken; tragen; heucheln	服装、装置、装備
19.	置	チ、<u>お</u>く	setzen, legen; dalassen; errichten	配置
20.	娯	ゴ	Genuss, Vergnügen	娯楽
21.	像	ゾウ	Statue, Bild	想像、女神像、映像
22.	為	イ	tun, machen	行為
23.	療	リョウ	heilen, ärztlich behandeln	医療、療養
24.	将	ショウ	General, Anführer; bald	将軍、将来、大将
25.	師	シ	Lehrer; Armee	教師、医師、恩師

【漢字テスト】

（　　）の中の漢字を書きなさい。＿＿＿＿の部分は平仮名をつけなさい。

1. イタリアの（　　　　　　　）は<u>一般的</u>にいいと言われています。
   　　　　　　かわせいひん

2. 私の（　　　　　）はライプチッヒ大学アジア研究所<u>日本学科</u>です。
   　　　　しょぞく

3. 昔は（　　　　　　）などの（　　　　　　　）が<u>盛</u>んでした。
   　　　せんぎょう　　　　　　　けいこうぎょう

4. （　　　　　　　）は遠くなりつつあります。
   　　めいじいしん

5. 今は世界的に（　　　　　　　　）が不況です。
　　　　　　　　　　きんゆうぎょう

6. （　　　　　　）はいい（　　　　　　）装置のある病院の（　　　　）に
　　しょうらい　　　　　いりょう　　　　　　　　　　　　　　いし
なりたい。

7. （　　　　　　　　）を増やすという彼の考えは（　　　　　　）ですか。
　　はんばいひ　　　　　　　　　　　　　　　　　かのう

8. （　　　　　）のために何をしてもいいという（　　　　　　）は正しくない。
　　ごらく　　　　　　　　　　　　　　　　　こうい

9. （　　　　）、（　　　　　　）などの（　　　　　　）を増やすことが
　　きかい　　　　きんぞく　　　　　　ゆしゅつ
国内の経済のために（　　　　）められている。
　　　　　　　　　　もと

10. 受け取りやすいいいボールを（　　　）げてください。
　　　　　　　　　　　　　　　　な

【聴解】

次の会話を聞いて下の質問に答えなさい。

1. 日本は経済的にどんな特徴がある国ですか。
2. 現在の日本は経済的にどんな問題がありますか。
3. これからの日本はどんなことに努力していかなければならないと言っていますか。

【作文】

日本の経済的な特徴について述べなさい。

第7課

【タスク】

あなたの国の産業革命後の経済の発達について調べなさい。

【翻訳】

1. Zur Erzeugung virtueller Realität benötigt man speziell für diesen Zweck entwickelte Software.
2. In der Land- und Forstwirtschaft sank die Zahl der Erwerbstätigen um mehrere Prozent.
3. James Watt löste mit seiner Erfindung der Dampfmaschine die industrielle Revolution aus.
4. Wegen des schlechten Wetters wurde der Wettkampf um drei Tage verschoben.
5. Über das Internet vorbestellte Karten können eine Stunde vor Veranstaltungsbeginn am Kartenschalter abgeholt werden.
6. Wirtschaftlich dominiert neben Schiffbau und Schifffahrt, dem Tourismus und Servicesektor deutlich die Universität als größter Arbeitgeber der Stadt Rostock.
7. Es hieß in der Mitteilung, die Zahl der Toten könne weiter steigen, da viele Menschen noch in Lebensgefahr schwebten.
8. Anlässlich der Preisverleihung hielt er eine sehr emotionale Rede.
9. Schon früh zeigt sich, wer Talent zum Schach hat, Konzentrationsfähigkeit ist dabei am wichtigsten.
10. Bei der Verbesserung der Rahmenbedingungen für Unternehmen sind merkliche Fortschritte zu verzeichnen.
11. 長年勉強してようやく、日本語の新聞が読めるようになりました。
12. 夏の会社での研修をきっかけに、この会社で働けるようになりました。
13. これをきっかけに今後ともよろしくお願いします。
14. 毎年、ハノーヴァーにおいて経済メッセが行われていて、多くの経済界の日本人が来るそうです。
15. 最近はインターネットによって、ほとんどの情報が得られます。
16. 知人を通じて、田中さんの住所をいただきました。お目にかかれて光栄です。
17. 和食は寿司に限らず、何でも食べますが、どうも納豆だけは食べられません。
18. 政治への若者の関心が高まっている。

19. 産業の発達によって労働人口の割合に変化が出てくる。
20. 今世界中で中国熱が高まっているようです。

第8課

異文化

【話してみよう】

第八課を始める前に話し合って見ましょう。

1. あなたにとって異文化とはどこの文化のことですか。
2. あなたの周りにも異文化があると思いますが、その文化に接する時どんなことに注意しなければなりませんか。
3. 異文化とはどんなことだと思いますか。説明してください。
4. 異文化にであった時に、どんな点が一番問題になると思いますか。

【本文】身近な存在になった異文化

　現在の日本には、様々な異なる文化をもつ外国人が生活しています。その中には、日本で生まれ育った在日二世、三世の韓国・朝鮮の人たちがいます。また、近年、研修や仕事のために、在日するアジアや中南米の人たちも多くなりました。日本の大学や専門学校で勉強するために留学してくる人たちも増えています。その人たちの家族も日本で生活するようになりました。

　これからますます多様な文化をもった人たちが日本で生活するようになるはずです。異文化の世界は、遠く日本の外の世界にあるのではなく、誰もが普段送っている生活の中に存在しています。しかし、残念ながら、日本では法律的にも習慣上においても、なお外国人に対する様々な制約があります。今後これらを改善し、国と国をへだてる壁を低くしていかなければなりません。さらに日本人ひとりひとりが、心の中に持つ異文化との壁を取り除く努力を続けてゆく必要があります。

　来日する外国人が多くなったのと同様、日本人自身も文化の異なる国々を訪れる機会が増えてきました。お父さん、お母さんの仕事の関係で、外国で生まれ育った人たちも少なくない時代になりました。これからは、外国で仕事をする日本人はますます多くなるはずです。NGOなどのメンバーとして、世界各地でボランティア活動に参加する日本人も増えるでしょう。このように外国で生活する機会が増えれば増えるほど忘れてはならないのは、それぞれの国の人たちにとって、日本人である私たちの文化は異文化であるということです。私たちが何気なく行うしぐさや言葉遣いに対して、違和感をもつ外国の人たちも多いことに心配りをしなければなりません。

　国の内外を問わず、身近に生活する異なる文化を持つ人たちと互いに理解し合えることが、私たちが世界中の人たちとともに平和で豊かな社会と文化を創造するための第一歩です。

第8課

【会話】日本に求められること

水谷：この地球時代にあって、日本はどうして国際的に評価されないのでしょうか。

斎藤：それは先ず、日本は「国際貢献」が乏しいということが挙げられるでしょう。そして、なんと言っても、日本が歴史的な責任、戦争責任をあいまいにしてきたことがあります。

水谷：今、日本に求められていることは何でしょう。

斎藤：我々が現在から未来への世界の変動の意味をどこまで市民的な視点、あるいは人間の視点で捉えることができるかが重要だと思います。それがないと、市民的連帯と言う意味で、国を越えた、本来の「国際貢献」が思想として成り立たないのです。

水谷：ある外務事務次官が次のように言っています。「国際的に大きくなった国はそれなりの顔、自分の顔を持たねばなりません。」この「顔を持つ」という発言の「顔」とは何でしょうか。

斎藤：ある意味では日本にも顔があるんです。一番の顔は企業です。世界のどこへ行っても東芝、日立、ソニー、トヨタなどがありますから、世界中が日本企業を意識しています。したがって、誰もが日本経済を意識しているし、それによって、ある程度まで日本国をも意識するようになってきている。それにもかかわらず、日本が意識されていない。顔がないと言うのは、人間としての日本人が見えてこないということじゃないでしょうか。

【語彙】

【本文1】

1. 異なる　　　　ことなる　　　　sich unterscheiden, abweichen, anders sein

例：人それぞれ異なった性格を持っています。

2. 二世、三世　　にせい、さんせい　　zweite Generation und dritte Generation

例：彼の両親は日本人二世ですから、彼は三世ということです。

| 3. | 多様な | たような | verschiedenartig, divers, mannigfaltig |

例：世界中に多様な人種がいます。

| 4. | 異文化 | いぶんか | andere Kultur |

例：異文化の中での生活は決してやさしくない。

| 5. | 存在 | そんざい | Dasein, Existenz; Sein |

例：父の存在は彼には大きかった。

| 6. | 制約 | せいやく | Bedingung, Einschränkung |

例：社会にはそれぞれ制約がある。

| 7. | 改善 | かいぜん | Verbesserung, Richtigstellung; *Kaizen* |

例：悪い習慣は改善されなければならない。

| 8. | へだてる | | fernhalten, abschirmen; trennen |
| 9. | 壁 | かべ | Mauer |

例：彼は自分の周りに壁をつくり、他の人と話そうとしない。

| 10. | 取り除く | とりのぞく | beseitigen, entfernen; löschen |
| 11. | 何気ない | なにげない | unschuldig, unabsichtlich, arglos |

例：彼女の何気ない言葉に傷ついた。

| 12. | しぐさ | | Benehmen, Betragen, Verhalten |

例：子供らしいしぐさに、気持ちは和やかになった。

| 13. | 言葉遣い | ことばづかい | Sprache, Ausdrucksweise |
| 14. | 違和感 | いわかん | Gefühl der Fremdheit |

例：新しい土地には誰でも最初は違和感があります。

| 15. | 心配り | こころくばり | Aufmerksamkeit |

例：日本では他人に対して細かな心配りが大切だとされています。

| 16. | 創造 | そうぞう | Schöpfung, Erschaffung, Kreation |

第 8 課   117

17. 第一歩　　　　　　だいいっぽ　　　　　　　　erster Schritt

例：将来の目的に向かって第一歩を踏み出した。

【会話】

1. 評価　　　　　　　ひょうか　　　　　　　　　Bewertung; Schätzung;
　　　　　　　　　　　　　　　　　　　　　　　　Würdigung

例：私の書いたレポートは教授に高く評価された。

2. 国際貢献　　　　　こくさいこうけん　　　　　internationaler Beitrag

例：今日の国際社会ではいかに貢献するかが問われる。

3. 乏しい　　　　　　とぼしい　　　　　　　　　unzureichend; arm, armselig

4. 戦争責任　　　　　せんそうせきにん　　　　　Kriegsschuld, -verantwortung

5. あいまいにする　　　　　　　　　　　　　　　verdunkeln, verhüllen

例：返事をあいまいにしてはいけない。

6. 変動　　　　　　　へんどう　　　　　　　　　Schwankung, Fluktuation;
　　　　　　　　　　　　　　　　　　　　　　　　Änderung

例：通貨の価値は毎日変動する。

7. 視点　　　　　　　してん　　　　　　　　　　Aspekt, Gesichtspunkt, Sicht

8. 捉える　　　　　　とらえる　　　　　　　　　fangen, fassen; festnehmen

例：物事を自らの視点で捉えることが大切です。

9. 連帯　　　　　　　れんたい　　　　　　　　　Solidarität

10. 成り立つ　　　　　なりたつ　　　　　　　　　zustande kommen, entstehen;
　　　　　　　　　　　　　　　　　　　　　　　　sich verwirklichen

11. 単なる　　　　　　たんなる　　　　　　　　　nur

12. 外務事務次官　　　がいむじむじかん　　　　　Staatssekretär im Außenministerium

13. 顔を持つ　　　　　かおをもつ　　　　　　　　ein Gesicht haben

例：それぞれの国は独自の顔を持っている。

| 14. | 意識 | いしき | Wahrnehmung, Empfindung, Bewusstsein |
| 15. | 本来 | ほんらい | ursprünglich; eigentlich; natürlich |

例：日本の産業は本来、農業や漁業でした。

【文法・表現】

1. ～はず

„sollte", „müsste", „es ist zu vermuten, dass..."

【例文】　a. 彼女は来年日本に行くはずです。
　　　　　b. 明日はいい天気のはずです。
　　　　　c. 彼は昔先生だったはずです。

2. ～と同様

„genauso wie", „wie", „ebenso wie"

【例文】　a. ドイツ人にとって、自らの文化が大切なのと同様、他の民族に
　　　　　b. とってもそれぞれ独自の文化は大切である。
　　　　　c. この品物はただ同様の値段である。

3. ～ば～ほど

„je ... desto..."

【例文】　a. 漢字は毎日練習すればするほど上手になる。
　　　　　b. 生活は便利なら、便利なほどいい。

4. さらに

„ferner", „außerdem"; „wiederum"

【例文】　a. 台風が近づいて、さらに風が強くなった。
　　　　　b. 彼女はさらに努力して、有名な医者になった。

5. 何気なく

„unschuldig", „unabsichtlich", „arglos", „zufällig"

【例文】　a. 人は何気なく話すとき、他の人を傷つけることがある。

　　　　　b. 何気なく後ろを振り向くと、そこに友だちがいました。

6. ～を問わず

„ungeachtet", „unabhängig von..."

【例文】　a. この本は年齢を問わず人気がある。

　　　　　b. この会は性別を問わず誰でも参加できます。

7. ～にあって

„in" (schriftsprachlich; ähnlich wie において)

【例文】　混沌（こんとん）とした時代にあって、道徳はどんな意味を持つのか。

8. それにもかかわらず

„trotz"

【例文】　a. 自分の不幸にもかかわらず、あの人は他の人のために尽くした。

　　　　　b. 日本は世界に貢献しようとしています。それにもかかわらず、あまり評価されていません。

9. 視点で捉える

„aus Sicht von..."; „vom Standpunkt... aus gesehen"

【例文】　a. 現代は地球的な視点で物事を捉える必要があります。

　　　　　b. 大人は時として、子供の視点で捉えてみることが大切でしょう。

【読解】

次の文を読みなさい。

【異文化コミュニケーション】

　異文化コミュニケーションについて考えることは別に新しいことではない。違う文化背景を持った者が接触するところには異文化コミュニケーションが必ず生じるからである。特に１９６０年代後半からアメリカでは異文化コミュニケーションに学問的な関心が向けられるようになった。それは文化間の時間・空間が縮まり、アメリカは新しい異文化状況に直面して、自分達と異る文化背景を持つ人々との関係が想像以上に複雑であることを認識したからでもあり、さらに通信衛星などの高度なコミュニケーションが発達した時代でもあったからである。国際的にも石油危機をきっかけに他国・他文化との相互依存関係を中心にして国際関係を見なおさなければならない時にきており、異文化背景を持った人々とうまくやっていくことが重要であるという認識が強くなったのである。

　そのためにはステレオタイプ的考え方や偏見や自民族優越主義（自らの国家、文化、民族が世界の中心であるという主観的な価値基準を持ち、他の国家、文化、民族を判定するという無意識なもの）を排除し、どの文化特性も「正しい」とか「誤っている」という次元ではなく、自分が慣れ親しんでいるものとはただ単に「違っている」という次元で受け入れることが重要である。

　異文化コミュニケーションはこれからのボーダレスの時代にあってますます重要になってきている。言葉のみならず、非言語的な要素も含めて人間は真の意味で国際人にならなければならない。

【練習】

I 接続詞のまとめ

　接続詞を早い段階でつかむことは文章が長くなったときに、大変重要なことです。接続詞によって文末の関係が決まってくるからです。特に新聞記事など主語と述部が離れているような長い文章の場合、接続詞は要約する場合のキーワードとなります。

並列	逆接	因果関係	その他
そして	しかし	だから	ところで
その上	ところが	ですから	さて
それから	でも	というのは	それなら
それに	….が	なぜなら	それでは
また	それにもかかわらず	それで	では
または	それなのに	…から	すなわち
….と	にもかかわらず	それにしては	つまり
あるいは	…のに	それにしても	いわゆる
若しくは	ただし	…たら	ちなみに
そうして	だけれど	…ば	なお
および	だが	…なら	それはさておき
ならびに	けれども	…と	それはそうと
かつ	それが	だって	
ないしは	それにしても	従って	
それとも		ゆえに	

以上のように接続詞を4つのカテゴリーに分類することは、接続詞、または接続助詞をまとめる上で大切なことです。

次の（　　　　　）のなかに前後の文関係を考えながら、適当な接続詞を入れてなさい。

下記の例は最初の文と後の文の関係は変わりません。所謂並列関係です。

1. 雨が降ってきました。（　　　　　）風まで吹いてきました。

2. コーヒーにしますか、（　　　　　）紅茶にしますか。

3. まず銀行に行きます。（　　　　　）次に郵便局にも行かなければなりません。

下記の例は最初の文と後の文は反対の内容になる。所謂逆接関係です。

1. せっかく行きました。（　　　　　）店は閉まっていました。

2. とてもおいしいです。（　　　　　）食べたくないです。

3. 外はとても暑かった。（　　　　　）私には寒く感じた。

下記の例は最初の文が後の文の理由、原因になるものです。所謂因果関係です。

1. 熱が高いです。（　　　　　）学校に行くことができません。

2. 長い間日本にいました。（　　　　　）日本語が上手なはずです。

3. 彼は今日は遅くなると言っていました。（　　　　　）遅いですね。

下記の例は最初の文と後の文が何の関係もないものか、または3.の例のように2者間の会話にでてくるものです。

1. 日本語の勉強はどうですか。（　　　　　）今日はビールでも飲みに行きませんか。

2. アメリカ大統領は友好な日米関係について希望を示しました。（　　　　　）次は天気予報です。

3. A：来年日本に行きたいと思います。
   B：そうですか。（　　　　　）今から一生懸命日本語を勉強してください。

II 接続助詞のまとめ

【順接】

なり　　　あることをした後で次の動作などが起こることをあらわす。
例： a. 彼は学校から帰るなり、かばんを置いてすぐに出かけてしまった。
　　 b. 日本に着くなり、寿司を食べた。

とたん　　前の動作のすぐあとで、次の動作に移ること。
例： a. 彼は学校から帰ったとたん、かばんを置いてすぐに出かけてしまった。
　　 b. 雨がやんだとたん、子供は外に出て行った。

つつ　　　２つの動作が同時に行われるということをあらわす。「ながら」の書き言葉。また状態の過程をあらわす。
例： a. 私たちは互いに助け合いつつ、生活しています。
　　 b. いろいろ考えつつ、歩いていました。
　　 c. 世界の気候は変わりつつあります。
　　 d. 私の日本語はよくなりつつあります。

【逆接】

ところで　　文Aのようなことをしても、いい結果にはならないことをあらわす。
例： a. 今からどんなに急いだところで、絶対に間に合いませんよ。
　　 b. ここにいたところで、誰も来ませんから、もう帰りましょう。

ながら　　「けれども」と同じ意味。
例： a. 田中さんはお金がないと言いながら、よく買い物をする。
　　 b. 山田さんは食欲がないと言いながら、よく食べる。

つつ　　　　「ながら」の書き言葉。

例：　　　もう駄目だと思いつつ、もう一度やってみた。

ものの　　　文Aの内容を認めて、文Bでそれに反する内容を言う、「〜は本当だが、しかし」という意味。

例：　a.　日本語が話せるというものの、まだよく間違える。
　　　b.　日本にいるというものの、日本語はほとんどわからない。

ものを　　　文Aから予想されることと反対の結果が文Bにくる、そしてそれを残念に思う気持ち。

例：　a.　行けばいいものを、どうして行かないのですか。
　　　b.　やればできるものを、どうしてやらないのですか。

くせに　　　文Aから考えて、文Bの内容が変だ、おかしいという気持ちを表す。

例：　a.　彼に聞いたけれど、知っているくせに教えてくれないんです。
　　　b.　長く日本にいるくせに、日本について何も知らない。

からといって　文Bは、文Aをそのまま受け取るのはよくないというような内容がくる。

例：　a.　可愛いからといって、子供を甘やかすのはよくない。
　　　b.　おいしいからといって、そんなに食べるのは体によくない。

【内容質問】

次の質問に答えなさい。

【本文】

1. 現在の日本にはどんな異文化を持つ人々が生活していますか。
2. 異文化と言うのはどこにありますか。
3. 日本にはこの異文化に対してどんな面で制約がありますか。
4. 日本人はこの制約をどうしなければなりませんか。
5. 日本人も外国に出て行く機会が増えてきました。例えばどんな機会がありますか。

6. 異文化の中で気をつけなければならないことはどんなことですか。
7. 異文化とはあなたにとってどんな文化のことですか。
8. 異文化を持つ人々とコミュニュケーションをするときにどんなことに注意する必要があると思いますか。

【会話】
1. 日本は世界から国際的に評価されていますか。
2. それはどうしてでしょう。
3. 今、日本に求められていることは何でしょうか。
4. 「本来の国際貢献」というのはどんなことでしょうか。
5. 現在日本人の「顔」と言うのは世界ではどのように考えられているのでしょうか。
6. あなたの国は世界的に十分評価されていると思いますか。
7. これからの地球時代にあって、人々はどのように生きていかなければなりませんか。

【漢字】

カタカナ：音読み　ひらがな：訓読み

1.	異	イ、こと	sich unterscheiden, anders sein	異文化、異人
2.	修	シュウ、おさめる	studieren; beherrschen	研修、修行
3.	段	ダン	Stufe, Grad; Kolumne	普段、階段、段階
4.	律	リツ	Gesetz, Vorschrift	法律、律令制度
5.	法	ホウ	Gesetz	違法、合法
6.	善	ゼン、よい	gut	善悪、改善
7.	壁	ヘキ、かべ	Wand, Mauer	東西の壁、壁画
8.	除	ジョ、のぞく	beseitigen, ausschließen	控除、除夜の鐘
9.	貢	コウ、みつぐ	Tribut zahlen; finanziell unterstützen	貢献
10.	献	ケン	schenken, widmen	献身

11. 乏　ボウ、とぼしい　　knapp, unzureichend　　貧乏(びんぼう)、欠乏(けつぼう)
12. 責　セキ、せめる　　jn, zur Rechenschaft ziehen; foltern　　責任(せきにん)、責務(せきむ)、重責(じゅうせき)
13. 帯　タイ　　Gürtel, Zone　　黒帯(くろおび)、連帯(れんたい)
　　　　おび　　Gürtel

【漢字テスト】

（　　）の中の漢字を書きなさい。＿＿＿の部分は平仮名をつけなさい。

1. （　　　　　　）に日本は（　　　　　）しなければならない。
　　こくさいしゃかい　　　　　　こうけん

2. （　　　　　）は国によって（　　　）なる。
　　ほうりつ　　　　　　　　　　こと

3. （　　　　）との（　　　）を（　　り　　）くために努力しなければならない。
　　いぶんか　　　　かべ　　　とりのぞ

4. （　　　　　）や（　　　　　　）のために来日する外国人が増加している。
　　けんしゅう　　　べんきょう

5. 我々が（　　　　）送っている生活の中にも（　　　　　）すべき点が多くある。
　　　　　　ふだん　　　　　　　　　　　　かいぜん

6. 彼は（　　　　　　）に（　　　　）しい人です。
　　　　せきにんかん　　　とぼ

7. ここは（　　　　　　　）ですから、地震が多いです。
　　　　　かざんちたい

8. １９８９年に東西ドイツの（　　　）が崩れた。
　　　　　　　　　　　　　　かべ

9. あの人はいい人、いわゆる（　　　　）だ。だから皆彼が好きなのだ。
　　　　　　　　　　　　　ぜんにん

10. （　　　　）は恥ずかしいことではない。
　　びんぼう

11. あの人を（　　　）けば、ここでは日本人は一人だけだ。
　　　　　のぞ

【聴解】
次の会話を聞いて下の質問に答えなさい。
1. ジョーンズさんが日本に来て苦労したことは何でしたか。
2. ジョーンズさんは制度上のことでどんな問題がありますか。
3. ジョーンズさんはどんなことでお互いの誤解がなくなると思っていますか。

【作文】
あなたにとって異文化とはどんな文化のことですか。それはどうしてですか。

【タスク】
「異文化」という概念はいつごろから、どこから起きてきましたか。また、その研究はどの程度に進んでいますか。調べなさい。

【翻訳】
1. Hier sind die Wege kurz und das Angebot mannigfaltig.
2. Die heutzutage übliche Vermischung mit anderen Kulturen hat zur Folge, dass die Unterschiede zwischen Menschen innerhalb derselben Kultur größer sein können als zwischen verschiedenen Kulturen.

3. Entschuldigen Sie bitte meine Ausdrucksweise.
4. Das Gegenteil der Fixkosten sind die variablen Kosten.
5. Er denkt trotz seiner 35 Jahre jugendlich.
6. Die Gewohnheit drängt die Menschen immer wieder in alte Bahnen zurück.
7. Der Tag, an dem die Mauer fiel, war für viele Ostdeutsche ein prägendes Ereignis.
8. In Schweden sprechen Migranten der 2. Generation (also die Kinder der Einwanderer) ausnahmslos perfekt Schwedisch.
9. Je früher man bucht, desto billiger ist das Flugticket. Das ist das Prinzip der Billigflieger.
10. Ungeachtet des kalten Wetters hat die Badesaison bereits begonnen.
11. 友だちは多ければ多いほどいいというわけではない。
12. あなたにとって自由が大切なのと同様、私にとっても自由は大切です。ですから、もっと他の人を尊敬したほうがいいです。
13. 何気なくいつもの店に顔を出すと、昔の友だちが集まっていた。
14. 日本は国際的にもっと評価されていいはずでしょう。
15. いつの頃か、次第に沢山の本を読むようになりました。
16. ここは国籍を問わず、誰でもが参加できる会なので、色々な人種が集まってくる。
17. 学者も時々は一般人の視点で物事を捉えてみることが大切かもしれない。
18. ライプチッヒはドイツではかなり大きくてモダンな町です。それにもかかわらず、まだ日本ではあまり知名度がない。
19. 今我々は２１世紀にあって、我々の子供達にどんな社会を残していけるか、考えるときに来ている。
20. 二十歳の誕生日を迎え、彼女はさらに大人っぽく魅力的になってきた。

第9課

人

【話してみよう】

第九課を始める前に話し合って見ましょう。

1. あなたの周りにはいろいろな国の人がいますね。どんな国の人がいますか。
2. その人々には国によって分けられる特徴がありますか。
3. どんな人と友達になりたいと思いますか。それはどうしてですか。
4. あなた自身はどんな性格だと思いますか。

【本文1】日本人の人生

　外国を旅行中の日本人は現地の人にはとてもはにかみやに見えます。大半の日本人が話し掛けられるとさっと隠れてしまいそうに見えますし、日本人は一般に人付き合いが上手ではありません。彼らはいろいろな人と付き合うことに慣れていないし、日本での付き合いに様々な制約があって自由に振舞うことができないのかもしれません。さらに別の理由もあります。日本人の礼儀正しさは、優雅な話し方やマナーのよさばかりでなく、他人との交際において利己的にならないということだからです。外国人だったら自分のことを色々と話しますが、日本人は自分のつまらない話をしては相手に悪いと考え、どんなに悲しいときでもそれには一切触れず、一般的な世間話しかしません。以前、ある日本の紳士が私に「どんな宝物をお持ちですか。ご主人様は日本に長く住んでいらっしゃるから、美しい屏風を初め色々な美術品を収集なされたでしょう。」と尋ねたことがありました。私は主人が収集したもののほとんどが、1923年の大震災で焼けてしまったとこぼしました。私があれも、これも、それも…と嘆くのを紳士は同情しながら聞いてくれました。続いて私が「そのときは東京にいらっしゃいましたか、失われたものはありませんか。」と尋ねました。紳士は微笑を浮かべながら、「妻子を亡くしました。」と答えました。私は愕然とし、懸命に紳士を慰めようとしましたが、彼の方は、私たちが楽しい話をしているかのように微笑み続けていました。実際、紳士は悲しみに浸っているわけにはいかず、思いもかけぬ不幸を知って動揺した外国人女性の気持ちをなんとか鎮めなくてはならなかったのです。それで彼は日本人の例の微笑を続けていたのでした。

　キャサリン・サムソン著【東京に暮らす】より大久保美春訳、岩波文庫

　1928年～1936年

【本文2】不便と不幸

　乙武洋匡（おとたけひろただ）という青年の書いた『五体不満足』と言う本がベストセラーになって、多くの人に感動を与えている。著者が引用しているヘレン・ケラー女史の「障害は不便であるが不幸ではない」という言葉が、実感を持ってせまってくる。

第9課

　この青年は生まれた時から手と足がないという障害を持ちながら、普通の学校に通い、多くの友だちを作り、希望の大学に入ることができ、楽しく暮らしている。字を書くときは頬と短い手でペンをはさんで、顔を紙に押し付けるようにして書く。

　車椅子は電動式の特別な物で、これに乗ると普通の人の身長と同じぐらいになる。学校などに講演を頼まれていくと、「目の悪い人が眼鏡をかけるように、足の悪い僕が車椅子に乗っているだけだから、ちっともかわいそうじゃない。眼鏡をかけている人を誰もかわいそうだと思わないのと同じだ」と言うそうだ。

　読む者が感動するのは、この人が障害を不幸な境遇としてでなく、単なる身体的特徴として受け止め、積極的に若者らしい活動をしてきたことである。そのためには周囲の人たちの努力があったのはもちろんである。障害者だからといって特別扱いせず、甘やかさず接した先生には頭が下がる。こうした人たちのおかげで、この青年が明るく育ったことに、読む者は救われる思いがする。

【語彙】

【本文1】

1. さっと　　　　　　　　　　　　　　　　　schnell, rasch; auf einmal, schlagartig

例：彼女は彼を見て、さっと赤くなった。

2. 一般　　　　　いっぱん　　　　　　　　　allgemein, üblicherweise

3. 人付き合い　　ひとづきあい　　　　　　　Umgänglichkeit, Freundlichkeit

例：あの人は誰とでも付き合える人付き合いのいい人だ。

4. 彼ら　　　　　かれら　　　　　　　　　　sie (Plural, mask.)

5. 慣れる　　　　なれる　　　　　　　　　　sich gewöhnen an

例：ようやくドイツの生活に慣れてきました。

6. 振舞う　　　　ふるまう　　　　　　　　　sich benehmen, sich verhalten

例：彼はまるで社長のように振舞っている。

7. 礼儀正しさ　　れいぎただしさ　　　　　　Höflichkeit, Manieren, Etikette

例：日本では礼儀正しさが非常に重要です。

| 8. | 優雅 | ゆうが | Anmut, Grazie, Eleganz |

例：優雅な人は見ていて気持ちがいいです。

| 9. | 交際 | こうさい | Umgang, Gesellschaft |

例：今、交際している人は社会人です。

| 10. | 利己的 | りこてき | egoistisch, eigennützig |

例：フランス人は一般的に利己的だと言われている。

11.	色々と	いろいろと	verschiedenartig
12.	相手	あいて	Partner; der andere
13.	悲しい	かなしい	traurig, betrübt, unglücklich
14.	触れる	ふれる	berühren, anfassen, in Berührung kommen

例：誰でも触れられたくないことはあります。

| 15. | 世間話 | せけんばなし | Geschwätz, Gerede |

例：おばあちゃん達は世間話に花を咲かせた。

| 16. | 宝物 | たからもの | Schatz, Kostbarkeit |

例：私の宝物は子供達です。

17.	屏風	びょうぶ	Wandschirm, Paravent
18.	美術品	びじゅつひん	Kunstgegenstand
19.	収集	しゅうしゅう	Sammlung

例：この美術館の中世の収集は素晴らしい。

20.	尋ねる	たずねる	suchen, forschen; fragen, befragen
21.	大震災	だいしんさい	Erdbebenkatastrophe
22.	焼ける	やける	brennen, zerstört werden
23.	こぼす		verschütten, umstürzen; klagen, murren

例：母はいつも私が勉強しないとこぼしている。

| 24. | 嘆く | なげく | klagen, jammern, trauern |

第9課

| 25. | 同情 | どうじょう | Mitgefühl, Mitleid |

例：多すぎる同情は決してその人のためにならない。

| 26. | 微笑 | びしょう | Lächeln |
| 27. | 浮かべる | うかべる | schweben, schwimmen, treiben |

例：顔に微笑を浮かべている。

| 28. | 妻子 | さいし | Frau und Kind |
| 29. | 愕然 | がくぜん | bestürzt, entsetzt, erschrocken |

例：火事ですべてのものが焼けてしまって、愕然とした。

| 30. | 懸命 | けんめい | eifrig, fleißig |

例：彼は懸命になって働いた。

| 31. | 慰める | なぐさめる | trösten, aufmuntern |

例：友は懸命に慰めてくれた。

| 32. | 浸る | ひたる | eintauchen; sich widmen, sich hingeben |

例：彼は試験に合格して、喜びに浸っていた。

| 33. | 不幸 | ふこう | Unglück |
| 34. | 動揺 | どうよう | Unruhe; Schwanken; Erregung |

例：家族の不幸で動揺を抑えることができなかった。

| 35. | 鎮める | しずめる | beruhigen, stillen, dämpfen |

例：気持ちを鎮めて、これからのことを考えよう。

| 36. | 例 | れい | Beispiel |

【本文2】

| 1. | 青年 | せいねん | Jugendlicher, junger Mann, junge Frau |
| 2. | 感動 | かんどう | Rührung, Ergriffenheit |

例：昨日見た映画に大変感動した。

| 3. | 著者 | ちょしゃ | Autor |

4.	引用	いんよう	Zitat

例：論文には引用文はその著作を書かなければならない。

5.	女史	じょし	Frau (als Suffix); höflich-respektvolle Bezeichnung für eine Frau von höherem Rang
6.	障害	しょうがい	Hindernis, Störung; Behinderung

例：ドイツでは障害者に対する設備が充実している。

7.	言葉	ことば	Wort, Sprache
8.	実感	じっかん	lebhafter Eindruck, unmittelbares Gefühl

例：実際に体験してはじめて実感できる。

9.	せまってくる		näher rücken

例：レポートの締め切りがせまってきた。

10.	通う	かよう	regelmäßig gehen/fahren, zur Arbeit fahren, verkehren
11.	希望	きぼう	Wunsch, Hoffnung, Erwartung

例：私の希望は、将来医者になることです。

12.	暮らす	くらす	leben, auskommen, sich ernähren
13.	頬	ほほ	Wange
14.	はさむ		einklemmen, zwischen etw. klemmen
15.	押し付ける	おしつける	niederdrücken, unterdrücken; aufzwingen

例：彼は仕事を私に押し付けた。

16.	車椅子	くるまいす	Rollstuhl
17.	電動式	でんどうしき	elektrisch
18.	特別な	とくべつな	speziell, besonders
19.	身長	しんちょう	Körpergröße

第9課

20. 講演　　　　こうえん　　　　Vortrag, Rede, Vorlesung

21. 頼む　　　　たのむ　　　　bitten, ersuchen; beauftragen

例：仕事を他の人に頼んだ。

22. 眼鏡　　　　めがね　　　　Brille

23. 僕　　　　ぼく　　　　ich (Männersprache)

24. 境遇　　　　きょうぐう　　　　Lebensverhältnisse, Lage, Umstände, Umwelt

25. 特徴　　　　とくちょう　　　　Besonderheit, Charakteristikum

例：この町の特徴は緑が多いことです。

26. 受け止める　　　　うけとめる　　　　fangen, auffangen; parieren, abfangen

例：彼は私の気持ちを受け止めてくれた。

27. 積極的　　　　せっきょくてき　　　　aktiv, positiv

例：彼女は非常に積極的な性格です。

28. 活動　　　　かつどう　　　　Tätigkeit, Aktivität

例：グリーンピースは様々な活動を展開している。

29. 周囲　　　　しゅうい　　　　Peripherie, Umfeld, Umwelt

例：京都は周囲を山に囲まれた盆地です。

30. 扱い　　　　あつかい　　　　Behandlung; Handhabung

例：この商品は壊れやすいですから、丁寧に扱ったほうがいいです。

31. 甘やかす　　　　あまやかす　　　　verwöhnen, verzärteln

例：子供を甘やかしすぎるのはよくない。過保護になる。

32. 接する　　　　せっする　　　　in Berührung kommen, berühren

33. 育つ　　　　そだつ　　　　aufwachsen, heranwachsen; aufziehen, erziehen

34. 救う　　　　すくう　　　　retten, helfen; erlösen

【文法・表現】

1. 見える/聞こえる（自発）

„sichtbar", „hörbar"

【例文】　a. ここからテレビ塔が見えます。

　　　　　b. 私の部屋から、隣の部屋のテレビの音が聞こえます。

2. ～そう

„scheinen", „aussehen"

【例文】　a. お腹がすいて、死にそうだ。

　　　　　b. このケーキを食べると、太りそうだが、食べたくて我慢できない。

3. ～し

„und", „außerdem" (zur Aufzählung gleichzeitig ablaufender Handlungen/ vorkommender Erscheinungen oder die der Sprecher als zusammenhängend darstellen möchte; nicht zur Aufzählung einer zeitlichen Reihenfolge)

【例文】　a. 雨も降るし、寒いし、今日は出かけたくないです。

　　　　　b. 高いし、店の人は親切じゃないし、この店ではもう絶対に買い物したくない。

4. ～ず

„ohne zu" (zum Ausdruck der Negation)

【例文】　a. 大学には行かず、町でパチンコをしていました。

　　　　　b. 余計なことをくどくど話さずに、主要なことだけ話しなさい。

5. ～ことがある（経験）

„schon einmal" (zum Ausdruck einer Erfahrung)

【例文】　a. 過去、何回日本に行ったことがありますか。

　　　　　b. こんな珍しくて美味しいものは食べたことがありません。

6. ～ながら

„während", „beim"

【例文】　a. 物を食べながら、話すのはよくないマナーだ。

　　　　b. 私たちは笑いながら、歩いていました。

7. ～ようとする

„unmittelbar vor", „gerade vor"

【例文】　a. 丁度出かけようとしたとき、電話がありました。

　　　　b. まさに寝ようとしたとき、急に友だちが来ました。

8. ～かのように

„genau wie", „als ob"

【例文】　a. まるで自分の家にいるかのようにくつろぎました。

　　　　b. 温泉に浸かっているかのようないい気持ちです。

9. ～わけにはいかない

„weshalb es nicht möglich ist..."

【例文】　a. 今日は全体会議があるので、熱があっても会社を休むわけにはいかない。

　　　　b. 折角、招待されたのだから、行かないわけにはいかないでしょう。

10. ぬ

(zur Negation, wie ない)

【例文】　a. どうしても行かねばならぬ。

　　　　b. 言わぬが花。

11. さらに

„wieder", „noch einmal"; „ferner", „außerdem"

【例文】　a. 台風の影響で風が強くなってきました。さらに雨まで降ってきました。

　　　　　b. 会社経営は思うようにいかない。さらに、個人的な問題まで絡んできた。

12. ～ばかりではなく

„nicht nur ..., sondern auch"

【例文】　a. 彼は国産車ばかりでなく、外車も持っている。

　　　　　b. このアニメは子供ばかりではなく、大人も楽しめる。

13. ～において（場所、時）

„in" (lokal und temporal)

【例文】　a. 会議は第一ホールにおいて行われるそうです。

　　　　　b. コンピューターは近い将来において、すべての家庭に行き渡るであろう。

14. ～を初め

„angefangen bei"

【例文】　a. 教授を初め、日本学科の皆様にくれぐれもよろしくお伝えください。

　　　　　b. カーティーは寿司を初め、和食なら何でも食べます。

15. 何とか

„irgendwie, auf die eine oder andere Art"

【例文】　a. 英語なら何とか話せますが。

　　　　　b. このお金で、一月何とか生活はできます。

16. ちっとも（話し言葉）

„überhaupt nicht, nicht im geringsten" (umgangssprachlich)

【例文】　a. 彼女はちっとも真面目じゃない。

　　　　　b. もう暦の上では春なのに、ちっとも暖かくならない。

17. 〜に頭が下がる/頭が上がらない。

„den Hut vor jn. / etw. ziehen"

【例文】　a. あの人の責任感には頭が下がる。

　　　　　b. 彼の懸命の努力には頭が上がらなかった。

18. 〜のお陰で

„dank, aufgrund, mit der Hilfe von!

【例文】　a. 先生のお陰で日本語が上手になってきました。

　　　　　b. お陰さまで元気にしております。

【練習】

I 形式名詞：名詞としての実質的な意義がなく、常にその意義を限定する語句を伴ってのみ用いられる名詞。

例：こと、はず、もの、ところ、よし、ほど、べき、ため、ばかり…

「もの」と「こと」の違い

次の（　　　）の中に「もの」または「こと」を入れなさい。

1.　スポーツをする（　　　　　）は体にいいです。

2.　昔は小さい子供も働く（　　　　　）は普通でした。

3.　いけない（　　　　　）は熱があるのに仕事をする（　　　　　）です。

4.　してはいけない（　　　　　）は子供にはきちんと言う（　　　　　）です。

5.　残せる（　　　　　）は子供に残したい（　　　　　）です。

6. 家でゆっくりする（　　　　）はいい（　　　　　）です。

7. していい（　　　　）と悪い（　　　　）は区別する（　　　　）です。

「こと」の用法

1. 命令、指示　　：この本は元の場所に戻すこと。

2. 強調 (1)　　　：人生で友達が多いことはたのしいことだ。

3. 決定　　　　：来年日本に行くことになりました。

4. 時々　　　　：和食のレストランで食べることがあります。

5. 可能　　　　：日本語を話すことができます。

6. 躊躇(ちゅうちょ)　　　：行くことは行きますが。

7. 強調 (2)　　　：驚いたことに、ここには人が住んでいないのです。

8. 〜について　：論文のことで、相談したいのですが。

「もの」の用法

1. 原因、理由
   例：道が混んでいたもので、遅れてしまいました。

2. 実現が困難なことの実現を勧めたり、期待したりする。
   例：できるものなら、やってみなさい。

3. 事柄は成立しているが、しかし、と言う気持ちが生じる。
   例：行くといったものの、あまり行く気がしない。

4. ある事柄は一応認めながら、後件はそれと相反・矛盾した展開
   例：知らなかったとはいうものの、大変失礼いたしました。

5. 反ばくの気持ちを表す。
   例：やればできるものを、やならかった。

6. 前件が、理由やきっかけとして、後件の成立に関与している。
   例：勉強しなかったんだもの、合格するはずがない。

Ⅱ ～かのように（実際はそうではないが、そのように見える。「まるで」を伴うことが多い。

次の文章の＿＿＿＿＿＿部分をうめなさい。

1. あの人はまるで日本人かのように、＿＿＿＿＿＿＿＿＿＿＿＿＿＿＿。

2. 今日は休みであるかのように、＿＿＿＿＿＿＿＿＿＿＿＿＿＿＿。

3. 彼はまるで社長であるかのように、＿＿＿＿＿＿＿＿＿＿＿＿＿＿＿。

4. 彼女はここが自分の家であるかのように、＿＿＿＿＿＿＿＿＿＿＿＿。

【内容質問】

次の質問に答えなさい。

【本文1】
1. 日本人は一般的に外国人からどんな風に見られていますか。
2. 「人付き合いが上手」というのはどういうことですか。
3. 「日本での付き合いに様々な制約がある」というのはどういう意味ですか。

4. 利己的な人というのはどういう人のことですか。例をあげてください。
5. ドイツ人にとって一般的な世間話とはどんな話のことですか。
6. 「こぼす」というのはどういうことですか。
7. キャサリンさんは東京大震災の時、どこにいましたか。
8. どうして彼女は嘆きましたか。
9. この紳士は何をなくしたのでしょうか。
10. 「日本人の微笑」とはどんな微笑のことですか。
11. このような日本人の微笑についてどう思いますか。あなた方の国の習慣とどのように違いますか。

【本文2】
1. 「五体不満足」という本はどうしてベストセラーになったのだと思いますか。
2. この本の中の主人公の青年はどんな障害を持っていますか。
3. この青年が普通の生活を送れる背景にはどんな人たちの協力がありますか。
4. あなたの周りに障害を持つ人がいたら、あなたはどんなことがしてあげられますか。

【漢字】

カタカナ：音読み　ひらがな：訓読み

	漢字	読み	意味	例
1.	隠	イン、かくれる	sich verstecken, zurückziehen	隠蔽（いんぺい）、隠れ蓑（かくれみの）
		かくす	verstecken	
2.	振	シン、ふるう、	schwingen; gedeihen	振動（しんどう）、振興（しんこう）
		ふる	schwingen, schütteln	
3.	舞	ブ、まう	tanzen, flattern	日本舞踊（にほんぶよう）、舞姫（まいひめ）
4.	優	ユウ、すぐれる、	übertreffen	優雅（ゆうが）、優秀（ゆうしゅう）、優美（ゆうび）
		やさしい	freundlich, sanft	
5.	雅	ガ、みやび	Eleganz, Anmut	雅楽（ががく）、雅言（みやびごと）
6.	己	コ、キ、おのれ	selbst	自己（じこ）、利己主義（りこしゅぎ）

7.	触	ショク、さわる、ふれる	berühren	接触、触感	せっしょく、しょっかん
8.	紳	シン	Herr	紳士	しんし
9.	宝	ホウ、たから	Schatz	宝石、宝物、宝島	ほうせき、たからもの、たからじま
10.	尋	ジン、たずねる	suchen; fragen, sich erkundigen	尋問	じんもん
11.	嘆	タン、なげく	beklagen, jammern, trauern	嘆願、感嘆	たんがん、かんたん
12.	微	ビ	winzig, leicht	微笑、微々、顕微鏡	びしょう、びび、けんびきょう
13.	懸	ケン、かかる、かける	hängen; geben	懸賞、懸案、一生懸命	けんしょう、けんあん、いっしょうけんめい
14.	慰	イ、なぐさめる	trösten, ablenken	慰安婦、慰問	いあんふ、いもん
15.	浸	シン、ひたる	eintauchen, sich widmen	浸水、浸食	しんすい、しんしょく
16.	揺	ヨウ、ゆれる	schwanken, zittern	揺りかご、動揺	ゆりかご、どうよう
17.	鎮	チン、しずめる	beruhigen	鎮圧、文鎮	ちんあつ、ぶんちん
18.	障	ショウ、さわる	hindern, hemmen, schaden	障害、障子	しょうがい、しょうじ
19.	希	キ	Wunsch; Knappheit	希望、希求	きぼう、ききゅう
20.	望	ボウ、のぞむ	hoffen, wünschen; überblicken	志望、望遠鏡	しぼう、ぼうえんきょう
21.	頼	ライ、たのむ	bitten; beauftragen	依頼	いらい
22.	鏡	キョウ、かがみ	Spiegel	手鏡、鏡台	てかがみ、きょうだい
23.	遇	グウ	Behandlung, Aufnahme; Treffen	遭遇、待遇	そうぐう、たいぐう
24.	徴	チョウ	sammeln; Vorzeichen	徴用、徴収	ちょうよう、ちょうしゅう
25.	積	セキ、つもる	sich anhäufen; abschätzen	積雪、積載	せきせつ、せきさい

26.	極	キョク ゴク	Pol, Ende sehr, äußerst	積極的、極楽、 南極
27.	扱	あつかう	behandeln	取り扱い、扱い方
28.	甘	カン、あまい、 あまやかす	süß, nachsichtig verwöhnen	甘柿、甘党
29.	救	キュウ、すくう	retten, helfen	救急、救済
30.	椅	イ	Stuhl	椅子

【漢字テスト】

（　）の中の漢字を書きなさい。＿＿＿の部分は平仮名をつけなさい。

1. 女性の（　　　）な（　る　い）は美しいものです。
　　　　　　ゆうが　　　　ふるまい

2. その（　　　）は私に彼の大切な（　　　　　）を見せてくれました。
　　　　しんし　　　　　　　　　たからもの

3. いつまでも（　　　）いていないで、（　　　　）を持って（　　　　　　）
　　　　　　　なげ　　　　　　　　　　きぼう　　　　　　　せっきょくてき
に前進してください。

4. （　　　）を（　　　）めて、（　　　　）に座っていました。
　　きもち　　　　しず　　　　　　いす

5. （　　　）しみに（　　　）っている時間はありません。他の人を（　　　）
　　かな　　　　　　ひた　　　　　　　　　　　　　　　　　　　　すく
わなければなりません。

6. その問題を（　　　　　）のこととして（　　　　　）ってください。
　　　　　　　おのれ　　　　　　　　　　あつか

7. （　　　）れていれも、すぐに見つけますよ。
　　かく

8. （　　　　）を浮かべて（　　　）い言葉でささやかれたら、（　　　）
　　びしょう　　　　　　　あま　　　　　　　　　　　　たの
　みは何でも聞いてしまうでしょう。

9. （　　　　）に彼女を（　　　）めようとしましたが、あまりに悲しみ
　　けんめい　　　　　　なぐさ
　が深くてできなかった。

10. この会社では（　　　　）が悪すぎるので他の会社に移ることにした。
　　　　　　　　　たいぐう

11. 親は子の（　　　）となるべきです。
　　　　　　かがみ

【聴解】

次の会話を聞いて下の質問に答えなさい。
1. ジョンソンさんはどんなことで苦労していますか。
2. 北川さんはジョンソンさんにどんなアドバイスをしましたか。
3. 言葉はどんな役割をもっていますか。

【作文】

ドイツ人と日本人を比べてください。

【タスク】

あなたの周りの人に日本語でインタビューしてください。
２０分程度でその人の人生観についてできるだけ詳しく情報を得てください。その際、なるべく丁寧な日本語を使ってください。

インタビューの手順：

1. 失礼ですが、今ちょっとお時間がありますか。
2. 私は＿＿＿＿＿と申しますが、＿＿＿＿＿について少しインタビューさせていただいてもよろしいでしょうか。
3. ＿＿＿＿＿についてどう思われますか。
4. なるほど。大変勉強になりました。
5. お時間をとっていただいてありがとうございました。

【翻訳】

1. Sowohl Studenten als auch Dozenten müssen sich erst an das neue Bachelor-System gewöhnen.
2. Das Militär ist ein großes Hindernis für dieses Land auf dem Weg zur Demokratie.
3. Ein Rollstuhl ermöglicht es behinderten Menschen mobil zu sein.
4. Hamburg wird oft als Stadt des Wassers gesehen, wichtigstes Charakteristikum ist dabei der Hafen.
5. In diesem Hotel können die Gäste ein umfangreiches Wellness-Programm genießen und sich verwöhnen lassen.
6. Das Elend, das ich in den Krankenhäusern von Colombo gesehen habe, hat mich in meinem Wunsch, Medizin zu studieren, nur noch bestätigt.
7. Eine besonders schöne Art, Berlin und Umgebung kennen zu lernen, ist eine Dampferfahrt.
8. Er hat in unserem Seminar einen interessanten Vortrag über seine Reise nach Indien gehalten.
9. Kunstgegenstand oder Kitsch, für ein Souvenir ist diese Einordnung nicht bedeutsam.
10. Der Hund verletzte das Kind schwer, er biss es in die rechte Wange.

第 9 課　　　　　　　　　　　　　　　　　　　　　　　　　　　　　　　　　　147

11. いつまでも他の人の後ろに隠れているわけにはいかない。そろそろ自分の態度を示すべき時がきた。
12. 少年はまるで紳士のように振舞っている。（紳士然とふるまっている）
13. 寝ようとしたとき、大きな揺れを感じた。
14. どんな境遇に育とうと、人は己の希望に向って生きる権利がある。
15. 他国の積極的な援助のお陰で、何とか震災害から立ち直ることができた。
16. 我が家の子供は、甘やかさずに育てましたから、人の痛みが分かると思います。
17. 政府は災害地の救済に取り掛かるばかりではなく、世界各国へ援助を求めることを始めた。
18. どんな理由があるにせよ、今はやらねばならぬ。
19. 家族の必死の介護のお陰で、何とか事故の後遺症から立ち直ることが出来ました。
20. 医者を初め、看護婦の皆さん方の努力に頭が下がります。

第１０課

言葉

【話してみよう】

第十課を始める前に話し合って見ましょう。

1. 敬語はどうして大変ですか。
2. あなたの社会にとって敬語は大切ですか。
3. 敬語がなくなると、社会と人間関係はどのように変化すると思いますか。
4. 「言葉」とはコミュニケーション上どのような役割を持っていると思いますか。

【本文】武器としての敬語（敬語は何の役に立つか）

日本の女言葉に見られる敬語表現

　日本語の敬語表現に性差はあるのだろうか。日本語の敬語は<u>大きく分けて</u>次の三つに分類することができる。第一に「〜さんがお書きになったご本です。」のように聞き手や話題になっている人や物に敬意を表す尊敬語や、「行く」の<u>かわりに</u>「参ります」などと自分を低めて相手に敬意を表す謙譲語がある。第二に特定の人物や物に敬意を表すのではなく、一般に丁寧に話す「丁寧語」がある。これは通常、語尾表現で表され、「〜だ。」の代わりに、「〜です。」や「〜でございます。」などを使うのがそれに<u>あたる</u>。そして第三に、話し手の品位を高めるために使われるとされる「美化語」がある。これは名詞・形容詞・動詞の前に接頭辞の「お」や「御」をつけるもので、「この頃はお野菜がお高いですね。」と言う時の「お」などがこれにあたる。上記の敬語および敬語表現は、話し手の年齢、職業、社会的地位、話し手との関係、または話題などにより、複雑に変化するのは周知のことである。

　日本語の場合、次の二点を除いて、敬語表現に基本的な性差はないと言うのが私見である。まず性差の見られる敬語表現の一つに美化語の使用頻度があげられる。男性も例えば「お酒」や「お箸」などのように美化語を使うが、女性の方が<u>どちらかというと</u>美化語を多く使う傾向がある。いま一つの違いは女性の敬語使用時の韻律的特徴 (prosodische Merkmale) にある。女性の場合は文全体のピッチをあげたり、母音を<u>こころもち</u>長めに発音することにより、より丁寧で、より敬意を表していると捉えられることがある。

【会話】睡眠障害

医者と患者の会話。患者は若い大学生。

医者：おはようございます。どうかしましたか。

患者：おはようございます。先生、このごろよく眠れなくて困っています。

医者：最近、そういう若い患者さんが増えているんですよ。何か思い当たることがありますか。原因として。

第１０課　　　　　　　　　　　　　　　　　　　　　　　　　　　　　　151

患者：もともと夜型人間だったのですが、このごろ覚えたインターネットについはまってしまって、どうしても２時頃まで起きているんです。それからいくら寝ようとしても寝付けないんです。朝母から、いくら起しても起きないと言われています。

医者：そうですね。よくある例ですね。それで学校では講義中居眠りをするとかしないんですか。

患者：まだ、そこまでは。ただどうしても睡眠不足でぼんやりしていて、頭が覚醒していないというか、<u>もしかすると</u>、多分何も聞いていないのかもしれません。

医者：この頃は昼と夜の区別が曖昧になっている若者が本当に多いのですよ。やはりおっしゃる通りコンピューターが原因のようですね。そうすると、体がそれに順応してしまって、夜しか機能しなくなる。大学の試験も昼間に行われるのに、頭が働かなくなる。困るでしょう。お年よりはどちらかと言うと朝型の<u>ほうです</u>から、少ないのですがね。

患者：来年は卒業試験があると言う<u>のに</u>。先生、どうすればいいでしょうか。

医者：思い切って夜間の大学に変えたらどうですか。昼間は眠っていて。

患者：先生、冗談はおっしゃらないでください。私は真面目ですよ。

医者：勿論、冗談ですよ。それではとりあえず、眠りたくなる薬をだしておきます。でも、徐々に昼と夜を変えるように努力してみてください。

患者：ありがとうございました。

医者：お大事に。

【語彙】
【本文１】

1. 武器　　　　　　　ぶき　　　　　　　　　　Waffe

例：戦争で武器をとって戦った経験がある。

2. 性差　　　　　　　せいさ　　　　　　　　　Geschlechterunterschied

例：日本語には性差がある。

| 3. | 分類 | ぶんるい | Klassifikation, Einteilung |

例：図書館では色々な分類法で本が分けられている。

| 4. | 話題 | わだい | Gesprächsthema, Gesprächsstoff |

例：最近は環境問題が世界中の話題になっている。

| 5. | 敬意 | けいい | Achtung, Respekt, Verehrung |

例：首相はアメリカ大統領に敬意を示し、歓迎会を開いた。

| 6. | 尊敬語 | そんけいご | ehrerbietig-höfliche Sprache |

例：日本の尊敬語は外国人泣かせだ。

| 7. | 低める | ひくめる | niedrig machen, tief machen |

例：自分を低めて相手をたてることを謙譲という。

| 8. | 謙譲語 | けんじょうご | bescheiden-höfliche Sprache |

例：尊敬語、謙譲語、丁寧語をふくめたものを敬語という。

| 9. | 丁寧 | ていねい | Höflichkeit, Zuvorkommenheit |
| 10. | 通常 | つうじょう | gewöhnlich, in der Regel |

例：この店は通常２０時まで営業している。

| 11. | 語尾 | ごび | Wortendung, Endsilbe |
| 12. | 品位 | ひんい | Charakter, Würde, Eleganz |

例：品位ある言葉遣いをしてください。

13.	美化語	びかご	Wort zur Verschönerung
14.	接頭辞	せっとうじ	Präfix
15.	地位	ちい	Stellung, Rang, Position

例：かれの地位は相当高そうだ。

| 16. | 関係 | かんけい | Beziehung, Verbindung; Belang |
| 17. | 複雑 | ふくざつ | Komplexität, Schwierigkeit |

例：人間関係というものは複雑なものだ。

第１０課　　　　　　　　　　　　　　　　　　　　　　　　　　　　　　153

18. 周知　　　　　　しゅうち　　　　　　　allgemeine Bekanntheit

例：世界の資源が少なくなっていることは周知のことだ。

19. 除く　　　　　　のぞく　　　　　　　　aussortieren; ausschließen

20. 私見　　　　　　しけん　　　　　　　　persönliche Meinung

例：私見では、このプロジェクトには時間的に無理がある。

21. 使用頻度　　　　しようひんど　　　　　Häufigkeit der Verwendung

例：日本語で「私」という言葉の使用頻度は少ない。

22. お箸　　　　　　おはし　　　　　　　　Essstäbchen

23. 韻律的　　　　　いんりつてき　　　　　metrisch

例：この詩は韻律的に素晴らしい。

24. ピッチ　　　　　　　　　　　　　　　　Tonhöhe, Tempo

例：日本語は強弱ではなく、ピッチアクセントをもっている。

25. 母音　　　　　　ぼいん　　　　　　　　Vokal

26. 捉える　　　　　とらえる　　　　　　　fangen, ergreifen; verstehen, begreifen

例：あの映画は人の心を捉えて離さない。

【会話】

1. 睡眠障害　　　　すいみんしょうがい　　Schlafstörung

例：ストレスから睡眠障害になった。

2. 途中　　　　　　とちゅう　　　　　　　unterwegs, auf dem Weg

3. 教授　　　　　　きょうじゅ　　　　　　Unterricht, Vorlesung; Professor

4. 眩しい　　　　　まぶしい　　　　　　　blendend; grell

5. つい　　　　　　　　　　　　　　　　　erst, soeben; unabsichtlich, unbewusst

例：人間は、何も考えずに、つい同じことをしてしまう。

6.	はまる	geraten in, fallen in; sich eignen passen; nach etwas süchtig werden

例：最近は、ロックにはまっている。

7.	怒る	おこる	zornig werden, sich ärgern
8.	不足	ふそく	Mangel, Defizit

例：時間不足、金不足、労働力不足、知識不足、いろいろですね。

9.	覚醒	かくせい	Erwachen
10.	区別	くべつ	Unterschied, Unterscheidung

例：いいことと、悪いことの区別はしなければならない。

11.	講義	こうぎ	Vorlesung, Vortrag
12.	居眠りする	いねむりする	einnicken, ein Schläfchen machen
13.	冗談	じょうだん	Spaß, Witz

例：人を傷つけるような冗談はよくない。

14.	真面目	まじめ	Ernsthaftigkeit, Aufrichtigkeit

例：あの人は真面目だけが取り柄だ。

【文法・表現】

1. 大きく分けて

„grob unterteilen"

【例文】　a. 日本は大きく分けて、四つの島に分類できる。
　　　　　b. 日本の歴史は大きくて分けて古代、中世、近世、近代、現代に分類できる。

2. 〜かわりに

„anstatt", „statt"

【例文】　a. 明日は私のかわりに、田中さんが来ます。
　　　　　b. 月曜のかわりに、水曜でどうですか。

第１０課

3. 〜にあたる

„entsprechen", „gleichwertig sein", „äquivalent sein"

【例文】　a.　彼は私の叔父にあたる大切な人です。

　　　　　b.　日本語の「いただきます」にあたる言葉はドイツ語にはないでしょう。

4. どちらかというと（ば）

„eher", „vielmehr", „mir wäre es lieber, wenn..."

【例文】　a.　食べ物は何でも食べますが、どちらかというと、和食がいいですね。

　　　　　b.　私はどちらかといえば、クラシック音楽が好きですね。

5. こころもち

„ein bisschen", „etwas", „eine Idee"

【例文】　a.　Ｕの音を心もち短めに発音してみてください。

　　　　　b.　彼は心もち太ったような気がします。

6. もしかすると

„eventuell", „vielleicht"

【例文】　来週、もしかすると、日本に行くことになるかもしれません。

7. 〜ほうです

„eher", „vielmehr"

【例文】　a.　私は夜より朝のほうが強いほうです。

　　　　　b.　酒より甘党のほうです。

8. 〜のに

„trotz", „obwohl", „obgleich"

【例文】　a.　雨が降るのに、一体どこに行くのですか。

　　　　　b.　あんな勉強したのに、試験に落ちてしまいました。

【敬語】

1. 謙譲語　　　自分を低めて、相手を尊敬する（主語は一人称）
2. 尊敬語　　　相手を高める　　　　　　　　（主語は二人称、三人称）
3. 丁寧語　　　～ます、～です
4. 美化語　　　お風呂、お酒

尊敬動詞	普通動詞	謙譲動詞
なさる	する	いたす
いらっしゃる おいでになる	いる	おる
いらっしゃる おいでになる	行く	参る 伺う
いらっしゃる	来る	参る 伺う
おっしゃる	言う	申す
召し上がる	食べる 飲む	いただく
ご覧になる	見る	拝見する
お聞きになる	聞く	伺う お聞きする
お会いになる	会う	お目にかかる
お召しになる	着る	・・・・
お休みになる	寝る	・・・・
ご存知だ	知る	存じ上げる
お～になる ご～になる	他の動詞	お～する ご～する

第１０課

【例】

謙譲語

1. ご意見を聞かせていただけませんか。
2. ご意見を伺う。
3. ご意見をお聞きする。

　謙譲語は一番敬語の度合いが強いものである。語尾が質問形であれば、より敬語の意味合いが強くなる。それは判断を相手に任せるということからである。

尊敬語

1. 先生は昼食を召し上がりました。
2. 先生は昼食をお食べになりました。
3. 先生は昼食を食べられました。

　尊敬語は主語が自分ではなくて、尊敬する相手である。一番尊敬の意味が強いのは尊敬動詞である。３のように受身と同じ形の尊敬の形もあるが内輪の人間に使うことの方が多い。

【内容質問】

次の質問に答えなさい。

【本文】

1. 日本語の敬語に性差はありますか。
2. 性差があるとすればどこにありますか。
3. 日本語の敬語は大きく分けてどのように分類できますか。
4. 敬語は何によって影響、変化しますか。
5. 敬語はどんなところで役に立つと思いますか。
6. あなたの国にも敬語がありますか。
7. それは日本語と比べてどうですか。

【会話】

1. この大学生はどうして睡眠障害になりましたか。
2. 「夜型人間」というのはどういう人間のことですか。その反対の言葉は何ですか。
3. この大学生は大学で時々居眠りすることがありますか。
4. 最近の若者はどうして昼と夜の区別がつかないのですか。
5. 大学生の症状に対して医者はどんなアドバイスをしましたか。
6. あなたもこの大学生のような問題がありますか。
7. あなたは一日に何時間ぐらいインターネットをしていますか。
8. あなたにとってインターネットとはどのような役割をしていますか。

【副詞のまとめ】

　副詞も接続詞同様、非常に大切なキーワードになる言葉である。副詞を学ぶことによって、日本語の意味がより深く理解でき、より日本語らしい文章が書けるようになるであろう。

　副詞によって、文末が決められてくるようなセットになった言葉もある。以下、グループに分けて副詞を紹介する。

1.1. 時間に関係ある副詞

まもなく　　　　（改まった言い方）あまり時間がたたないうちに。話題が話し手に関する場合は使われない。
例：まもなく次のバスがきます。

しばらく　　　　a. 少し後で。
例：今、課長をお呼びしますので、しばらくお待ちください。
b. 長い間〜していない。
例：しばらくお目にかかりませんでしたが、お元気でしたか。

もうすぐ　　　　短い時間の後で。（過去形には使えない。）
例：もうすぐクリスマスですね。

第１０課

そのうち 　　近いうちに、短い時間の後で。

　　　　　　　例：彼、遅いですね。そのうち来るでしょうが。

やがて 　　　（改まった言い方）あまり時間がたたないうちに何かが起こる場合。

　　　　　　　例：子供はやがて大きくなります。

すぐ 　　　　時間をおかないで、早く何かをする様子、および状態。

　　　　　　　例：急用があるから、すぐ来てください。

早速（さっそく） 　（改まった言い方）時間をおかないですぐ行う。人間の意識的な動作に使う。

　　　　　　　例：注文の品は早速お届けします。

ただちに 　　（改まった言い方）時間を少しもおかないで、何かしなければならない理由がある場合に使われる。

　　　　　　　例：準備ができた。ただちに出発だ。

たちまち 　　非常に短い時間のうちに行われる様子。話し手の意志が含まれる場合には使われない。

　　　　　　　例：小雨が降ってきて、たちまち大雨になった。

そろそろ 　　ある事にとってちょうどいい時期になったり、またはもうすぐその状態になることを表す。

　　　　　　　例：10月に入って、そろそろ紅葉が始まる頃だ。

今にも 　　　あることがすぐにも起こりそうだ。

　　　　　　　例：急に空が暗くなって、今にも雨が降りそうだ。

| たまたま | 全く予期しないことに出会う様子、偶然に。 |
| | 例：たまたま町を歩いていたら、昔の友達に会った。 |

| いったん | 一時的に、ひとまず。 |
| | 例：いったん国に帰って、もう一度来ます。 |

| いまだに | 今になってもまだ。 |
| | 例：子供の頃のことはいまだに覚えています。 |

| いまさら | 今になっては遅すぎる。 |
| | 例：いまさらこの計画を変更できない。 |

【練習１】

次の文を完成しなさい。

1. 社長の飛行機は２時に到着する予定だから、まもなく＿＿＿＿＿＿＿＿＿＿＿＿＿＿＿＿。
2. 空が明るくなってきましたから、そのうちに＿＿＿＿＿＿＿＿＿＿＿＿＿＿＿＿。
3. 今日は１２月３０日です。もうすぐ＿＿＿＿＿＿＿＿＿＿＿＿＿＿＿＿。
4. 今は入社したばかりでたいへんでしょうが、やがて＿＿＿＿＿＿＿＿＿＿＿＿＿＿＿＿。
5. 津波が来そうです。住民の皆さんは直ちに＿＿＿＿＿＿＿＿＿＿＿＿＿＿＿＿。
6. 一生懸命働いてためたお金なのに、株で失敗してたちまち＿＿＿＿＿＿＿＿＿＿＿＿＿＿＿＿。
7. 教えていただいた旅行社に早速＿＿＿＿＿＿＿＿＿＿＿＿＿＿＿＿。
8. いったん＿＿＿＿＿＿＿＿＿＿＿＿＿＿＿、病気が治るまで静養するつもりです。
9. 試験が明日になって、今さら＿＿＿＿＿＿＿＿＿＿＿＿＿＿＿＿。
10. もう少し待ってください。主人もそろそろ＿＿＿＿＿＿＿＿＿＿＿＿＿＿＿＿。

1.2. 必ず過去形を伴う副詞

| かつて | （書き言葉）以前、むかし。（過去）（話し言葉では、かつて） |
| | 例：かつて、ここは静かな村だった。 |

第10課

さきほど　　ちょっと前の時。（過去）　（さっき、より丁寧）

例：さきほど田中さんと言う方からお電話がありました。

すでに　　それより前に。（過去）

例：私が着いたとき、すでに電車は出た後でした。

とっくに　　「すでに」の話し言葉。（過去）

例：教室に入ったとき、とっくに授業が始まっていた。

たった今　　非常に近い過去。（過去）

例：たった今、電話がありました。

ある物事の前後に何かする言い方

前もって　　何かする前に準備すること。

例：お宅に伺う前に、前もってお電話さしあげます。

あらかじめ　　（改まった言い方）物事が起こる前に。

例：来週の会議の予定をあらかじめお知らせいたします。

のちほど　　（丁寧な言い方）今ではなく、ちょっと後で何かすること。

例：では、のちほどお目にかかります。

【練習2】

（　　　）の言葉を適当な形にしなさい。

1. 電車はたった今（出る　　　　　　　　　　　　　　　　）
2. 社長はさっき（お帰りになる　　　　　　　　　　　　　）
3. では、のちほど会場で（お目にかかる　　　　　　　　　）
4. 試験の前に、あらかじめ試験の会場に（行ってみる　　　　）
5. 田中さんの話では、ジョンさんはすでに（帰国する　　　　　　　）らしい。

1.3. 希望や願いを伴う副詞

やっと　　　　長い間や苦労の跡で、望む結果が得られた様子。

　　　　　　　例：3年もかかって、やっと新聞が読めるようになった。

ようやく　　　「やっと」と同じ意味。

　　　　　　　例：1時間も待たされて、ようやく電車が来た。

どうにか　　　苦労や困難のあとで一応目的に達する様子。

　　　　　　　例：子供がどうにかひとり立ちするようになりました。

是非　　　　　あることを実現しよう，また実現したいと強く望む気持ちを表す。

　　　　　　　例：若いうちに、是非アメリカの大学に留学してみたい。

どうか　　　　人に何か頼むときに、気持ちを強調する場合。

　　　　　　　例：どうか，私をこの会社に採用してください。

結果が予測できたり、結果が出た場合

とうとう　　　時間がたって，ある程度は予想できた状態になった場合。（悪い結果のほうが多い）

　　　　　　　例：長い間の病院生活の後、とうとう亡くなった。

結局　　　　　いろいろな事があったが最後に。

　　　　　　　例：5年間付き合って、彼らは結局結婚しました。

ついに　　　　やっと。

　　　　　　　例：何度も試みて、ついに成功した。

やはり　　　　一つのことが予想した通りの結果だった場合。

　　　　　　　例：松本さんの病気はやはり癌だったそうです。

第１０課

【練習３】

次の（　）の中の正しいものを選びなさい。

1. 先生のおっしゃる通り何でもいたしますから、この子の病気を（どうか、とっくに、まだ、もう）治してください。
2. その問題は（ぜひ、どうか、とっくに、なんとか）解決しているはずだ。
3. これはあなたの研究に関係のある本だから、（是非、とっくに、まだ、もう）読んでおきなさい。
4. 仕事は大変だが（ぜひ、どうぞ、とっくに、なんとか）やり遂げたい。
5. この本はもう読んでしまいましたから、（どうも、どうぞ、とっくに、なんとか）ごゆっくりお読みください。
6. 一生懸命やりますから、（きっと、どうか、とっくに、もう）私にこの仕事をやらせてください。
7. 小林教授に日本の文学について（ぜひ、どうぞ、とっくに、もう）講演していただきたい。
8. 締め切りまであと一ヶ月もあるというのに、あなたは（ぜひ、どうか、まだ、もう）論文を書き上げたんですか。私なんか（どうぞ、とっくに、まだ、もう）半分もできていません。
9. 日本でドイツ語を教えたいというヨークさんの希望を、（どうか、どうぞ、とっくに、なんとか）かなえてあげたい。
10. 山田さんは（どうか、どうぞ、とっくに、まだ）家に帰りましたよ。

2. 習慣、頻度に関係がある副詞

絶えず　　　動作、状態が継続していることをいう。
　　　　　　　例：あの人は絶えず食べている。

常に　　　　「いつも」の書き言葉。
　　　　　　　例：彼は常に日記を付けている。

年中	いつもいつも何かをする、何かがある状態。
	例：父は年中忙しいと言っている。
始終	いつも何かをする。あるいはいつも同じ状態が繰り返される。
	例：母は始終私に勉強しろと言っている。
しょっちゅう （話し言葉）	いつも何かをしている。いい意味ではあまり使われない。
	例：あの学生はしょっちゅう授業に遅れてくる。
ひっきりなしに	次から次へ続くようす。
	例：隣の部屋からひっきりなしに音楽が聞こえてくる。
頻繁（ひんぱん）に	何度も。
	例：最近大きい地震が頻繁に起きている。
しばしば	何度もくりかえしその事が多く行われる様子。
	例：この店にはしばしば来ます。
度々（たびたび）	物事が何度もくりかえされる様子。
	例：あの人からはたびたび電話があります。
たまに	あまりないが時々ある。
	例：私はたまにディスコに行きます。
まれに	めずらしいほど少ない。
	例：彼はほとんど休まないが、まれに休むことがある。
めったに	ほとんどない。（〜ない）
	例：日本の電車はめったに遅れることはない。

第１０課　　　　　　　　　　　　　　　　　　　　　　　　　　　165

【練習４】

AとBを繋(つな)ぎなさい。

A：　1.　木村さんは分からない事は，いつも

　　　2.　今年は、中村さんに度々

　　　3.　断ってばかりいないで、たまには

　　　4.　あの人とは家の前で時々

　　　5.　あのレストランは評判がよく、年中

　　　6.　語学の上達は、絶えず

B：　a.　私たちと遊びに行きませんか。

　　　b.　込んでいる。

　　　c.　人に聞いてばかりで、自分で調べようとしない。

　　　d.　話す練習をすることだ。

　　　e.　お世話になった。

　　　f.　会うことがあるが、名前は知らない。

3.　数量や程度に関係がある副詞

3.1. 数が多い場合

いっぱい　　a.　数量が多い。

　　　　　　　例：繁華街の土曜日はいつも人でいっぱいだ。

　　　　　　　b.　ある期間中全部。

　　　　　　　例：今月いっぱい仕事で忙しい。

たくさん　　a.　数量が多い。

　　　　　　　例：彼はいつもたくさん食べる。

　　　　　　　b.　これ以上必要ない。

　　　　　　　例：セールスマンはもうたくさんだ。

たっぷり	かなり多めにある。
	例：出発までまだたっぷり時間がある。
充分，十分	たくさんあって、足りている。
	例：食べ物はじゅうぶんあります。

3.2. 数が少ない場合

ちょっと	少し。
	例：もうちょっと待ってください。
ほんの少し	少しの強調。
	例：日本語はほんの少ししか話せません。
わずか	少し、少ない。
	例：月々わずかのお金で生活しなければならない。
たった	とても少ない。
	例：昨日はたった5人しか授業に来ませんでした。

3.3. 大体の数量

およそ（おおよそ）	だいたい。
	例：東京から大阪まで新幹線でおよそ3時間かかります。
約	だいたい、ぐらい。
	例：論文を書き終えるまでに約1年はかかるでしょう。
ざっと	a. だいたい。
	例：大学の新しい建物が完成するまで、ざっと2年間はかかるでしょう。

第１０課　　　　　　　　　　　　　　　　　　　　　　　　　　　　　　167

　　　　　　　b. 簡単に。
　　　　　　　例：この新聞の記事をざっと読みました。

ほぼ　　　　ほとんど完全に近い状態をいう。
　　　　　　　例：卒業論文はほぼできあがっている。

3.4. １００％の状態

全部　　　　ある物事すべて、みんな。
　　　　　　　例：冷蔵庫の食べ物は全部食べてしまいました。

すべて　　　全部、のこらず。
　　　　　　　例：本棚の本はすべて読んでしまいました。

すっかり　　a. のこらず、みんな。
　　　　　　　例：おいしかったので、すっかり食べてしまいました。
　　　　　　　b. 完全に、ほんとうに。
　　　　　　　例：病気はすっかりよくなりました。

そっくり　　そのまま全部。
　　　　　　　例：財布をそっくり落としてしまった。

【練習５】

I 次の（　　）の中から適当な言葉を一つ選びなさい。
1. お客さんが５人来ますから、これだけビールがあれば（ほとんど、十分、すべて）でしょう。
2. 昨晩、一晩でこのウイスキーを（全部、少なからず、十分）飲んでしまった。
3. 斎藤さんは（ほとんど、せいぜい、ちょっと）ビールを飲んだだけで、すぐ顔が赤くなる。

4. 食卓の料理は（いっぱい、すっかり、うんと）食べてしまいました。もう何も残っていません。
5. パーティーに来る友達は酒飲みばかりですから、お酒だけは（たっぷり、すべて、すっかり）用意しておきましょう。

II 次の文を完成しなさい。
1. 漢字を覚えたと言っても、たった、＿＿＿＿＿＿＿＿＿＿＿＿＿＿＿＿＿＿＿＿＿。
2. 今度の地震で助かった人はわずか＿＿＿＿＿＿＿＿＿＿＿＿＿＿＿＿＿＿＿＿＿。
3. つくえの中に入れておいたお金をそっくり泥棒に＿＿＿＿＿＿＿＿＿＿＿＿＿＿＿。
4. 今度の旅行の費用は高くてもせいぜい＿＿＿＿＿＿＿＿＿＿＿＿＿＿＿＿＿＿＿。

4. 否定形と一緒に使う副詞

ちっとも　　少しも〜ない、くだけた会話に使う。
　　　　　　　例：この食事はちっとも美味しくない。

さっぱり　　少しも，全然、全く〜ない。
　　　　　　　例：あの人の名前がさっぱり思い出せない。

一向に　　　少しも〜でない。
　　　　　　　例：薬を飲んでいるのに、一向によくならない。

大して　　　特に言うほど〜でない。それほど〜でない。
　　　　　　　例：大して準備しなかったのに、試験に合格した。

めったに　　そのことが、たまにしか行われない場合に用いる。
　　　　　　　例：彼はめったに宿題をして来ない。

一切　　　　全然〜ない。
　　　　　　　例：私はそのことと一切関係がありません。

第１０課

決して　　　絶対〜ない。
例：私は決してうそは言っていません。

とうてい　　どうしても〜ない。
例：こんな難しい問題は、いくら考えてもとうていできない。

とても　　　どうしても〜ない。
例：彼はとても学生には見えない。

一概に　　　全部がそうだとは決められない。
例：日本人が一概に真面目だとは言えない。

必ずしも　　いつもそうだとは決められない。
例：お金持ちが皆必ずしも幸せだとは限らない。

次の例に気をつけてください。

必ず　　　a.　１００％絶対に
例：人間は必ず死ぬ。
b.　きっと〜する
例：必ず歯を磨いてください。

二度と　　もう一度〜ない
例：もう二度と繰り返さないでください。

まさか　　反対に、逆に、の意味で、期待に反したことが起った場合に使う。
例：まさか、家の子がそんな悪いことをするはずがありません。

しいて(強いて)　難しい事や嫌な事を無理に行う様子。
例：あの子がどうしても大学に行きたくないというなら、しいて勧めても無駄でしょう。

ついに　　　ある行為や状態が最後まで実現しない様子。
　　　　　　例：パーティーに来ると言っていたのに、何の連絡もせず、ついに来なかった。

なかなか　　簡単に物事が進まない様子。
　　　　　　例：最近の若い人は、政治になかなか関心を持とうとしない。

別に　　　　他に、それ以外に特別のことや意味はない。
　　　　　　例：別に酒は嫌いなわけではありませんが、あまり飲みません。

あえて　　　無理に、特に。
　　　　　　例：あなたがそこまで決心したのなら、あえて反対はしません。

夢にも　　　決して～しない、全然～ない。「思う」や「考える」などの動詞とともに。
　　　　　　例：あんな恐ろしいことが起るとは、夢にも思わなかった。

【練習6】

次の（　　）の中に【あまり、一概に、まさか、決して、もう、あえて、夢にも、必ずしも】の中から適当なものを選んで入れなさい。

1. 昨日はおとといに比べて、（　　　　）寒くなかった。
2. 日米貿易摩擦は、日本側だけが悪いとは（　　　　）言えないだろう。
3. 私はお酒は（　　　　）好きではありません。
4. 政治家は皆うそつきだとは（　　　　）言えない。
5. あんなに元気だった山下さんが（　　　　）急死するとは思わなかった。
6. 日本が金持ちになったとは（　　　　）言えない。
7. 村山さんの病気は（　　　　）手遅れだそうだ。
8. 戦争が始まった日のことを、私は（　　　　）忘れないだろう。
9. いい大学を卒業した人が（　　　　）成功するとは限らない。

第１０課   171

10. 部長がそんなに自信を持っているなら、この計画に私は（　　　　）反対しないつもりだ。
11. こんなにはやく人間が月に行けるとは（　　　　）思わなかった。
12. 一年浪人しても、（　　　　）有名な大学に入れるとは言えない。

【練習7】

次の手紙文を読んで下の問いに答えなさい。

> 拝啓
>
> 　ご無沙汰しております。すっかり暑くなりましたが、先生はお元気でいらっしゃいますか。私もお蔭様で元気にしております。
> 　さて、先日は私のために、お別れのパーティーを開いてくださいまして、ありがとうございました。日本の方のお宅に伺ったのは初めてでしたが、皆様に親切にしていただいて、本当に嬉しかったです。奥様の心のこもったお料理はどれもみな大変おいしかったです。
> 　一年間、皆様に教えていただきました日本の習慣や言葉は大変興味深いものでした。来月国に帰ることになっておりますが、日本で経験したことはいつまでも忘れないでしょう。また、帰国しましてからも、勉強を続けようと思っております。
> 　先生、いつかドイツにいらっしゃることがありましたら、是非ご連絡ください。今度は私が故郷の色々なところをご案内したいと思っております。ドイツのおいしいビールも是非召し上がっていただきたいと思います。
> 　長い間本当にお世話になりました。校長先生を初め、諸先生方にくれぐれもよろしくお伝えください。また、先生のご家族にもよろしくお伝えください。ドイツで皆様方にお目にかかれることを心から楽しみにしております。
> 　これから益々暑くなりますが、先生もお体ご自愛くださいますよう。
>
> 　　　　　　　　　　　　　　　　　　　　　　　　　　　　　　　敬具
>
> 　2008年7月7日
> 　　　　　　　　　　　　　　　　　　　　　　トーマス
>
> 追伸
> 　みっちゃんに約束した、ドイツの写真を必ず送ると、伝えてください。
>
> 鈴木健太郎先生

1. トーマスさんはいつドイツに帰りますか。
2. トーマスさんはドイツに戻ったら、日本語の勉強をやめますか。
3. トーマスさんはよく日本人の家に行きましたか。
4. トーマスさんはみっちゃんとどんな約束をしましたか。
5. トーマスさんはどんなことを期待していますか。

【タスク】

次の条件でお礼の手紙を書きなさい。（５００字以内）

・お世話になった先生へ
・近況(きんきょう)を知らせる、先生からいただいた辞書のお礼をいう。

【漢字】

カタカナ：音読み　ひらがな：訓読み

1.	敬	ケイ、うやまう	ehren, achten	尊敬(そんけい)、敬具(けいぐ)
2.	類	ルイ	Sorte, Art, Spezies	種類(しゅるい)、人類(じんるい)
3.	尊	ソン、たっとぶ	hochschätzen, verehren	尊父(そんぷ)、尊兄(そんけい)
4.	謙	ケン	Bescheidenheit, Demut	謙譲(けんじょう)
5.	譲	ジョウ、ゆずる	abtreten, überlassen; nachgeben	譲歩(じょうほ)、移譲(いじょう)
6.	丁	テイ	Erwachsener	丁寧(ていねい)、丁度(ちょうど)
		チョウ	Stück; Häuserblock	
7.	寧	ネイ	Ruhe, Friede; lieber, eher	安寧(あんねい)
8.	位	イ、くらい	Rang, Stellung	地位(ちい)、位置(いち)
9.	菜	サイ、な	Gemüse, Raps	野菜(やさい)、菜食主義(さいしょくしゅぎ)
10.	齢	レイ	Alter, Jahre	年齢(ねんれい)、老齢(ろうれい)
11.	頻	ヒン	wiederholt vorkommen	頻繁(ひんぱん)、頻度(ひんど)

第１０課

12. 韻	イン	Reim	韻律（いんりつ）、音韻（おんいん）
13. 睡	スイ	Schlaf	睡眠（すいみん）、午睡（ごすい）
14. 眠	ミン、ねむる	schlafen	冬眠（とうみん）、春眠（しゅんみん）、
	ねむい	müde, schläfrig sein	眠り薬（ねむりぐすり）
15. 冗	ジョウ	überflüssig	冗談（じょうだん）
16. 捉	ソク、とらえる	fangen, festnehmen; begreifen	捕捉（ほそく）
17. 醒	セイ、さめる	aufwachen; nüchtern werden	覚醒（かくせい）リズム

【漢字テスト】

（　　）の中の漢字を書きなさい。＿＿＿の部分は平仮名をつけなさい。

1. （　　　　）がいくら上手に使えても、人を（　　　　）う気持ちがなけれ
   けいご　　　　　　　　　　　　　　　　うやま

   ば<u>相手</u>に伝わりません。

2. （　　　　　　）に話すことは、日本語を勉強する学生にとって大切です。
   ていねい

3. 春は（　　　　　）の季節と言われています。だからいつも（　　）いです。
   　　　すいみん　　　　　　　　　　　　　　　　　　　　　ねむ

4. 昨日、電車の中に年老いたおばあさんが乗ってきたので、席を（　　　　）って
   　　　　　　　　　　　　　　　　　　　　　　　　　　　　　　ゆず

   あげて喜ばれました。

5. 彼はいつも（　　　　　）ばかり言うので、<u>真面目</u>に話しても誰も信じません。
   　　　　　じょうだん

6. <u>使用</u>（　　　　）の高い言葉を覚えることは大切です。
   　　　　ひんど

7. 「この頃はお（　　　　）がお高いですね。」とは丁寧すぎます。
   やさい

8. 目が（　　）めたら、きれいな朝でした。
   さ

9. 風邪をひいて何（　　　　）もの薬を飲まなければなりません。
   しゅるい

10. 女性の（　　　　）はわかりにくいと言われています。
    ねんれい

11. 人の言葉をあまり悪く（　　　）えない方がいいでしょう。
    とら

【聴解】

次の会話を聞いて下の質問に答えなさい。

1. ジョーンズさんが日本に来て苦労したことは何でしたか。
2. 北川さんはどうして日本の社会には敬語が必要だと言っていますか。
3. ジョーンズさんはどうして平社員でよかったと思っていますか。

【翻訳】

1. Er hielt an meiner Stelle einen Vortrag.
2. Anstatt zu lernen, habe ich mich den ganzen Abend mit meinem Freund unterhalten.
3. Weihnachten fiel letztes Jahr genau auf einen Sonntag.
4. Wie sich inzwischen heraus gestellt hat, litt er seit Jahren unter einer schweren Schlafstörung.
5. Außer einer Aufgabe hat er alle Fragen richtig beantwortet.
6. Weil es anfing zu regnen, kehrten wir auf halber Strecke wieder um.
7. Es ist allgemein bekannt, dass man im Gespräch mit einem Professor zum Beispiel Höflichkeitssprache verwenden muss.

8. Trotz ihrer Bemühungen, wendete sich die Sache nicht zum Besseren.
9. Vielleicht hat er Recht.
10. Zuerst möchte ich meinem Vorgänger Anerkennung zollen.
11. 会議には部長の代わりに，私が行くことになりました。
12. 世界経済は大きく分けて３つのブロックに分類することができます。すなわち、ヨーロッパ，アメリカ、アジアです。
13. 日本には大統領がいませんが、首相がそれにあたるといえるでしょう。
14. 日本ではどちらかというと、昔から女子より男子の方が大切にされる傾向があります。
15. 今すぐ行けば、もしかすると、７時の電車に間に合うかもしれません。急いで。
16. 悲しいのに、我慢して泣きませんでした。
17. 私はどちらかというと、朝型人間の方です。
18. 他人の子供に対して、こころもち甘くなるのは周知のことです。
19. どんな言葉にも丁寧な言いまわしはあるものですが、日本語はより複雑なほうです。
20. あの少年はまだ小さいのに、家のために働いています。感心です。

解答

第一課 Geschichte

Text: Geschichte, die sich nicht wiederholen darf

Seit der Meiji-Restauration war Japan bestrebt, einen modernen Staat aufzubauen, um zu den fortschrittlichen Ländern im Westen aufzuschließen. Aus diesem Grund war eine gemeinsame Kultur des gesamten Volkes, angefangen mit einer Standardsprache, notwendig. Deshalb können heutzutage alle in Japan Japanisch lesen und schreiben und haben eine Kultur, die ihnen ein gegenseitiges Verständnis ermöglicht.

Allerdings darf nicht vergessen werden, dass dadurch, dass in diesem Prozess zu viel Wert auf eine gemeinsame Kultur gelegt wurde, eigene Regionalkulturen vernichtet wurden. Eine davon ist die Kultur der Ainu, der Ureinwohner Japans.

Wir müssen uns außerdem unbedingt damit auseinander setzen, dass Japan den in seinen Kolonien Korea und Taiwan lebenden Menschen sowie denen in den von Japan im Zweiten Weltkrieg besetzten Ländern Asiens ihre jeweils eigene Kultur absprach und ihnen die japanische Kultur aufzwang. So wurden sie zum Beispiel gezwungen, Tempel oder Schreine zu besuchen und ihre Namen nach japanischer Art zu ändern.

Wir Japaner dürfen die Fehler der Vergangenheit keinesfalls wiederholen. Aus diesem Grund müssen wir zunächst den Mut haben, uns mit der Vergangenheit auseinander zu setzen.

Dialog: Ethnische Minderheiten – Ainu

Itō: Wie viele Ainu leben heute in Japan?

Mizushima: Also, Japan ist ein Vielvölkerstaat. Außer Koreanern und Menschen chinesischer Abstammung, hauptsächlich Auslandschinesen, gibt es seit je her Minderheiten, die in Japan leben. Dazu gehören die Ainu. Die Bevölkerungsgruppe, die wir als Japaner bezeichnen, ist mit mehr 126 Millionen Menschen die größte in Japan. Im

	Gegensatz dazu beträgt die Zahl der Ainu in Hokkaido nur 24.000.
Itō:	Warum wurden die Ainu diskriminiert?
Mizushima:	Weil die Meiji-Regierung, die im 19. Jahrhundert gebildet wurde, eine Anpassungspolitik der Ainu an die Japaner durchführte. Der Unterricht fand auf Japanisch statt, die Sitten und selbst die Namen wurde japanisiert. Die Ainu leben angepasst an die Japaner. Aber die Diskriminierung setzt sich auch heute noch fort. Bei der Arbeitssuche oder Heirat kann es zu Problemen kommen. Aber jetzt gibt es eine neue Tendenz: Unter den jungen Leuten hat eine Bewegung zur Wiederbelebung der Ainu-Kultur begonnen.

【語彙】

【本文】

2. Ich habe mich sehr bemüht und die anderen in meiner Klasse eingeholt.

3. Die Bauarbeiten zur Verwandlung in eine moderne Stadt machen tagaus tagein Fortschritte.

4. Lasst uns gemeinsam anstrengen, um die Versetzungsprüfung zu bestehen.

6. Unsere [wörtlich: seine und meine] Gemeinsamkeit ist die Liebe zur Musik.

7. Diese Wohnung gehört mir und meinem Freund gemeinsam.

8. Wichtig ist nicht das Ergebnis, sondern der Verlauf.

9. Die Regierung legt Wert auf die internationalen Beziehungen.

10. Ich möchte möglichst die Spannungen beseitigen.

12. Denk gut darüber nach, was du gemacht hast.

14. Im Zweiten Weltkrieg hat Japan Taiwan besetzt.

17. Niemand darf zur Meinungsäußerung gezwungen werden.

18. Der Premierminister hat den Yasukuni-Schrein besucht.

19. Die Gefangenen wurden zu harter Arbeit gezwungen.

21. Schlechte Gewohnheiten müssen verändert werden.

23. Es dürfen absolut keine Fehler gemacht werden.

第一課 Geschichte

【会話】

1. Es heißt, in Japan gebe es nur eine einzige Nationalität, aber das stimmt nicht.
2. Chinesen, die in die benachbarten asiatischen Länder und nach Amerika gegangen sind, werden als Auslandschinesen bezeichnet; diejenigen, die ihre Nationalität geändert haben als Chinesisch-Stämmige.
3. Die Chinesen machen etwa 20% der Weltbevölkerung aus.
6. Das Unternehmen möchte ausgezeichnete junge Leute anstellen.
8. Nach dem Universitätsabschluss habe ich eine Stelle in einem großen Unternehmen gefunden.

【文法・表現】

1. ～ために （目的）

a. Um ein neues Auto zu kaufen, spare ich jeden Monat 100 Euro.
b. Ich bin nach Deutschland gekommen, um Deutsch zu lernen.
c. Ich fahre im nächsten Jahr nach Japan, deshalb lerne ich jeden Tag Japanisch.

2. ～をはじめ

a. Er spricht nicht nur Englisch, sondern auch Französisch und Deutsch.
b. An der Konferenz nahmen nicht nur alle Industriestaaten, sondern insgesamt 250 Staaten teil.

3. ～ようになる

a. Ich kann endlich das schwierige Japanisch lesen.
b. Bald werde ich den Reiz des Japanischen verstehen.

4. 〜あまり（あまりに〜ので）

a. Vor Schock habe ich das Bett gehütet.

b. Ich bin vor Überarbeitung krank geworden.

c. Aus Liebe zu meinen Kindern habe ich sie überbehütet.

5. 以来

a. Ich lerne seit dem Wintersemester des letzten Jahres Japanisch.

b. Seit ich in die Firma eingetreten bin, habe ich nicht ein einziges Mal gefehlt.

c. Seitdem habe ich ihn nicht mehr getroffen.

d. Seit damals habe ich ihn nicht gesehen.

6. さらに

a. Die Preise sind zweifellos hoch. Außerdem scheinen auch die Fahrpreise erhöht worden zu sein.

b. Wegen des Taifuns regnet es und der Wind ist stärker geworden. Außerdem ist zu allem Unglück der Strom ausgefallen.

7. あるいは

a. Fragen Sie in dieser Angelegenheit mich oder Herrn Tanaka.

b. Ich denke, wir sollten uns diese oder nächste Woche einmal sehen.

【練習】

I

1. (Ziel)　　　a.　行くために、留学するために

　　　　　　　b.　行くために、出るために、のために

　　　　　　　c.　を受けるため、のため

　　　　　　　d.　ために

　　　　　　　e.　のために

第一課 Geschichte 181

2. (zugunsten von)　a.　のために
　　　　　　　　　b.　のために
　　　　　　　　　c.　のために
　　　　　　　　　d.　のため

3. (Grund)　　　　a.　のために
　　　　　　　　　b.　のために
　　　　　　　　　c.　のために
　　　　　　　　　d.　起きたために
　　　　　　　　　e.　来なかったために、遅れてきたために
　　　　　　　　　f.　のおかげで
　　　　　　　　　g.　のおかげで

II

1c, 2b, 3a, 4b, 5b, 6c, 7a

III

1. この問題を調べるために、委員会を作りました。
2. この川の汚染の原因を調べるために、スイスに行かなければなりません。
3. 修士論文の資料を集めるために、日本に行くつもりです。
4. 田辺さんはドイツに行ってドイツ語を勉強するために、会社を辞めます。
5. 娘のために、部屋を掃除しておく。
6. 母のために、花を買う。
7. 父のために、洗車しておきます。
8. 兄のために、映画の切符を買っておきます。
9. 昨日は遅くまで本を読んでいたために、今朝早く起きられませんでした。
10. 労働条件が悪かったために、その会社を辞めました。
11. ストのために、電車が止まりました。

12. 東京のラッシュはすごかったために、疲れました。
13. この機械は大変便利なために、良く売れています。
14. 私は外国語が下手なために、外国に行った時困ります。
15. この問題は複雑なために、なかなか解決できません。
16. 私にとって日本語は簡単だったために、すぐに覚えられました。
17. 長い間病気だったために、学校を一年間休んでいました。
18. 最近は流行語が多すぎるために、古い世代の人は理解に苦しんでいます。
19. サッカーがあったために、車が渋滞しています。
20. この国には言論の自由がないために、言いたいことが言えません。

【まとめ】〜なる

1. Nomen＋になる
- Lehrer werden
- zu regnen beginnen
- 12 Uhr werden

2. な- Adj ＋になる
- sauber werden
- ruhig werden
- berühmt werden

3. い- Adj ＋なる
- wachsen
- teuer werden
- schmackhaft werden

第一課 Geschichte

4. Verb +ようになる

a.
- Seit ich nach Deutschland gekommen bin, gehe ich viel zu Fuß.
- In letzter Zeit lese ich viel.
- Japaner trinken inzwischen auch Wein.

b.
- Seit kurzem kann ich langsam Alkohol vertragen.
- Allmählich kann ich japanische Zeitungen lesen.

c.
- In letzter Zeit gehe ich überhaupt nicht mehr zu Fuß.
- Ich kann keinen Alkohol mehr vertragen.

【内容質問】

【本文】

1. 近代国家を作ることをめざしました。
2. すすんだ欧米各国に追い付くためです。
3. そのために標準語と国民全体が共通の文化を持つことが必要でした。
4. いい結果は、日本中誰でもが日本語の読み書きができ、互いに理解しあえる文化を共有することができるようになったことです。
5. 悪い結果は、地域独自の文化を排除してきたことです。
6. アイヌ人や、日本が植民地とした朝鮮半島や台湾で生活する人たちや、第二次世界大戦において占領したアジア各国の人たちに対してです。
7. それぞれの国の固有の文化を否定したり、神社に参拝させたり、姓名を日本風に改めさせたりしたことです。
8. 地域独自の文化を排除し、日本の文化を強制したことなどです。
9. 過去の事実を正しく見つめる勇気が必要です。

【会話】

1. アイヌ人とは、昔から日本に住んでいた先住民族のことです。
2. 人口が少数の民族のことです。

3. 19世紀に明治政府がアイヌに対して日本人への同化政策を採用したからです。例えば、日本人と同じように、日本の文化に溶け込ませる政策です。
4. 日本語で教育をし、風俗や名前を日本風に改めさせました。
5. アイヌ人や、少数民族に対して今も差別があります。

【作文例】

テーマ：差別

　たくさんの国に差別はとても広まっています。理由は無知や心配などからです。よく人はあまり違いません。ドイツにも差別があります。特に外国人に対してします。多くの人は偏見を持っていますから。たいてい外観と文化的な違いは偏見の起源です。しばしばこの偏見は間違っています。

　日本に差別は小数民族に向けてされます。例えばアイヌや部落民や被爆者などがあります。たびたびこの少数民族は社会によって除名されます。日本の占領の間にたくさんの中国人と韓国人と台湾人は日本へ来ました。この人も少数民族です。今も多くの難儀と短所が仕事や日常生活にあります。

　差別のやり方は違います。侮辱や暴力や除名などがあります。ときどき犠牲者は殺されます。痛ましいではありませんか。それで寛大はとても大切です。

　私は差別されたことがありません。たいてい弱くて多民族と異なっている人が差別されます。社会でとくに目立ちますから。それでこの人たちのほうが多く差別されます。この人たちは不安で孤独な気持ちがします。たいへんしのびがたい気持ちだと思います。差別はとても悪いことです。悪のない人たちに心的にも、肉体的にも痛みを感じとらせます。その悪党の行動は無責任なことです。

　差別は何ですか。それは多層の概念なので、定義をくだすことが難しいと思います。百科事典で差別の定義を調べれば、「差別は人種あるいは素性に基づいて不利に扱うことです」と見つけました。これは正しくても、私は女の人や貧しい家庭の子供などが差別の犠牲になっていると思います。私は差別されたことがありませんが、新聞やインターネットでたくさんの例を知っています。

差別する人はとても不満な人です。不満の理由は例えば失業や退屈や寂しさなどだと思います。さらに、差別する人は自分の不幸とか無能力を他の人のせいにします。だから、潔白な人が安全にいられるように差別を阻止しなければなりません。

【タスク】

http://ja.wikipedia.org/wiki/少数民族

【漢字テスト】

1. 歴史
2. 欧米、お、つ、どりょく
3. 姓名、風、改
4. ひょうじゅんご、ことば
5. 理解
6. 地域、どくじ、必要
7. 政府、政策
8. だいにじせかいたいせん、しょくみんち、せいかつ
9. そつぎょう、就職、どくりつ
10. けっか、過程
11. きぎょう、採用

【聴解】

1. 白老（しらおい）という町にあります。
2. ほとんど違いはありません。
3. はっきりとはわかりません。

【聴解スクリプト】

A：先日北海道の白老という村にアイヌを訪ねに行ってきました。そしてアイヌの人と話をしてきました。

B：そうですか。で、アイヌの人というのは日本人と違うんですか。

A：いいえ、ごく普通の日本人でしたよ。日本語も普通でしたし、でもアイヌ語と言うのがあるんですね。

B：彼らは極普通の日本人の生活をしているんですね。

A：ええ、そうです。日本名があって、私が話した人は普通の会社員として働きながら、時々はこうしてアイヌの村に来て、少なくなっていくアイヌの文化を保存し、語り伝えていこうとしていると言っていました。アイヌに伝わる伝統的な歌や踊りも見てきました。この人達は、先住民族である自分達の文化を少しでも多くの、大和民族、いわゆる日本人に知ってほしいと願っているんですね。

B：で、現在アイヌ人はどのくらいいるんですか。

A：私も同じ質問をしてみたんです。彼は正確にはわからないと言っていました。アイヌ人だということを隠して生活している人々もいるということです。隠さなければ、まだまだ差別が起こる日本社会でもあるのですね。先日、修学旅行で来た生徒から、「おじさん、おじさんはいつも穴の中で熊と一緒に生活しているのかい」と聞かれたと言っていましたよ。

B：皮膚の色が違い、違う文化を持つ人々は世界中に沢山いますよね。でも同じ日本人でありながら、差別するのは悲しいことですね。

A：私も本当にそう思いました。彼と話し合いながら、こうして自分はアイヌ人だと胸を張って言い、その文化を伝え守ろうとする姿勢に感動しました。

【翻訳】

1. アイヌ人は日本の先住民族で、現在主に北海道に住んでいます。
2. 明治政府は1899年アイヌを守るという口実名目のもとに、アイヌの日本人への同化をはかるため、法律を布告しました。
3. 今年は就職難にもかかわらず、彼は卒業のすぐ後、この会社に職を得ました。

第一課 Geschichte

4. 彼女は、傷心のあまり海に身を投げました。
5. 電車におくれないように、私たちは急がなければなりません。
6. この製品はおそらく生産が需要に追い付く見通しがない。
7. この地方には独自の方言があるため、何も分からない。
8. 先月から、雨が全く降らないので、森林火災の危険性が高い。
9. 担当局はあくまでこの事実を否定した。
10. 彼の言葉はようやく皆から真剣に受け止められるようになった。
11. Seit ich in diese Stadt gekommen bin, habe ich viele Freunde gefunden.
12. Bitte übermittle deinem Vater und den anderen Familienangehörigen Grüße.
13. Wegen der Olympischen Spiele, die alle vier Jahre stattfinden, gibt es verschiedene Bauvorhaben.
14. Nachdem ich fünf Jahre Japanisch gelernt habe, kann ich endlich ein wenig japanische Zeitungen lesen.
15. Aus Einsamkeit hatte ich Umgang mit schlechten Freunden.
16. Die Züge streikten und zu allem Unglück schneite es auch noch.
17. Beauftragen Sie bitte entweder Herrn Tanaka oder Herrn Yamanaka mit dieser Angelegenheit.
18. Wegen des Streiks war die Mobilität vieler Leute eingeschränkt.
19. Um dieses Projekt zum Erfolg zu führen, haben die Firmen sich zusammengetan und viele Anstrengungen unternommen.
20. Damit ich später eine gute Arbeit finden kann, muss ich jetzt mit den Vorbereitungen beginnen.

第二課 Moderne Unternehmen

Text: Großunternehmen und kleine und mittelständische Unternehmen

In Japan gibt es sowohl Großunternehmen als auch kleine und mittelständische. Die Großunternehmen können gewöhnlich mit ihren umfangreichen finanziellen Mitteln hervorragende Anlagen kaufen und Waren in großen Mengen billig produzieren. Außerdem können sie Produktionsausstoß und Preis recht planmäßig festsetzen. Demgegenüber gibt es viele kleine und mittelständische Unternehmen, die als Zulieferer der Großunternehmen z. B. Zubehörteile produzieren. Im Vergleich zu den Großunternehmen sind ihre Ausstattung und Geldmittel beschränkt, Produktivität, Löhne und Arbeitszeit unterscheiden sich.

Damit auch die kleinen und mittelständischen Unternehmen überleben, werden verschiedenste Bemühungen unternommen. So wird z. B. versucht, neue Technik einzuführen oder angeregt, das Management zu rationalisieren. Es gibt auch Unternehmen, die über technisches Know-how verfügen, das reich an eigener Kreativität ist, und die in bestimmten Bereichen eine starke Wettbewerbsfähigkeit zeigen. Deshalb sind die Entwicklung der japanischen Wirtschaft und Beständigkeit im Unternehmensmanagement zu wichtigen Aufgaben geworden.

Dialog: Japan und die Rezession

Tanaka: Man kann sagen, dass 1995 historisch gesehen ein wichtiges Jahr für Japan war. Gleich nach dem Schock des großen Kansai Erdbebens erschütterte eine Reihe von Anschlägen der Aum Sekte, angefangen mit dem Saringas-Anschlag auf die U-Bahn, Japan. Hinzu kam, dass nach dem Ende der „Seifenblasen"- Konjunktur eine langanhaltende Rezession die japanische Gesellschaft überschattete.

Machida: Aber konnten denn die Japaner umgekehrt nicht Lehren aus dem Erdbeben und den Aum Anschlägen ziehen? Auf dem Höhepunkt der Seifenblasen-Wirtschaft hatte man den wahren Wert des Geldes vergessen und Luxusgütern nachgejagt. Das Kansai-Erdbeben hat diese materiellen Dinge in einem Augenblick in wertlosen Kram verwandelt. Aus aller Welt wurde danach den Erdbebenopfern Hilfe

第二課 Moderne Unternehmen

angeboten. Das Wichtigste sind nicht Geld oder materielle Güter, sondern das Herz der Menschen, das hat uns das Kansai-Erdbeben gelehrt.

Tanaka: Das kann man auch von den Aum-Anschlägen sagen, oder? Viele junge Leute, die der Aum Sekte beigetreten sind, hatten von Eltern und Lehrern gehört: „Das Wichtigste im Leben ist, auf eine gute Universität zu gehen, in eine gute Firma zu kommen und Karriere zu machen." Zu den Anschlägen ist es wohl leider gekommen, weil sich die jungen Leute wegen ihrer emotionalen Schwäche in eine falsche Lehre verrannten.

Machida: In diesem Sinne ist die gegenwärtige Rezession für Japan und die Japaner eine bedeutsame Phase, um zu überdenken, was wirklich wichtig ist.

【語彙】
【本文】

3. Bei einer Firmengründung ist das Kapital äußerst wichtig.
4. In einer wohlhabenden Gesellschaft wachsen wohlhabende Menschen heran.
5. Die Firma sucht hervorragende Leute für das Management.
   Er ist sehr gut im Firmenmanagement.
6. In der Firma sind Anlageinvestitionen notwendig.
7. Wenn in Massenfertigung produziert wird, kann man die Waren billig zu kaufen.
8. Der Warenpreis ist abhängig von den Personalkosten.
9. Ich warte jetzt auf die Entscheidung des Chefs.
10. Weil ich keine Zeit habe, muss ich systematisch vorgehen.
11. Zulieferbetrieb des großen Unternehmens ist eine Tochterfirma.
12. Die Maschine ist kaputt und (Ersatz-)Teile gibt es nicht. Ich muss eine neue Maschine kaufen.
13. Im Vergleich zu seinen Kanji-Kenntnissen sind meine gering.

14. Es ist schwierig, gutes Personal in Unternehmen mit geringem Lohnniveau zu konzentrieren.
15. Weil die Finanzen der Regierung beschränkt sind, kann die Armut in der Welt nicht beseitigt werden.
16. Zwischen großen sowie klein- und mittelständischen Unternehmen gibt es große Unterschiede hinsichtlich des Gehalts und der Arbeitszeit.
17. Er ist ein Überlebender des Kriegs.
18. Unser Unternehmen hat eine neue Arbeitsorganisation eingeführt.
19. Er studiert Management.
20. Der Gewinn von rationalisierten Unternehmen ist gut.
21. Ich muss mich anstrengen, um gut im Japanischen zu werden.
22. Kreatives Design ist beliebt.
23. A ist gleich B und B ist gleich C, also ist A gleich C.
24. Es wird auf die Entwicklung von originellen Produkten gewartet.
25. Damit Japan seine Wettbewerbsfähigkeit in der Weltwirtschaft erhöhen kann, muss die Internationalisierung der Unternehmen vorangetrieben werden.

【会話】

1. Das Kansai-Erdbeben bezeichnet das große Erdbeben vom 17.1.1995 mit dem Zentrum Ōsaka und Kōbe.
2. Asahara Shōkō hat durch Gedankenkontrolle junge Leute verschiedene Straftaten begehen lassen. Beim Versprühen von Sarin in der Tōkyōter U-Bahn zur morgendlichen Hauptverkehrszeit kamen insgesamt 27 Menschen ums Leben. Diese wahllose Tötung wurde zu einem großen Gesprächsgegenstand. Asahara als Haupttäter wurde im September 2006 zum Tode verurteilt. Jetzt läuft am Obergericht Tōkyō das Berufungsverfahren.
3. In letzter Zeit hat es verschiedene Zwischenfälle gegeben.
4. Eine Reihe von Skandalen in der Regierung hat das Volk wütend gemacht.
6. Zwei plus zwei ist vier.
7. Die Konjunktur der japanischen Wirtschaft ist sehr schlecht.

第二課 Moderne Unternehmen

8. Durch das Erdbeben sind viele Gebäude eingestürzt.
9. Im Zuge der Rezession ist die Zahl der Arbeitslosen gestiegen.
16. Durch das Erdbeben habe ich in einem Moment alles verloren.
18. Ein starker Taifun hat die japanische Inselkette heimgesucht.
21. Er ist schnell zum Direktor eines großen Unternehmens aufgestiegen.
22. Man sollte sich nicht in schlechten Gedanken verlaufen.

【文法・表現】

1. ～もあれば、～もある
a. Unter den Studenten sind sowohl Deutsche als auch Franzosen.
b. In der Welt gibt es Reiche und Arme.

2. ～点で
a. Hinsichtlich der großen Verluste im Zweiten Weltkrieg gibt es Parallelen in Deutschland und Japan.
b. In diesem Punkt stimme ich ihm zu.

3. これに対して
a. In den Industrieländern geht die Zahl der Kinder zurück. Im Gegensatz dazu leiden die Entwicklungsländer unter Bevölkerungswachstum.
b. Im Christentum ist Sünde etwas Schlimmes. Im Vergleich dazu wird im Buddhismus jede Sünde vergeben.

4. ～に比べて
a. Im Vergleich zum älteren Bruder ist der jüngere Bruder im Sport sehr gut.
b. Verglichen mit europäischen Sprachen ist im Japanischen die Grammatik leicht und sind die Schriftzeichen schwer.

5. ～に限りがある

a. Weil mein Einkommen beschränkt ist, kann ich das, was ich haben möchte, nicht kaufen.

b. Aus Zeitgründen haben wir nicht alle Sehenswürdigkeiten besucht.

6. ～に富んだ

a. Das ist ein modernes Auto, das reich an Innovationen ist.

b. Neuerdings habe ich viele Ideen für eine abwechslungsreiche Ernährung.

7. したがって

a. Das Budget reicht nicht aus. Demzufolge kann der Plan nicht verwirklicht werden.

b. Wenn man sich bewegt, verbraucht man Energie, folglich wird man nicht dick.

【練習】

I

1. 世の中貧乏な人もあれば、お金持ちもある。ドイツ人もいれば、中国人もいる。
2. この商品はいいが、値段の点で問題がある。高すぎるのだ。
3. 和食は比較的カロリーが低い。これに対して、欧米の食事はカロリーが高い。
4. ドイツ語に比べて、日本語の文法はやさしいと言われる。
5. いい大学に入れる人数に限りがある。
6. 先生は風邪でお休みです。したがって、今日は休講となります。

II

大企業、中小企業、大量、安く、大企業、設備、資金、生産力、賃金・労働時間、努力、導入、進めたり、競争力、日本の経済発展、経営の安定

第二課 Moderne Unternehmen

【内容質問】
【本文】
1. 大企業と中小企業があります。
2. 豊かな資金ですぐれた設備を買い入れ、商品を大量に安く生産することができる企業のことです。(従業員が千人以上の企業のことです。)
3. 大企業に比べて、設備や資金に限りがある企業のことです。
   （従業員が一人から３００人までの企業のことです。）
4. 生き残りのために、新しい技術の導入をはかり、経営の合理化をすすめるなどの努力をしています。
5. 中小企業です。
6. 日本の経済発展と経営の安定です。
7. 日本では中小企業の割合は99.7％で0.3％だけが大企業です。ドイツではそれより大企業は多いと思いますが、しかし、２％ぐらいでしょうか。
8. たとえば、ボッシュ、ベンツなどの企業です。
9. ドイツでも中小企業は努力をしています。例えば、自動車産業などはソフトウエアなどを新しくして、時代に追いつこうとしています。

【会話】
1. 阪神大震災やオウム真理教事件などがありました。
2. 様々な事件に加えて、不況が日本社会を暗くしています。
3. 大震災やオウム事件から教訓を得ました。
4. 車、宝石、毛皮などといったものです。
5. お金で生活に本当に必要なものを買うことができ、教育などを受けたり、基本的な生活が営めるありがたさです。
6. 人の温かい心です。
7. 分かるように教え諭すことです。
8. 心の弱い人たちです。
9. 人間にとって本当に大切なものは何かを考えなければなりません。

【タスク】

テーマ：日本とドイツの企業

　先ず、私たちは日本にあるドイツ企業の有利・不利などの一般的な情報をお知らせします。その後、ニベア、8X4, Braun, BMWなどのドイツ企業の詳細を説明します。

　日本にあるほとんどのドイツ企業は高利益を上げ、採算が取れています。ドイツ企業の著しい利潤にはたくさんの根拠があります。例えば、上質の商品のために、日本ではドイツのブランドが高く評価されています。また、日本の市場規模や、物価が高水準であるということが、その良い結果を助長しています。さらにドイツ企業は、長期のビジネス関係を持つことを好む日本の法人顧客の利益を得ています。その点で、文化的な相違がビジネス関係に有利に作用すると言えます。また、日本ではあまり外国企業の競争相手が無く、日本の企業よりも外国の企業の方がいろいろと優遇されます。例えば、細事的、あるいは法的なリスクがほとんどゼロに等しいのです。さらに、日本での企業の国際化は、他国に比べて低いので外資系企業には有利となります。しかし、そのほかにも一長一短があります。

　今まで述べた要因が採算性を抑えていますが、近い将来には確実にこれらの障害が取り除かれると思います。

　最近、日本でドイツの製品がますます気に入られ、日本に輸入される主な製品は機械、自動車、化学薬品、消費財です。2007年の輸出総額は13億2千8百10万米ドルになりました。有名な日本にあるドイツ企業はルフトハンザやファルタ、クノールやＢＭＷやフォルックスワーゲンやバイエルなどです。

【中略】

　在日ドイツ商工会議所という組織があります。ドイツ企業に日本の経済制度と規定についての情報を与えています。助言も援助もしています。ですから、日本で地位を得たいドイツ企業はその指示を仰いだ方がいいと思います。

第二課 Moderne Unternehmen

【漢字テスト】

1. 中小企業，大企業
2. 一般的、ゆた，資金、かぎ
3. 労働時間，比
4. 技術力，競
5. 景気，不況
6. 高級品
7. 創造性，しめ
8. 地震、災害
9. いけん、間違
10. たいせつ、教訓
11. ぎゃく、じゅうよう

【語彙テスト】

I

1. 豊かな資金を持ち、従業員も３００人以上の企業のことです。
2. 大企業以外の企業です。従業員も少なく大企業の下請けをしている企業のことです。
3. 多い量のことです。
4. 働いて得る報酬のことです。
   (ほうしゅう)
5. 働く人たちのことです。
6. 給料や能力にある違いのことです。
7. ものごとや考え方を取り入れることです。
8. 壊れることです。
9. 予定より長い期間続くことです。（おおかた悪いことが続くことです。）
10. すべて残らず買ってしまうことです。
11. えらくなって地位が上がることです。
12. 物事が一番盛んな時期のことです。

II
1. 入信した
2. 見舞われた（見舞われそうだ）
3. 差し伸べられた
4. 教訓
5. 資金
6. 課題
7. 災害者
8. に比べ
9. 問い直して
10. 創造性
11. 逆に言えば

【聴解】
1. 大企業で働きたがっています。
2. 給料がよくて、大きな家に住んで、高級車にのっているエリートです。
3. モノを求めるより、精神的な安定が得られることが大切。

【聴解スクリプト】

大企業、中小企業

A： 先生、日本では大企業というのはどのくらいあるんですか。

先生：そうですね。ほんの一握りぐらいしかありません。９０％はいわゆる中小企業です。２－３人の人しかいない小企業も沢山ありますよ。

A： 僕は将来大学を卒業して、大企業で働くビジネスマンになりたいと思っていたんだけど、難しそうですね。

先生：どうして、大企業で働きたいんですか。

A： そりゃ、給料もいいし、エリートでしょう。大きな家に住んで、高級車に乗って。

先生：最近は世界でいろいろな事件が起きていますね。日本でも毎日のように地震が

第二課 Moderne Unternehmen

　　　　起きて、そうするとモノは一瞬のうちに瓦礫になってしまうと思うのですが。
A　：　確かに、そうですが、やはりモノは一つの象徴でしょう。でも先生のおっしゃるようにモノだけでなくて、精神的な安定というのもとても大切だということは分かります。大きな家に住まなくても、いい車に乗らなくても、健康で温かい家族がいればいいなというのも本音ですね。
先生：まだまだ、これから考えていく時間は沢山ありますよ。そのためにもいろいろなことを勉強しなくっちゃね。

【翻訳】

1. 選挙を行うために多くの資金が必要です。
2. 中国は豊かな資源のある国です。
3. 不況のためにどんどん多くの企業が倒産している。
4. アジアの国々は経済の復興のために一連の政策を取った。
5. 正月休の最後の週末の後、授業は予定通り始まります。
6. 彼は通行税によって多くの小さな下請け企業が苦しむことを心配している。
7. 専門家は幼稚園を無料にして、逆に授業料を取ることを表明した。
8. 大地震後、毎日余震が続き、今夜も地面がもう一度揺れるだろう。
9. 一年半前から彼らは薬品会社の大企業と一緒に働いている。
10. すべての時間は限られている。
11. Im Leben gibt es gute und auch schlechte Zeiten. Lasst uns ruhig und ohne Eile leben.
12. Weil meine Leistungsfähigkeit und Zeit begrenzt sind, kann ich diese Arbeit nicht machen.
13. Verglichen mit anderen Städten ist Sendai besonders charakteristisch.
14. Kreative Ideen sind weltweit gefragt.
15. Im Vergleich zum ehemaligen Westdeutschland gibt es im ehemaligen Ostdeutschland noch viel, was verbessert werden muss.
16. Als ich ein Kind war, hat meine Mutter oft gesagt: „Du sollst dich nicht mit anderen vergleichen."
17. Wie Tokio und Hiroshima wurde Dresden während des Zweiten Weltkrieges fast völlig zerstört. Deshalb wurde die Stadt wieder neu aufgebaut.

18. Seine Worte immer voll von Belehrungen, in misslichen Lagen sind sie eine große Hilfe.
19. Für Japaner scheint während der Hochphase der Bubble-Economy Reichtum einfach eine Frage des Geldes gewesen zu sein.
20. Große Unterschiede in der heutigen japanischen Gesellschaft werden mit den Begriffen Gewinner und Verlierer ausgedrückt.

第三課 Ein Menschenleben

Text: Ein Menschenleben dauert 80 Jahre

Vor einer Generation, als man sagte: „Ein Menschenleben dauert fünfzig Jahre", war das Rentenalter der Angestellten auf 55 Jahre festgesetzt. Es war üblich, mit der Familie des Sohnes zusammen zu wohnen, und deshalb verbrachten die Angestellten mit Beginn der Rente ihre Zeit mit Gartenarbeit oder ähnlichem und führten ein ruhiges Leben.

Heutzutage, da „ein Menschenleben achtzig Jahre dauert", hat sich die Situation völlig gewandelt. Die Lebenserwartung hat sich erhöht und die Zeit nach dem Austritt aus dem Berufsleben ist länger geworden. Es ist nicht ungewöhnlich, dass sich die eigenen Eltern noch bester Gesundheit erfreuen, wenn man in Rente geht. Mit „alte Menschen" bezeichnet man heute Menschen ab 65 Jahren. Es gibt viele, die noch mit über 70 Jahren aktiv sind. Dennoch ließ eine Reaktion der Gesellschaft auf die Heraufsetzung des Rentenalters auf sich warten. Erst vor kurzem haben endlich einige Unternehmen begonnen, die Rente mit 60 einzuführen. Die Zahl der Menschen, die nicht auf das Erreichen des Rentenalters warten, sondern „vorzeitig in den Ruhestand" gehen, hat auch zugenommen.

Allerdings wissen Menschen, die seit ihrer Jugend nur gearbeitet und keinerlei Hobby haben, meist nicht, was sie plötzlich mit ihrer Zeit anfangen sollen. Ob man über das Rentenalter hinaus weiter arbeitet, etwas Neues beginnt oder sich seinem Hobby widmet, man muss darüber nachdenken, wie man das zweite Leben verbringen will.

Dialoge: Die Familienstruktur

Dialog 1   (in der Mittagspause in einer Firma)
Murayama: Die Struktur der Familien hat sich in der letzten Zeit stark verändert, oder?
Takeuchi: Ja. Ich habe gehört, es soll Orte geben, an denen viele Familien zusammen wohnen.
Murayama: Leben da Fremde zusammen? Ich glaube aber, weil man als Einzelkind irgendwie einsam ist, ist das nicht schlecht.

Takeuchi:	Da sich der Trend zur Kernfamilie fortsetzt, ist es wohl als Reaktion zu dieser gesellschaftlichen Veränderung gekommen. Aber ich denken, wenn man mit Fremden zusammenlebt, muss man aufpassen, außerdem gehen die Vorzüge der Familie verloren.
Murayama:	Es gibt wohl sogar Orte, an denen nur Männer oder Frauen zusammen wohnen.
Takeuchi:	Das ist vielleicht auch angenehm.

Dialog 2	(geselliges Zusammensein im Kreis der Familie, Mann und Frau)
Mann:	Lange ist es her, so ein ruhiger Sonntag. Ist Fumiko irgendwohin gegangen?
Frau:	Sie geht jetzt jeden Tag zu den Nachbarn zum Spielen. Ihr Kind geht mit Fumiko in eine Klasse.
Mann:	Ach so. Die haben auch nur ein Kind?
Frau:	Ja, aber sie wohnen mit einer anderen Familie zusammen. Es ist wohl recht lebhaft.
Mann:	Hm.
Frau:	Neulich wollte ich was besprechen und bin hingegangen. Da war ein alleinstehender junger Mann, der sich um Fumiko und die Kinder gekümmert hat. Ich war überrascht. Ich habe mich für die Störung entschuldigt. Aber er kann wirklich gut mit Kindern umgehen.
Mann:	In der Firma habe ich auch so was gehört, die Gesellschaft hat sich wirklich verändert.

【語彙】

【本文】

1. Obwohl das Leben eines Menschen lang scheint, ist es kurz.
2. Die heutige junge Generation wird auch irgendwann zur alten.
3. Mein Vater hat dieses Jahr die Dienstaltersgrenze erreicht.
4. Ich habe einen Sohn und eine Tochter.

第三課 Ein Menschenleben

5. Da sich die Generationen unterscheiden, wird das Zusammenleben schwer.
6. Mit der Pensionierung im letzten Jahr hat das zweite Leben begonnen.
7. Mein Hobby sind Topfpflanzen, vor allem Bonsai.
9. Ein ruhiges Leben mit Zeit und Geld ist ideal.
10. Ich gehe mal nach den Kindern schauen. Sie lernen wohl ruhig im Zimmer.
11. Die durchschnittliche Lebenserwartung der Japaner ist weltweit am höchsten.
12. Wenn sich die Lebensdauer verlängert, verändert sich auch das Menschenleben.
14. Geht es Ihren Eltern gut?
16. Eine Gesellschaft mit vielen Senioren wird überalterte Gesellschaft genannt.
17. Ich wünsche Ihnen viel Erfolg.
19. Die Reaktion des Landes auf das Unglück kam zu spät.
20. Ich wurde von einem führenden Unternehmen angestellt.
21. Weil die Berichte über das Erdbeben (nur) langsam kommen, ist das Ausmaß des Schadens nicht bekannt.
22. Die Kinder begeistern sich für Computerspiele.

【会話】

1. Im Japanischen gibt es keinen Plural.
2. Es gibt die Redensart: Die nahen Fremden sind einem lieber als die fernen Verwandten.
3. Ich bin ein Einzelkind.
5. Was ist besser, die Kernfamilie oder die Großfamilie?
6. Die japanische Technik ist fortschrittlich.
7. Als Reaktion auf den harten Prüfungskampf, habe ich nicht an einer Universität studiert.
9. Weil der Chef heute nicht da ist, kann ich ganz unbekümmert sein.
11. Ich kümmere mich um Senioren.

【文法・表現】

1. 〜たものです

a. Als Kind habe ich of bis zum Dunkelwerden draußen gespielt und wurde von meiner Mutter ausgeschimpft.

b. Als Student habe ich fleißig gelernt.

2. 〜ままに

a. Wenn man das Leben doch nur so leben könnte, wie man es sich vorstellt.

b. Schreiben Sie den Aufsatz so, wie Sie es sich denken.

3. 〜とは言え

a. In der letzten Zeit hat sich die wirtschaftliche Situation Japans etwas verbessert, dennoch hat die gesamte Konjunktur noch nicht nachgelassen.

b. Heutzutage gibt es Lebensmittel in ausreichender Menge. Trotzdem gibt es noch Menschen die an Hunger sterben.

4. やっと

a. Es ist Herbst geworden und endlich angenehm kühl.

b. Ich habe fünf Jahre lang Japanisch gelernt und kann endlich etwas sprechen.

5. 〜ずに（ないで）

a. Wir warten nicht auf ihn, lass uns gehen.

b. Ohne den Lehrer zu fragen, darf man nicht eigenwillig handeln.

第三課 Ein Menschenleben

6. ～にとって

a. Das Buch ist zwar sehr billig, aber für mich eine wichtige Erinnerung.

b. Für Eltern ist jedes Kind wichtig.

7. ～そう（伝聞）

a. An diesen Olympischen Spielen sollen mehr als 200 Länder teilgenommen haben.

b. Kürzlich soll ein neues japanisches Restaurant eröffnet worden sein.

8. なんか

A: Ich habe Hunger.

B: Sollen wir etwas essen? Wie wäre es z. B. mit Sushi?

A: Gut, lass uns gehen.

9. それに

a. Ich muss Schriftzeichen üben, die Grammatik lernen und außerdem noch ein Referat schreiben.

b. Meine Eltern, Geschwister und sogar die Nachbarn sind zu meiner Verabschiedung gekommen.

10. ～たら

a. Als ich neulich durch die Stadt gelaufen bin, habe ich zufällig einen alten Freund getroffen.

b. Als ich gelernt habe, kam ein Anruf von einem Freund und ich wurde in die Disko eingeladen.

11. の

a. Wohin gehst du?

b. Die Ferien werde ich in Frankreich verbringen.

12. 〜んですって

a. Das neue Restaurant soll sehr gut sein.

b. Es heißt, er/sie fährt morgen nach Japan.

13. のよ

Ich werde heiraten.

14. な

a. Es gibt unterschiedliche Menschen auf der Welt.

b. Toll. Ich kann schon so viel sagen.

【練習】

I a. Studenten müssen studieren.

子供は親の言うことに従うものだ。

レストランで食事をしたら、支払うものだ。

    b. Als ich Kind war, hat mir meine Mutter oft vorgelesen.

子供の頃はよく暗くなるまで外で遊んだものだ。

昔彼と、あの公園をよく散歩したものだ。

    c. Die Kinder werden so schnell groß. Jetzt heiraten sie schon.

時間がたつのは早いものだ。あれからもう1年ですね。

年を取るのは早いものですね。

II Ich bin ohne Geldbörse zum Einkaufen gegangen.

Weil ich keine Geldbörse dabei hatte, konnte ich nichts kaufen.

ご飯を食べずに来たから、お腹がすいてきました。

ご飯を食べなくて、力がはいらなかった。

学校に行かずに、映画を見に行った。

長い間学校に行かなくて、クラスについていけなくなった。

第三課 Ein Menschenleben

III
1. 閉めずに
2. 使わずに
3. 来ないので
4. 合格しないで

IV (Beispiele)

Ich habe für dich gekocht. Bitte.

Für mich sind Kinder am wichtigsten.

Für einen Japaner ist er groß.

【内容質問】
【本文】
1. 一世代前(約２５年前)のことです。
2. その頃は植木の手入れをしたりしていました。
3. 寿命が延びて、引退後の時間が長くなったから。
4. こうした定年後の人々の生活を考えなければなりません。
5. 定年まで、会社で使われるのではなく、新しい人生を始めたいから
   かもしれません。人によって理由はいろいろあるでしょう。
6. 若いときから、仕事だけに生きてきたので、何の趣味も持っていないから。
7. 定年退職した後、新しい第二の生活が始まるからです。

【会話】
1. 両親と子供だけの家族のことです。祖父母は含まれていません。
2. 祖父母の世話や子供の世話の問題が出てきます。
3. 丁寧体

夫： 久しぶりですね。このような静かな日曜日は。ところで文子はどこへ行きましたか。

妻： この頃は毎日お隣のお宅に遊びに行っています。文子と同級生の子がいます。

夫： そうですか。その家も核家族なのですか。

妻： そうです。しかし、他の家族と同居しているので、にぎやかなのだそうです。

夫： そうですか。

妻： この間、ちょっと用事があってお邪魔したら、若い独身の男性が文子や子供たちの世話をしていました。びっくりしました。いつもすみませんって挨拶しましたが、彼は実に子供の扱いが上手でした。

夫： そうですか。会社でもそのような話を聞きましたが、社会が変わってきたのですね。

【作文例】

核家族：長所

　　　　親子だけでのんびり自由に暮らせる。
　　　　部屋の数が少なくて済む。子供も自分の部屋が持てる。
　　　　毎日、食事を作らなくてもいい。

　　　短所
　　　　子供が病気になったとき、預けるところがなく困る。
　　　　両親が共稼ぎの場合、子供がさびしく、悪い仲間に入ってしまう。

大家族：長所

　　　　いつもにぎやかである。
　　　　誰かが子供の世話ができ、子供はさびしくない。
　　　　子供は色々な世代の人たちと、交流ができる。
　　　　色々な知恵を得ることができる。

　　　短所
　　　　家は大きくなければならない。
　　　　年寄りが病気になった場合、共稼ぎはできなくなる。
　　　　毎日の食事のしたくが大変である。

第三課 Ein Menschenleben

【タスク】

http://www8.cao.go.jp/kourei/whitepaper/w-2006/gaiyou/html/ig110000.html

http://ja.wikipedia.org/wiki/高齢化社会

【漢字テスト】

1. 定年、むか、夫婦、しゅみ
2. さいきん、かがく、はったつ、寿命、の
3. 珍、隣人
4. 活躍、数
5. 政府、対応、おそ
6. 一緒、暮、さび
7. 核家族、りょうしん
8. ふくざつ
9. 暇、熱
10. きょういく、制度

【聴解】

1. ５０歳でした。
2. 比べることは難しいです。何故なら現在は物質的には幸せだが、精神的には昔の方が充実していたからです。しかし、孫と一緒の現在の幸せもあります。
3. おじいちゃんやおばあちゃんから学ぶ知恵は大切で、昔のことがいろいろ聞けるから。

【聴解スクリプト】長寿国，日本

孫：　ね、おじいちゃん、おじいちゃんの若い頃はどんなだった。

祖父：　わしの若い頃か。戦争中でモノはなくて、食べ物も少なかったよ。いつもお腹がすいていたね。終戦後も日本は本当に貧乏だった。だからあの頃は日本人の平均寿命は５０才ぐらいだったかな。何しろ多くの若者が戦争で亡くなったんだよ。

孫： そうなんだ。今は男性が７８歳、女性が８６歳と世界で一番の長寿国日本と言われているのにね。

祖父： ああ、そうだね。いい世の中になったね。何でも好きなものが食べられて、どこでも好きなところにアッというまに行けてね。わしらの若いときには考えられなかった世の中になったな。わしも悠々自適でこうして、好きな庭仕事やゴルフをして楽しめるのだから、感謝しなくちゃね。

孫： そうなの、おじいちゃんは本当に幸せなの。昔と比べてどう。

祖父： それは難しい質問だね。確かに世の中は幸せになったが、じゃ、今が幸せかというと，物質的には幸せだが、精神的には若い頃のほうがもっと充実していたかな。なにしろ明日はどうなるかわからないという状態だったからね。ピーンと張り詰めた生活だったよ。でも、今は恵と一緒に話ができて、やはり幸せだね。

孫： 恵もそうよ。友だちのうちなんか、おじいちゃんやおばあちゃんとは別々に住んでいて、昔の話なんか聞けないんですって。いわゆる核家族っていうのかしら。そんなの寂しいよね。おじいちゃん、いつまでも健康で長生きしていろいろなこと教えてね。

祖父： そうだね。まだまだ、わしにもやることがあるんだから、せいぜい長生きしなくちゃね。

【翻訳】

1. 彼は数年間趣味をやってみて、彼流のスタイルを見つけた。
2. 2007年のドイツの平均寿命は新生児の男子は76.6歳で、新生児の女子は82.1歳でした。
3. 彼はさよならも言わずに立ち去った。誰も何がおこったか知らなかった。
4. パーティーに行く気分じゃない。それに適当なスーツもない。
5. 木々の葉が落ちて庭は本当にわびしく見える。
6. 本当に助かります。
7. 電車の路線は隣町まで延びた。
8. 工事は速く進んだ。

9. 事故後、彼はサーフィンにたいする興味を失った。
10. 4月でも朝は本当に寒い。
11. Während meiner Schulzeit war ich oft mit Freunden zusammen im Kino.
12. Die Zeit vergeht wirklich schnell! Schon wieder geht ein Jahr vorbei.
13. Weil das Wetter heute Morgen gut war, bin ich ohne Regenschirm zur Universität gekommen.
14. In der Japanologie lerne ich seit vielen Jahren Japanisch. Trotzdem kann ich Zeitungen nicht problemlos lesen.
15. Schreiben Sie Ihren Aufsatz so, wie Sie denken.
16. In der letzten Zeit fahren jungen Leute ohne über Kulturunterschiede oder ähnliches nachzudenken ins Ausland. Deswegen haben einige auch schlechte Erfahrungen gemacht.
17. Seit kurzer Zeit kann ich endlich mühelos etwas Japanisch sprechen.
18. Welche Bedeutung hat die Yasukuni-Debatte für die junge Generation, die den Krieg nicht erlebt hat?
19. In letzter Zeit ist es in Japan auch für die Alten schwierig geworden, ein ruhiges Leben zu führen.
20. In jedem Zeitalter ist ein System notwendig, das der gesellschaftlichen Realität entspricht.

第四課 Bildung

Text: Das Bildungssystem und die Erziehungsidee

In der Edō-Zeit waren die Schulen für die Kinder der Hatamoto und die Daimyatsschulen die Institutionen für Wissenschaft und Bildung. Das einfache Volk erhielt seine Bildung in Tempelschulen. In den Jahren 1854 bis 1859 wurde eine Bildungsstätte für das Studium westlicher Wissenschaften gegründet. Diese und andere Einrichtungen wurden dann später zur Tōkyō Universität. Zum Ende der Tokugawa-Zeit entstanden Schulen des Bakufu, an denen japanische Sprache, klassische chinesische Literatur (*kangaku*), europäische Wissenschaften (*yōgaku*) und westliche Medizin gelehrt und erforscht wurde. Zum Ende des Tokugawa-Shōgunats war eine plötzliche Zunahme von Schulen für Samurai in den Lehnsgebieten in Nachahmung des Shōgunats zu verzeichnen. Vom Ende des 18. Jahrhunderts bis ca. Mitte des 19. Jahrhunderts gab es 150 Schulen.

Die Tempelschulen für das einfache Volk nahmen von 1716 bis 1733, den Jahren, die für die Entwicklung der Schicht der Stadtbewohner bedeutsam waren, schnell zu. Sie genossen zwar den Schutz von Shōgunat und Domänen, gleichzeitig wurden aber zur Erhaltung des feudalen Systems die Bildungsinhalte beschränkt. Neben den Tempelschulen wurden auch Dorf- und Privatschulen gegründet. Neben den Schulen für Samurai in den Domänen war es Aufgabe der Dorfschulen, die Kinder der Samurai und das einfache Volk auszubilden. Bis zum Ende der Tokugawa-Zeit belief sich die Zahl dieser Schulen auf 125. Mit Beginn der Meiji-Zeit sollen Hunderte Dorfschulen gegründet worden sein. Die Tempelschulen und die Dorfschulen bildeten die Grundlage für die späteren Grundschulen.

Die einheitliche Bildungspolitik der Meiji-Regierung, angefangen mit dem „Erziehungsgesetz" von 1872, über den „Erziehungserlass" von 1879, den „Schulerlass" von 1886, bis hin zum Kaiserlichen Erziehungserlass von 1890, begründete die nationalistische Erziehung. Bis zur Kriegsniederlage 1945 wurde dies zur Leitideologie der Bildung.

第四課 Bildung 211

Dialog: Sinkende Geburtenrate und Verhätschelung

Itsuki: In letzter Zeit findet man in der Zeitung immer häufiger Berichte über die sinkende Geburtenrate und die Überalterung.

Matsumoto: Die Zukunft Japans bietet Grund zu Besorgnis. Oder anders gesagt, wie wird es wohl sein, wenn unsere Kinder erwachsen sind? Da unser Kind auch ein Einzelkind ist, tendieren wir natürlich dazu, es zu verwöhnen. Wir Eltern erziehen das Kind zur Selbständigkeit, aber dann sind da ja noch die Großeltern. Vor kurzem gab es da auch einen entsprechenden Vorfall. Nach langer Zeit sind wir zum O-Bon Fest in meine Heimat aufs Land gefahren und haben uns mit der Familie meines Bruders getroffen. Das war eigentlich nach so langer Zeit sehr schön, aber dann begannen unser Kind und das Kind meines Bruders sich beim Spielen zu streiten und zu rangeln. Mit einem Wort eigentlich ganz normal. Da kam die Großmutter, die eigentlich still hätte zusehen sollen, herbeigeeilt und mischte sich ein. Meine Brüder und ich haben als Kinder auch mit einander gerangelt und gestritten. Aber danach haben wir uns gleich wieder vertragen. So etwas kam immer wieder vor und so lernten wir recht gut, verschiedenste Regeln unserer Gesellschaft verstehen.

Itsuki: Wegen der sinkenden Geburtenrate scheinen die Kinder nicht mehr zu wissen, was Geduld ist. Das sagen die Lehrer heute auch. Wenn sie etwas nicht können, geben sie gleich auf. Außerdem gehen sie nicht nach draußen zum Spielen. Sie sitzen zu Hause allein am Computer und sprechen mit niemandem. Das heißt, dass es unmöglich für sie wird, mit jemandem zu zusammenzuarbeiten. Wie wird das wohl, wenn diese Kinder in die Gesellschaft eintreten? Wenn sie eine Arbeit nicht erledigen können, geben sie gleich auf. Die Zusammenarbeit mit den Kollegen wird schwächer. Und dann geben sie Arbeit ganz auf. Wie soll das nur werden?

Matsumoto: Auch wenn es schwierig ist, haben wir nur ein Kind. Ich war das jüngste von fünf Kindern und wurde immer von meinen Brüdern schikaniert. Aber auch wenn wir uns gestritten haben, habe ich doch vieles gelernt. Und als Erwachsene haben wir immer noch ein gutes Verhältnis.

【語彙】

【本文】

7. Die Regierungsinstitutionen wurden errichtet.
9. Zum Ende der Tokugawa-Zeit wurde vom Westen plötzlich ein Ende der Landesabschließung gefordert.
10. Für die Olympischen Spiele wurden zusätzlich neue Hotels gebaut.
11. China hat in der letzten Zeit eine beachtliche Entwicklung genommen.
12. Die Eltern müssen kleine Kinder behüten.
13. Für eine wohlgeordnete Gesellschaft gibt es Gesetze.
14. Die Aufrechterhaltung der politischen Macht ist nicht einfach.
16. Ich bin an der Universität durchgefallen, deshalb lerne ich jetzt fleißig an einer Privatschule.
17. Er/sie hat seine/ihre Rolle als Premierminister/-in erfüllt.
18. In Japan gibt es das 6334-Schulsystem.
21. Es war wirklich schwer, die Arbeit zu schreiben.
22. Wenn man eine Grundlage im Japanischen hat, macht man schnell Fortschritte.
23. Das demokratische System wurde errichtet.
24. Japan hat im August 1945 den Krieg verloren.
25. Unter strenger Anleitung kann man eine Arbeit selbständig erledigen.
26. Jedes Unternehmen hat seine Unternehmensphilosophie.

【会話】

2. In der letzten Zeit verstärkt sich der Trend zu weniger Kindern, fast alle Familien haben nur ein oder zwei Kinder.
3. Die Großeltern tendieren dazu, die Enkelkinder zu verhätscheln.
4. In den vorhandenen Unterrichtsstätten ist die Arbeit der Lehrer nicht leicht.
5. Wegen einer Krankheit musste ich meinen langjährigen Traum aufgeben.
6. In der letzten Zeit scheint es die Tendenz zur Abkehr von Schriftzeichen zu geben.
8. Schwacher Kaffee wird amerikanischer Kaffee genannt.

第四課 Bildung

9. Auch wenn früher die Samurai Hunger hatten, haben sie geduldig ausgeharrt. „Ein Samurai zeigt seinen Hunger nicht."
10. Eltern müssen das Unabhängigkeitsgefühl der Kinder heranbilden.
11. Erwachsene sollten sich nicht in Streitereien von Kindern einmischen.

【文法・表現】

1. ～わけ

a. Die Ehefrau meines älteren Bruders ist meine Schwägerin.

b. Kein Wunder, dass es kalt ist. Draußen schneit es.

2. のちに

a. Vor der Vereinigung war Bonn die deutsche Hauptstadt, nach der Vereinigung wurde es Berlin.

b. Nach seinem Universitätsabschluss ist er ein berühmter Arzt geworden.

3. ～にならって

a. Bitte schreiben Sie nach dem Muster die Schriftzeichen schön auf.

b. Während des Auslandsaufenthaltes ahmen die Studenten die Japaner nach und eignen sich japanische Gewohnheiten an.

4. ～を数える

a. Die Zahl der kulturellen Einrichtungen dieser Stadt beträgt 300.

b. Auf dem Konzert sollen 1000 Leute gewesen sein.

5. ～の目的から

a. Die Schulpflicht wurde mit dem Ziel eingeführt, dass alle Japaner lesen und schreiben können.

b. UNICEF wurde mit dem Ziel gegründet, dass alle Kinder der Welt glücklich werden können.

6. ～と並んで

a. Fahrzeuge und Maschinen sind die Hauptexportgüter Deutschlands.

b. Toyota und Nissan sind berühmte japanische Autohersteller.

7. 役割を果たす

a. Bis das Kind erwachsen ist, müssen wir die Rolle als Eltern spielen.

b. Nächstes Jahr endet seine vierjährige Amtszeit als Präsident. Er wird seiner Rolle gerecht geworden sein.

8. ～に始まり、～に至るまで

a. Vom Saubermachen bis zum Kochen hat sie sich perfekt auf den Empfang der Gäste vorbereitet.

b. Vom Kindergarten bis zur Universität habe ich viele Freunde gefunden.

9. 傾向がある

In letzter Zeit gibt es die Tendenz zum Rückgang der Geburten.

10. すなわち

Japans Hauptstadt, also Tōkyō, ist weltweit eine namhafte Großstadt.

11. いわば

Heidelberg ist gewissermaßen meine zweite Heimat.

12. その上（に）

Es ist dunkel geworden und außerdem hat es angefangen zu regnen.

13. ～いいものを

Obwohl es besser gewesen wäre, es nicht zu sagen, hat sie die entscheidenden Worte gesagt.

【練習】

I

1. 昨日、ギリシャで大きな山火事があったそうです。
   昨日、ギリシャで大きな山火事があったということです。
   昨日、ギリシャで大きな山火事があったんですって。
   昨日、ギリシャで大きな山火事があったと聞きました。
2. 田中さんは来年結婚するそうです。
   田中さんは来年結婚するということです。
   田中さんは来年結婚するんですって。
   田中さんは来年結婚すると聞きました。
3. 彼は昨晩ほとんど寝ていないそうです。
   彼は昨晩ほとんど寝ていないということです。
   彼は昨晩ほとんど寝ていないんですって。
   彼は昨晩ほとんど寝ていないと聞きました。
4. 山中さんは日曜日町で財布を盗まれたそうです。
   山中さんは日曜日町で財布を盗まれたということです。
   山中さんは日曜日町で財布を盗まれたんですって。
   山中さんは日曜日町で財布を盗まれたと聞きました。
5. 来年からまたガソリンの値段が上がるそうです。
   来年からまたガソリンの値段が上がるということです。
   来年からまたガソリンの値段が上がるんですって。
   来年からまたガソリンの値段が上がると聞きました。
6. あの人はすべてをあきらめたそうです。
   あの人はすべてをあきらめたということです。
   あの人はすべてをあきらめたんですって。
   あの人はすべてをあきらめたと聞きました。

II

1. 寒いわけです。
2. 試験に合格しなかったわけです。／ 試験に落ちたわけです。
3. 幸せそうなわけです。
4. 日本語が上手なわけです。
5. 彼女は会社を休んでいるわけです。／ 彼女は心配そうなわけです。
6. 日本についてよく知っているわけです。／ 日本語がよくできるわけです。
7. お腹が一杯なわけです。
8. 試験に受かるわけです。
9. きれいなわけです。／ スマートなわけです。
10. ドイツ語が上手なわけです。

III

1. Weil das Fenster offen war, ist es kalt.
2. So ein Schriftzeichen ist keine Kunst.
3. Du musst morgen an der Besprechung teilnehmen, weil der Direktor aus der Zentrale kommt.
4. Es heißt nicht, dass ich es nicht mag, ich möchte jetzt nur nichts essen.
5. Es ist nicht so, dass alle Deutschen Bier mögen.
6. Er kann heute unmöglich hierher kommen, weil er jetzt in Japan ist.
7. Ich muss heute früh nach Hause gehen, weil mein Kind Geburtstag hat.
8. Es gibt keinen besonderen Grund, aber ich möchte heute früh nach Hause gehen.
9. Warum bist du zu spät gekommen? Bitte erklär es.
10. Weil [die Wohnung] mitten im Zentrum der Stadt ist, ist die Miete natürlich hoch.

IV

1-10, 2-11, 3-7, 4-5, 6-12, 8-9

第四課 Bildung

V

1. 頭がよくても皆が幸せになれる<u>わけではない</u>。
2. このことは大切ですから、上司に<u>伝えないわけにはいかない</u>。
3. 彼のことですから、<u>来ないわけがない</u>。
4. 彼は入院していますから、大学に<u>来られるわけがない</u>。
5. せっかく彼女が私のために作ってくれた料理ですから、<u>食べないわけにはいかない</u>。
6. ドイツ人が皆ビールが<u>好きなわけではない</u>。
7. 彼は正しいのですから、<u>間違っているというわけにはいかない</u>。
8. <u>できないわけです</u>。全然勉強しなかったのですから。

【内容質問】

【本文】

1. 昌平校や藩校などがありました。
2. 寺子屋がありました。
3. １８５４年から５９年ごろに作られました。
4. 西洋の学術や国学、漢学、西洋医学などが教えられていました。
5. 授業は寺で、僧侶によって行われましたから。
6. １７１６年から３３年にかけて数が増えてきました。
7. 封建制を維持する目的から。
8. 各藩で武士の子弟の教育と庶民教育の役割があった。
9. 寺小屋や郷学です。
10. １８８６年から９０年にかけて確立されました。

【会話】

1. 少子化、高齢化について記事を読みました。
2. 子供が少なくなることです。
3. 親又は祖父母が子供にしたい放題にさせることです。／　親が子供を甘やかすことです。
4. 『生きる力』が最近の子供は弱くなっているということがわかりました。

5. 体の力と心の力を合わせた力のことです。
6. 少子化と過保護の傾向から、すぐにあきらめてしまうから。
7. 理由はいくつかあります。
8. 一人で遊ぶために、他の子供と協調しようとしないからです。
9. 少子化から子供が少なく、親は過保護になります。
10. 自分一人でものごとをすることです。／　他人に頼らずに独立することです。
11. 自立心をもって、外で元気に遊ぶ強い子供であるべきだと考えています。

【タスク】

ドイツと日本の学校教育

　最近私は大きく違う日本とドイツの教育についての記事を読みました。無学なドイツの幼児がまだ砂場で遊ぶ間、日本の幼児はすでに平仮名の文字を学ばなければなりません。これによって論理的な考えが教えられます。ドイツでと同じように、日本での学校教育は保育園ではじまります。これで仲間意識が教えられます。小学校と中学校への進学は義務であり、この学校は私たちの学校に多少類似しています。中学校を卒業した後、９４％の生徒は高等学校に進学します。したがって、高校への進学率はドイツより日本の方が高くなっています。

　そのため，日本はピサの調査でよい結果が得られました。ドイツのギムナジウムの卒業試験に比べると日本の大学の入学試験はもっと難しいでしょう。従って、たくさんの高校生は試験の準備として塾に行きます。この塾は夕方に行われるので、若い日本人は友達と趣味の時間がありません。達成への圧力が強いので、大勢の高校生は心理的な病気になります。メディアはこの問題を試験地獄と呼んでいます。それに比べて、私の学校時代にはディスコや映画館や友だちのためにたくさんの時間がありました。私は社会的な面にも気にとめなければならないと思います。

第四課 Bildung

【漢字テスト】

1. 幕末、かず、武士、しょみん
2. 機関、しょうへいこう、はんこう、てらこや
3. 敗戦、著
4. ほうけんせい、いじ、学問、内容
5. せんご、へ、がまん
6. われわれ、さいきん、過保護、傾向
7. いっぱんてき、おや、かんしょう、きら
8. おやこ、かんけい、薄
9. せんもん、きそ

【聴解】

1. 字の読み書きができる人のパーセンテージ
2. 江戸時代になってからです。
3. 一人二人の子供に高い教育を受けさせるためにたくさんのお金が要る。たくさんのお金が要るから、子供がたくさん持てないこと。

【聴解スクリプト】教育制度

A： 日本人の識字率は世界で一番高いと言われていますが、どうしてですか。

B： そうですね。日本では江戸時代からすでに一般庶民に対する教育が行われていたのです。普通の庶民が読み書きをする必要は，多分町人階級が増えた頃に著しくなったんだと思いますね。

A： それは、商売のための計算とか、記録とかで文字が必要になったということですか。

B： そうですね。もちろん日本ではすでに平安時代にも貴族も中国から伝わった文字で読み書きできたわけですが、一般庶民に広がったのは260年続いた江戸時代になってからといえますね。

A： 明治に入ってから、新政府はヨーロッパに使節団を送り、欧米の憲法や施設を設けるための参考にしたと聞きましたが。

B： そうですね。明治の憲法はドイツやフランスからの影響が強いのです。このように、日本人はいろいろな国から、いいものを採り入れて、自ら学んできたと言えます。敗戦後、日本はアメリカによって大きく変えられ、新憲法もできあがり、今のような6334制の教育制度ができたのです。そして最初の9年は義務教育となりました。当時の貧しい日本では義務教育のために子どもを学校に通わせるのを拒む親もいました。子どもは昔から一家の働き手だったのですね。

A： 今のような受験地獄など考えられない頃ですね。

B： 日本のような資源の少ない国では、みんな一生懸命勉強しなければ、他国との競争に勝てないのと、勤勉な日本人の教育に対する考え方がエスカレートしていったんですね。

A： 日本では教育費が大変高いですね。

B： ええ、だから、親は１、２人しか子どもを持てない。どの子にも等しく教育を受けさせるためには法外なお金がいるからなんです。

A： １、２人の子どもに高い教育を受けさせるために沢山のお金が要る。お金が要るから、子どもは沢山持てない。これでは悪循環ですね。

【翻訳】

1. 癌の基礎研究で基幹細胞が特別な役割を果たしている。
2. 息子は父親の跡を継いで、医者になった。
3. 私は職業選択について両親と大きな喧嘩をした。
4. 少子化はどんな問題をもたらしますか。
5. 約１００年たつ古い建物が新しい顔を持つ。すなわち新しい１５０平方メートルの大きいロビーが増築された。
6. 食料品の値段は上昇する傾向にある。
7. 彼女は学問研究を進めるためにアメリカに行きたがっている。
8. 交通事故の被害者の数が突然増えた。
9. この古い寺を維持するには、一年あたり３億円かかる。
10. 休みに日本に行くのをあきらめなければならなかった。
11. Er kann nicht kommen, weil er wegen eines Unfalls im Krankenhaus liegt.

12. Ich habe die deutsche Aussprache gelernt, indem ich die Deutschen nachgeahmt habe.

13. In letzter Zeit scheint es den Trend zu weniger Kindern und zur späten Heirat zu geben.

14. Die deutsche Hauptstadt, also Berlin, hat ungefähr 3,5 Millionen Einwohner.

15. Um es mal so zu sagen, ich verdanke ihr mein Leben.

16. Ich habe Fieber, fühle mich schlapp und mir ist übel.

17. Überalterung und sinkende Geburtenrate sind große Probleme in Industrieländern.

18. Weil ich das Ziel habe, nach Japan zu fahren, spare ich jetzt, so gut ich kann.

19. Nachdem Goethe seine Jugend in Leipzig verbracht hatte, ging er nach Italien.

20. Er hat seine Aufgaben als Angestellter erfüllt und ist mit Erreichen der Altersgrenze in Pension gegangen.

第五課 Essgewohnheiten

Dialog: Ein reichhaltig und vielfältig gedeckter japanischer Tisch

Jones: Vielen Dank für die Einladung neulich zu dem sehr guten japanischen Essen. Es war sehr schön. Ich glaube, dass sich die tägliche Hausmannskost aber davon unterscheidet.

Suzuki: Ja, zu Hause machen wir gehaltvolleres Essen.

Jones: So ist das überall mit Hausmannskost, oder? Was essen Sie normalerweise?

Suzuki: Japaner haben beim Essen die traditionelle Vorstellung von Hauptspeise und Beilage: Reis ist Hauptspeise, Gemüse, Fisch oder Fleisch sind die Beilagen.

Jones: In letzter Zeit hat man auch in Amerika japanisches Essen als Essen mit wenig Kalorien im Blick. Zum Beispiel gibt es immer mehr Menschen, die Tofu essen. Dass das Fleischessen Verbreitung fand, ist auch nicht so lange her, oder?

Suzuki: Fleisch isst man schon seit sehr langer Zeit. Durch den Einfluss des Buddhismus haben die Menschen damit aufgehört. Mit Beginn der Meiji-Zeit lebte das Fleischessen aber wieder auf. Seit der Meiji-Zeit gewöhnte man sich auch daran, Brot zu essen und vor allem nach dem Zweiten Weltkrieg verbreitete sich dessen Verzehr. In letzter Zeit werden auch verschiedenste Fertigprodukte immer populärer. Im Vergleich zu früher sind die Essgewohnheiten der Japaner wirklich vielfältiger geworden.

Jones: Welche ausländischen Gerichte essen Japaner zu Hause?

Suzuki: Seit der Vorkriegszeit gibt es bei der Hausmannskost westliche und chinesische Gerichte. „Curry-Reis", ein Curry-Gericht indischer Art, ist schon seit langer Zeit beliebt. Nach dem Krieg wurden z. B. Buletten, italienische Nudelgerichte und gebratenes Fleisch nach koreanischer Art sehr populär und sind vor allem bei Kindern sehr beliebt. Außerdem gibt es auch Restaurants mit internationaler Küche, so z.B. italienische, indische, russische, deutsche, spanische, mexikanische, nordeuropäische und südostasiatische.

Jones:	Ja, das stimmt wirklich. Man kann sagen, dass man Gerichte aus aller Welt essen kann.
Suzuki:	Außerdem sieht man auch viele Fastfood-Restaurants, wie das amerikanische McDonald's oder Kentucky Fried Chicken, und Familienrestaurant-Ketten.

Sprichwörter zum Thema Essen

1. Stäbchen dürfen nicht senkrecht in den Reis gesteckt werden

Stirbt in Japan ein Mensch, stellt man an das Kopfende eine Schale mit einer aufgehäuften Portion Reis. Das wird *makurameshi* (Kopfkissenreis) genannt. Es ist zu einem Brauch geworden, in diesen Reis senkrecht Essstäbchen zu stecken. Bringt man am Grab oder buddhistischen Hausaltar Reis als Opfergabe dar, macht man es ebenso. Bald hat man angenommen, dass Reis, in den senkrecht Stäbchen gesteckt werden, für einen Verstorbenen steht. Die große Portion Reis bedeutet, dass viel gegessen werden soll, die Stäbchen sind dafür da, dass sofort gegessen werden kann.

2. Legt man sich gleich nach dem Essen hin, wird man zum Rindvieh

In manchen Regionen heißt es auch, dass man zum Hund und nicht zum Rindvieh wird.
Dieser Volksglaube entstand durch simple gedankliche Assoziationen, die die Menschen damals mit der ihnen vertrauten Umgebung herstellten: Hunde und Rinder ruhen sich aus, nachdem sie sich satt gefressen haben. Das ist zwar hilfreich für die Verdauung, aber die Menschen, die das sahen, haben diese Körperhaltung auf den Menschen bezogen und das Liegen mit den Wörtern Hund und Rind ausgedrückt. Sich nach dem Essen gleich hinzulegen, gilt als schlechte Manieren.

3. Ein aufrecht schwimmender Teestiel ist ein gutes Omen

Schwimmt der Teestiel, der Stängel des Teeblattes, aufrecht in der Teeschale, bedeutet das etwas Gutes.

【語彙】

【会話】

1. Vielen Dank für Ihre Einladung neulich.
2. Er erfüllt seine Rolle vorzüglich.
3. In alltäglichen Gesprächen kann ich mich in etwa verständigen.
4. Außer Haus zu essen, ist zwar gut, aber Hausmannskost ist am besten.
5. Sein Denken ist nicht nur Wunschdenken, sondern auch realistisch.
9. Die japanischen Hauptspeisen und Beilagen scheinen sich vom europäischen und amerikanischen (Geschmacks-) Sinn zu unterscheiden.
10. In letzter Zeit scheint die Meinung über kalorienarme Speisen revidiert zu werden.
12. Die Verbreitung von Elektrogeräten ist beachtlich.
14. Um diese Stadt wieder aufleben zu lassen, braucht man junge Kräfte.
15. Nach der Bewegung zur Vereinheitlichung von Sprache und Schrift fand die japanische Umgangssprache Eingang in schriftstellerische Werke.
16. Ansichten unterscheiden sich von Mensch zu Mensch.
17. Mit der Diversifizierung der Bedürfnisse der Verbraucher verändert sich die Produktion.
18. Jungen Leuten gefällt der europäische Lebensstil.
21. Er ist Amerikaner chinesischer Abstammung.

【ことわざ】

1. Es ist eine schlechte Gewohnheit, die Stäbchen in den Reis zu stellen.
2. Meine Eltern sind bereits verstorben.
3. Eine große Portion Früchte wurde serviert.
6. Ich bin zwar kein Buddhist, aber ich habe die Gewohnheit, vor dem buddhistischen Hausaltar zu beten (wörtlich: die Hände zum Gebet zusammenzulegen).
7. In Japan werden auf buddhistische und shintoistische Hausaltäre Opfergaben gelegt.
10. Auf dem Land gibt es immer noch Aberglauben.
14. Um sich die Schriftzeichen zu merken, ist es hilfreich, mit ihnen Geschichten zu assoziieren.
15. Schätzen Sie Menschen, die Ihnen nahe stehen.

第五課 Essgewohnheiten

16. Ich bin mit der jetzigen Situation zufrieden.
17. Eine kleine Pause nach dem Mittagessen ist gut für das Gehirn.
18. Schnaps nach einer Mahlzeit hilft bei der Verdauung.
19. In letzter Zeit habe ich ihn nicht gesehen, er ist irgendwohin gefahren.
20. Entschuldigung, ich lege mich kurz hin.
21. Sie ist sehr ausdrucksstark.
22. Gerade nachdem du gegangen warst, kam ein Anruf.

【文法・表現】

1. どこの〜でも、どんな〜でも
a. In jedem Land ist die eigene Kultur sehr wichtig.
b. Ich esse alles.

2. 〜なくなる
a. Die Kinder heutzutage lesen kaum noch Bücher.
b. Die jungen Japaner essen kaum noch Reis.

3. 〜に比べて / に比べると
a. Ich hatte gedacht, dass die Preise in Deutschland niedriger als die in Japan sind, allerdings ist das in letzter Zeit nicht mehr so.
b. Im Vergleich zur Stellung der Männer ist die der Frauen noch niedrig.

4. 〜てはいけない
a. Hier ist Parken verboten.
b. Mir wurde vom Arzt gesagt, dass ich keinen Alkohol trinken darf.

5. ～てもらえる

a. Ich habe gedacht, du freust dich, deshalb habe ich dieses Geschenk ausgesucht.

b. Wenn Ihnen die Ware nicht gefällt, können Sie mit dem Bon ins Geschäft kommen, wir tauschen sie Ihnen um.

6. やがて

a. Wenn der lange Winter vorbei ist, kommt endlich der warme Frühling.

b. Er wird bald ein berühmter Schriftsteller werden.

7. ～を意味する

a. Die Aussprache der japanischen Zahl Vier klingt wie sterben.

b. Ich habe nicht verstanden, was dieses Wort bedeutet.

8. 横になる

a. Ich bin müde, entschuldigen Sie, ich lege mich hin.

b. Ich habe mich hingelegt und fern gesehen und bin irgendwann eingeschlafen.

【練習】

I

1. a. 今は運転しなくなりました。
   b. 酒を飲まなくなりました。
   c. （あまり）歩かなくなりました。
   d. （あまり）勉強しなくなりました。
   e. （あまり）食べなくなりました。

2. a. 徹夜できなくなりました。
   b. 話せなくなりました。
   c. 覚えられなくなりました。

第五課 Essgewohnheiten 227

   d. 外で遊べなくなりました。
   e. この川で泳げなくなりました。

II
a. 書類をコピーしてもらえ/ 準備してもらえ
b. 喜んでもらえる
c. もう少し大きい声で話してもらえ
d. 喜んでもらい
e. いれてもらえ

【内容質問】
【会話】
1. 日本では普通もっと実質的な料理を食べています。
2. 日本人の主食は米で、副食は野菜や肉・魚です。
3. ドイツの主食は肉や魚です。主食と副食の違いはあります。
4. 日本食は低カロリーですから。太りすぎの食生活を変えようとする人が増えてきていますから。
5. 肉食はそうとう古くから行われていました。
6. それは仏教の影響によります。
7. ドイツの食生活も次第にインスタント食品が多くなっています。
8. 健康的な食事として好まれていると思いますが、問題は高いことです。
9. 便利だと思います。/ 体にあまりよくないと思います。
10. はい。よく作ります。/ 余り作りません。例えば、スパゲッティなどです。
11. 日本料理は油分が少なくて、一度にいろいろな種類を食べます。
    ドイツ料理は一般的に油をよく使います。また、一度に種類は余り多くないと思いますが、家庭料理は野菜が多いと思います。

【ことわざ】

1. ドイツにもことわざや迷信があります。
   例えば、黒猫がはしごの下を右から左にいくといいことがあり、左から右に行くと不幸なことが起る。
2. はい、信じます。／ いいえ、信じません。
3. 花より団子

   サルも木から落ちる

   言うはやさしく行うは難し

   石の上にも三年

   石橋をたたいて渡る

   井の中のかわず大海を知らず

   馬の耳に念仏

   縁の下の力持ち

   老いては子に従え

   鬼のいぬ間に洗濯

   鬼の目にも涙

   猫に小判

   能ある鷹は爪隠す

   隣の花は赤い

   塵も積もれば山となる

   立つ鳥後を濁さず

   人事を尽くして天命を待つ

   歳月人を待たず

   出る杭は打たれる

   聞くは一時の恥じ、聞かぬは一生の恥じ

   帯に短し、たすきに長し

第五課 Essgewohnheiten

【タスク】

ja.wikipedia.org/wiki/

【作文例】

　文化の相違を比べるための一番身近なテーマは食文化です。食事は、生活の基本三要素：衣・食・住の一つです。ですから、食文化には多様な文化的要因が含まれています。そして、日本と私の祖国、スロバキアの比較にそれはいい材料であると思います。

　事実を問わず、日本人が米と生魚しか食べないことは広く言われています。たとえ、これが事実ではないとしても、こうしたステレオタイプが日本人の実際の食文化によって創り出されたように、－これは少し大袈裟ですが－日本の食文化はそんな固定の概念に見られると言えるのではないのでしょうか。事実、第二次世界大戦の高度経済成長後、日本人は一日に三回米飯を食べていました。敗戦後、急速に輸入された西洋文化が彼らの生活を変えました。パンも例外ではありませんでした。徐々にパン食も普及しました。そして、今日ではパンが朝ご飯の主食として食べられるようになりました。

　スロバキアにも同様の変化が見られます。スロバキア料理のほとんどは小麦とジャガイモがベースです。毎朝一般の家庭ではパンにバターやサラミや一杯のコーヒーで一日が始まります。子供の健康のために牛乳を飲ませる家庭が多いです。食糧難の時代からの伝統的な食事はジャガイモと小麦が中心でしたが、以後、肉食が登場しました。ですから、ジャガイモは主食としての座を譲り、副食になりました。さらに、1989年の革命後、外国料理の普及によって若い世代にコーンフレークが好評になりました。外国からの料理はそのままではなく、スロバキア人の口に合わせてアレンジされました。残念ながら、食材を調達することが難しいので日本料理はあまり普及しませんでした。

　日本、スロバキアともに外国料理の影響を受けてそれぞれの食文化を発展させ、世界全体が国際化していくことを観察することは大変興味深いと思います。

【作文】「ことわざ」紹介

ロシアには例えば、次のことわざがあります。

ナイフが床に落ちると男が来る

ドイツ： 黒猫がはしごの下を右から左に走るといいことがある。

 　　　　黒猫がはしごの下を左から右に走ると悪いことがある。

【漢字テスト】

1. 派
2. 日常
3. 主、副
4. 人生、影響、及
5. 日本語、授業、必、復習
6. 茶、垂直、茶柱、う
7. 韓国系
8. つ、た
9. 墓、消、傾向
10. 普通
11. 純

【聴解】

1. 和食が一番おいしいと思っています。
2. 和食はカロリーも低くて、体にいいからです。
3. 長所もあるが、短所もあるということ。

【聴解スクリプト】

食習慣

山中： 富田さんはどんな食べ物が好きですか。

富田： 私は、好きで、よくフランス料理を食べに行くんですよ。

第五課 Essgewohnheiten

山中： フランス料理というと、あのこってりとしたソースの多い料理ですよね。

富田： そうですね。種類はいろいろですが、クリームを多く使う料理ですね。山中さんは。

山中： 僕はああいうのは苦手ですね。なんと言っても和食が一番。先日ヨーロッパ旅行したんですが、何が困ったって、料理でした。フランスでしっかりフランス料理を食べて、ワインを楽しんで、最初はまだ美味しいなと思ったんですが、3日目ぐらいから、ああ、白いご飯が食べたいなと思い出したんですよ。それから、ドイツに行って山のような量の肉やソーセージを出されて、もうお手上げですよ。あの時ほど、日本料理のありがたさがわかったことはありません。

富田： そうですね。私もたまに雰囲気を変えてフランス料理やイタリア料理を食べに行くんですが，毎日だと飽きちゃいますね。それはそうと、最近では欧米でも和食がクローズアップされてきているというニュースを読みましたが。

山中： そうらしいですね。欧米人は高カロリーの食事をずっと続けた結果成人病の問題がでてきた。いわゆる肥満の人が多くなってきた。それで、カロリーが低くても栄養価の高い和食が見直されているということらしいですね。「料理は目で楽しむ」という和食は「質より量」という欧米の食事よりは健康的だということでしょうか。

富田： ただ、気をつけなければならないのは日本料理は塩分が多くて，高血圧などの問題があるようですよ。

山中： そうですね。どれも一長一短ですよね。ま、どんな料理でも腹八分で楽しむほうが良さそうですね。

【翻訳】

1. このレストランの特別の目玉は日本の家庭料理だと言えるでしょうか。
2. 彼女は私に山のようなサラダを盛ってくれた。
3. この公園で昼休みにゆっくり休憩(きゅうけい)することができます。（休むこと）
4. 彼は半年前にタバコをやめた。

5. 日本人は４月を桜と結びつけて考えます。
6. 理事は更なる成長が見込めないならば、今年中に多角経営化することを力説する。
7. 口一杯にして話すことは行儀が悪いとみなされている。
8. 消化は生命にとって大切な肉体の過程です。
9. シラーは１８０５年にワイマーで亡くなった。１８２６年９月１７にこの詩人の胸像の台座に、シラーのものと思われる頭蓋骨が詰め込まれる儀式が行われるまで、２１年間静かに墓の下に眠っていた。
10. 「日系人」という観念は、日本以外の国に住み、そこの国籍を取った日本人またはその子孫か、他の国で生涯日本人として住民権をとった日本人を意味する。
11. Vielen Dank für Ihre Einladung neulich. Es war sehr schön.
12. Die Vorteile von Medikamenten chinesischer Medizin finden Beachtung, so nimmt z.B. die Zahl derer zu, die keine pharmazeutischen Produkte mögen.
13. Die Zahl derer, die aus gesundheitlichen Gründen nicht rauchen, hat in letzter Zeit zugenommen.
14. Zu den (vor und nach) Olympischen Spielen in Tōkyō, haben sich Fernsehgeräte auffallend in normalen japanischen Haushalten verbreitet.
15. Mobiltelefone sind so verbreitet, dass man sagen kann, eine von drei Personen hat eins.
16. Heutzutage haben viele Sprichwörter ihre Bedeutung verloren.
17. Wenn Sie Kopfschmerzen haben, legen Sie sich bitte hin.
18. Jeder Mensch hat das Recht auf Leben.
19. Ich wollte dir eine Freude machen und habe diesen Kuchen gebacken. Lass es dir schmecken.
20. Da in Japan die Zahl Vier „sterben" bedeutet, gibt es in z.B. in Hotels kein Zimmer mit der Nummer Vier.

第六課 Energie

Text 1: Die Erschließung neuer Energien

Typische Energieträger wie Steinkohle und Erdöl existieren begrenzt. Außerdem wird darauf hingewiesen, dass das Kohlendioxid, das bei deren Verbrennung entsteht, ursächlich für die Erderwärmung ist.

Auch in Japan sind vor allem von Regierung und Unternehmen verschiedenste Versuche zur Einführung neuer Energien unternommen wurden. Dabei spielt die Nutzung von Atomenergie zur stabilen Versorgung mit Strom eine wichtige Rolle. Ein Viertel der erzeugten Energie in Japan stammt bereits daher. Geschehen aber bei der Energieerzeugung durch Kernkraft Unfälle, kann das zu schwerwiegenden Schäden führen. Weiterhin besteht u.a. das Problem der Entsorgung der Abfallstoffe.

Darüber hinaus werden Sonnenstrahlen als Solarbatterien von Taschenrechner u.a. verwendet, Erdwärme wird in vulkanischen Zonen zur Erzeugung von Elektrizität benutzt. Außerdem gibt es Versuche zur Verwendung von Windkraft zur Energieerzeugung.

Bei der Erschließung neuer Energien ist Eile geboten, bei ihrer Verwendung sind natürlich Sicherheit sowie Wirtschaftlichkeit und Umwelteinflüsse umfassend zu prüfen.

Text 2: Maßnahmen gegen die Erderwärmung

In der letzten Zeit ist die Erderwärmung, die durch den Treibhauseffekt hervorgerufen wird, zu einem globalen Problem geworden.

Erderwärmung ist ein Phänomen, bei dem sich die durchschnittlich Temperatur der Erde durch die vom Menschen freigesetzten Treibhausgase erhöht. Wenn sich der Treibhauseffekt weiter so fortsetzt, wird sich die Durchschnittstemperatur auf der Erde bis zum Ende des 21. Jahrhunderts um zwei Grad erhöhen.

Das Protokoll, das auf der Kyōto-Konferenz im Dezember 1997 abgeschlossen wurde, setzt die Ziele zur Verringerung des Treibhauseffektes für jedes einzelne Land fest. Von 2008 bis 2012 muss die Emissionsmenge der Treibhausgase in Japan um 6% des Wertes von 1990, in den

USA um 7%, in den Ländern der EU um 8% und in allen Industrieländern um 5,2% gesenkt werden. Das Ziel einer Reduktion von 6%, das Japan schließlich auferlegt wurde, war eine Zahl, die über dem lag was die japanische Regierung vermutet hatte.

Eine Umsetzung dieser Zahl ist im Industrieland Japan ohne Mithilfe der Unternehmen nicht möglich. Auch in Bezug auf das Alltagsleben appellieren die Kommunen an die Bürger. Sie ermutigen dazu, durch das Sparen von Strom und Wasser sowie die Verringerung des Mülls den Ausstoß von Kohlendioxid zu senken.

【語彙】

【本文１】

1. Die (Stadt-) Entwicklung dieser Stadt ist fortschrittlich.
2. Japan ist für seine Ressourcenknappheit bekannt.
4. Weil die natürlichen Ressourcen begrenzt sind, müssen sie achtsam verwendet werden.
9. Ich würde gern an einem warmen Ort wohnen.
10. Ich wurde vom Professor darauf hingewiesen, dass der Schluss des Aufsatzes ungenügend ist.
11. Der Versuch der Regierung, den Bürgerkrieg zu beenden, schlug fehl.
12. Weil eine Nachfrage besteht, gibt es ein Angebot.
13. In letzter Zeit nimmt die Zahl derer zu, die öffentliche Verkehrsmittel anstelle von Autos benutzen.
14. Die Wirtschaft der Stadt wird durch die Steuern der Bürger bestritten.
15. Der Taifun hat schwere Schäden verursacht.
16. Jedes Jahr gibt es in Deutschland Schäden durch Überschwemmungen.
17. Er übt auf mich einen großen Einfluss aus.
18. Nuklearer Abfall ist heutzutage weltweit ein Problem.
19. Es hat einige Zeit gedauert, das plötzlich aufgetretene Problem zu lösen.
20. Weil diese Gegend in einem vulkanischen Gebiet liegt, gibt es viele heiße Quellen, nicht wahr?
22. Es dauert wohl noch ein bisschen bis zur praktischen Anwendung von Robotern.

第六課 Energie

23. Die Niederlande nutzen Windenergie und sind ein Wegbereiter bei der Entwicklung neuer Energien.
24. In einem guten Umfeld wachsen gute Kinder auf.
25. Die Frage der Verfassungsänderung wird noch einmal vom Parlament überprüft.

【本文2】

1. Die Polizei bemüht sich immer um die Verhinderung von Unfällen.
2. Obwohl ich jeden Tag Japanisch lerne, zeigt sich überhaupt kein Erfolg.
3. Es wird bald Frühling, die Temperaturen steigen an.
4. Die globale Erwärmung ist ein weltweites Problem.
5. Wegen der Erwärmung wird dieses Jahr früher mit der Kirschblüte gerechnet.
6. Allmählich bin ich mit dem Materialsammeln fertig und werde den Aufsatz beenden.
7. Es ist bekannt, dass die USA nicht dem Kyōto-Protokoll zugestimmt haben.
8. Wegen der Rezession versucht das Unternehmen Personal zu reduzieren.
9. Ich lerne mit dem Ziel, die Aufnahmeprüfung für die Universität abzulegen.
13. Die Regierung erlegt dem Volk Steuern auf.
14. Nach hartem Training gewann er bei den Olympischen Spielen.
15. Durch die Zusammenarbeit der Klasse kann erstmals jeder Fortschritte machen.
16. Ich beabsichtige, diesen Plan zu verwirklichen.
18. Ich rufe dazu auf, zur Wahl zu gehen.
20. Der ehemalige Ministerpräsident Abe hat den Plan, 300.000 Studenten zum Studium ins Ausland zu schicken, unterstützt.

【文法・表現】

1. ～を中心に
a. Die Sitzung wurde hauptsächlich vom Vorsitzenden vorangebracht.
b. Durch die Meiji Restauration entstand eine neue Regierung mit dem Tennō als zentrale Figur.

2. ～によって

a. Dieses Gesetz wird in Übereinstimmung mit der Verfassung beschlossen.

b. Der Brief wurde mit dem Computer geschrieben.

3. ば（条件文）

a. Wenn es morgen regnet, findet das Picknick nicht statt.

b. Wenn die Dinge teurer werden, kaufe ich nicht mehr in diesem Geschäft.

4. ～として

a. Dieses Gebäude wurde früher als Krankenhaus genutzt.

b. Als Arzt rate ich dir das Trinken aufzugeben.

5. 中でも

a. Er ist gut in Englisch, Französisch und Deutsch, von diesen Sprachen (wörtlich: darunter) kann er Englisch am besten.

b. Die Gebäude in dieser Stadt sind alle wunderschön, vor allem das Rathaus.

6. ～を及ぼす

a. Der Taifun hat erhebliche Schäden in der gesamten Stadt verursacht.

b. Dieses Buch hat einen großen Einfluss auf mich ausgeübt.

7. ～はもちろん

a. Im Leben sind neben Arbeit auch Hobbys und Freunde wichtig.

b. Außer dem Pass hatte ich auch Geld und Kreditkarten dabei.

8. ～とは～を言う

a. Energiesparen bedeutet die Einsparung von Energie.

b. PC ist die Abkürzung für Personalcomputer.

第六課 Energie

9. ～以上に

a. Die Prüfung war schwerer als gedacht.

b. Der Schaden war größer als vermutet.

10. ～の面で

a. Japan ist hinsichtlich der Technologie überlegen, hinsichtlich der Kreativität gibt es noch Mängel.

b. In mancher Hinsicht ist es sehr erwachsen, in anderer Hinsicht ist er noch wie ein Kind.

【語彙テスト】

1. 経済性、安全性
2. 地球温暖化
3. 平均
4. 削減
5. 原子力、廃棄物
6. 節水、奨励した
7. 資源、有限、資源
8. 厳しい、予測される
9. 電力
10. 排出量
11. 事故、可能性

【練習】

I

1. ～によって

a. Genji Monogatari wurde von Murasaki Shikibu verfasst.

b. Durch den Taifun sind große Schäden entstanden.

c. Das 14. Symposium wurde von der Japan Foundation unterstützt.

2. 〜によると

a. Laut Wetterbericht wird morgen schönes Wetter.

b. Meiner Meinung nach sind bei diesem Plan die Kosten zu hoch und er ist kaum umsetzbar.

c. Nach dem, was er sagte, hatte er gestern zu viel zu tun und konnte die Hausaufgaben nicht machen.

1. によって
2. によると
3. によって
4. によって
5. によると

II 〜とは〜を言う、〜と言う意味だ、〜の略だ

a. Büroangestellte sind Menschen, die arbeiten und dafür ein Gehalt bekommen.

b. Golden Week werden in Japan aufeinander folgende Feiertage im Mai genannt.

c. Die Wendung ‚Ohne Familie am Arbeitsplatz leben' bezeichnet Menschen, die allein, getrennt von ihrer Familie an den Ort ihrer neuen Arbeitsstelle ziehen.

d. „Konbini" ist die Kurzform von *convenience store*.

1. 他に作用を及ぼし、その反応や変化があらわれることを言う。
2. 他に作用を及ぼされ、その反応や変化をあらわすことを言う。
3. 例えば、太陽光や地熱や風力エネルギーなどのことである。
4. 友だちの間の情愛のことである。
5. お礼の手紙のことを言う。
6. 一つの石を投げて２羽の鳥を殺すことを言い、つまり一つの行為から同時に二つの利益を得ることを言う。
7. その道に長じた者にも、時には誤りや失敗があるということである。
8. 日本とドイツが協力してイベントなどを行う協会のことである。
9. しなければならないこと、またはしてはならないことの意味。

第六課 Energie

【タスク】

http://ja.wikipedia.org/wiki/気候変動

UN-Sekretariat der Klimarahmenkonvention:　http://unfccc.int/2860.php

【内容質問】

【本文１】

1. 石炭や石油などです。
2. 燃焼によって発生する二酸化炭素です。
3. 原子力、太陽光、地熱、風力等が利用されてきています。
4. 事故がおきた場合深刻な被害があるし、廃棄物の処理の問題があります。
5. 計算機などのソーラーバッテリーとして利用されています。
6. 地熱は火山地帯で発電所として利用されています。
7. 安全性、経済性、環境への影響などを検討しなければなりません。

【本文２】

1. 地球温暖化というのは人間が出す温室効果ガスによって、地球の温度が上昇する現象です。
2. このまま温室効果ガスが増え続けると、地球の平均温度が２度上昇すると予測されています。
3. 各国の温室効果ガスの削減目標が定められました。
4. 日本政府はすでに予測していましたが、思った以上に厳しい数字でした。
5. 一人一人の努力と企業の協力が必要です。
6. 生活面では、私たちは節電、節水、ゴミの減量を行わなければなりません。
7. 例：地球温暖化は一国だけの問題ではなく、全世界の問題です。ですから、一国だけの利益を考えて、ドンドン工場での生産を増やせば、当然二酸化炭素が増え、地球温暖化が進みます。まず、地球のことを考えなければなりません。

【漢字テスト】

1. 石炭、石油、地球、しげん
2. 焼
3. じしん、深刻、被害、被
4. 温暖化、環境
5. 総合的、検討、必要
6. ろうどう、賃金、削減
7. じゅぎょう、厳
8. 故
9. 太陽、昇、らいこう
10. 酸素、水素
11. 原料、供給、効果的
12. 原子力、処理
13. せんそう、防

【作文例】

　環境にはたくさんの問題がありますから、代替エネルギー開発が必要です。二酸化炭素による地球温暖化に始まり資源の不足に至るまで問題があります。今まで色々なエネルギー資源が利用されています。従来のエネルギーと代替エネルギーを区別しないわけにはいきません。従来のエネルギーとは石炭や原子力などです。40年前には十分な資源がありましたが、今日資源が少なくて高くなりました。その上に、産業が環境を破壊しています。例えば、最近の有名な問題は政府がライプッチヒで石炭のためにニーチェの村を撤去することになったということがあります。

　原子力の利用についても問題があります。原子力は能率的なエネルギーですが、危険です。原子の廃棄物処理はどこにでもある問題です。だれでもチェルノブイリの事件を思い出します。ドイツの政府は核エネルギーを排除したがっています。そのために他のエネルギー資源が必要です。例えばドイツではよく風力エネルギーが使われています。Offshore風力発電機とOnshore風力発電機があります。Offshoreというのは海にあります。Onshoreは海にありません。風力の有利な点は風が環境を汚染しないことです。それにただです。でも反対者は発電機が鳥を殺すと言います。また他の可能性

は太陽光です。太陽光の有利な点も環境を破壊しない点です。二酸化炭素排出がありません。残念ながら技術代が高いです。そして太陽がないとエネルギーがありません。世界中の新しいエネルギーの中で水力が一番有名です。いたるところでダムが見られます。ダムの不利な点は環境に影響を与えることで、例えば中国の例があります。バイオマスも資源です。（麦藁、菜の花、とうもろこし、苗木畑、肥料）バイオマスの不利な点は植樹までに時間が必要なことです。

　私は2003年まの日本のエネルギー消費についてのみ統計を見つけました。それによると日本の新しいエネルギーは3,7%でした。新しいエネルギーの利用が増えました。ヨーロッパの中でドイツが一番進歩的な国の一つです。

【聴解】

1.　地球環境問題について話しています。
2.　アメリカは自国の利益のことだけ考えているからです。
3.　「目先のこと」と言うのは目の前にあることという意味です。

【聴解スクリプト】地球環境問題

石井：　最近は冬でもあまり雪が降らなくなりましたね。

斎藤：　それは地球温暖化の影響ですよ。なんでも昔に比べて1、2度地球の温度が高くなっているそうですよ。地上にオゾン層の膜ができてそのせいで、温度が下がらないそうですよ。

石井：　僕は寒がりだから、ちょうどいいや。

斎藤：　そんな単純な問題ではないそうですよ。このまま、地球の温度が高くなりすぎると、北極や南極の氷が溶け初めて、大洪水がおこる恐れがあるんですよ。

石井：　ノアの箱舟ですか。それは深刻ですね。じゃ、どうすれば良いんでしょうね。

斎藤：　今、環境会議で各国が話し合っている温室効果ガスの削減目標を各国が達成しなければならないんですよ。でもアメリカはこの目標に合意しようとしない。自国の利益のことだけ考えているからですよ。

石井：　目先のことだけ見て、将来の世界が見えていないんですね。

斎藤：　そうなんですね。これは一国だけの問題ではないはずで、皆が協力しなければ解決できない問題なんです。

【翻訳】

1. 議論は高騰する原油価格と化石燃料資源の有限性に直面して緊急性を呈している。
2. ２００４年末の新潟地震は国民経済に約３００億ドルの被害を被った。
3. 藁(わら)はその製造にエネルギーを必要としない廃棄物質である。
4. エアバスは空調設備を改善することで、有害物質の発生を低く抑えたりしようとしている。
5. もし彼が選ばれれば、この地方の小企業の促進は彼の目的のひとつである。
6. 特殊廃棄物の処理費用はトン当たり２千ユーロから３千ユーロになる。
7. 彼女のテキストは児童書の見本として使われた。
8. 彼の党員仲間すら、彼の提案したゴミに関する法案に反対した。
9. 条約交渉の結果はすべての関係者の期待を上回った。
10. 黄砂を防ぐために中国で防風林が栽培されている。
11. Diese Studien wurden vor allem in Deutschland vorangetrieben.
12. Je mehr ich Japanisch lerne, desto interessanter wird es.
13. Die strenge Erziehung meines Vaters hatte einen großen Einfluss auf mich.
14. Heutzutage befassen sich alle Länder der Welt mit Umweltproblemen.
15. Es gibt unterschiedliche Meinungen darüber, ob er als Präsident geeignet ist.
16. Unter der Vielzahl von Energiearten findet die Solarenergie jetzt Beachtung.
17. Das Vorstellungsgespräch war schlimmer als erwartet.
18. Ich kann alle japanischen Gerichte essen, selbstverständlich auch Sashimi.
19. Ich bin als Japanischlehrer in dieses Land gekommen.
20. Hinsichtlich der Schriftzeichen ist Japanisch schwer, hinsichtlich der Grammatik leicht.

第七課 Die Entwicklung der Wirtschaft

Text 1: Die Entwicklung der Wirtschaft und die Veränderung der Industriestruktur

Der Anteil der einzelnen Industriezweige an der gesamten Industrie und deren Verhältnis zueinander wird als industrielle Struktur bezeichnet, welche sich mit der Wirtschaftsentwicklung verändert. In der Geschichte der Menschheit waren über einen langen Zeitraum die Menschen hauptsächlich in der Land-, Forst- und Wasserwirtschaft (Primärindustrie) beschäftigt. Mit der industriellen Revolution in England in der zweiten Hälfte des 18. Jahrhunderts entwickelte sich (durch die Verwendung) von Wasserdampf als Antrieb und Maschinenausrüstungen die industrielle Produktion. So konnten große Mengen von Produkten mit relativ wenigen Arbeitskräften hergestellt werden. Als Ergebnis dessen entwickelte sich die verarbeitende Industrie (Sekundärindustrie) in den Bereichen Metallindustrie, Maschinenbau, chemische Industrie u.a. sowie Handel, Verkehr, Finanzwesen und Dienstleistungsindustrie (Tertiärindustrie).

In Japan haben sich auch seit der zweiten Hälfte der 1950er Jahre anstelle der Leichtindustrie, wie z.B. der Textilindustrie, die Metallindustrie mit der Eisen- und Stahlindustrie, der Maschinenbau mit Bereichen wie Fahrzeugbau und Elektrogerätebau sowie die Schwer- und chemische Industrie hauptsächlich mit dem Bereich der Petrochemie merklich entwickelt. Vor allem in der Phase des hohen wirtschaftlichen Wachstums ab den 1960er Jahren hat sich die Massenproduktion von einigen Produkten ausgeweitet. Durch den niedrigen Verkaufspreis hat sich „Geld in Warenform" äußerst schnell verbreitet. Ab den 1970er Jahren hat die computerbasierte Produktionstechnik große Fortschritte gemacht. Als Reaktion auf die Wünsche der Kunden ist inzwischen auch die Herstellung von vielen Produkten in kleinen Mengen möglich.

Text 2: Virtuelle Realität

Kasō genjitsu ist ein ungewohntes Wort. In letzter Zeit wird das häufig gebrauchte Wort virtual reality, also die Simulation von Realität mit dem Computer, so ins Japanische übersetzt. Ich habe gelesen, dass ein Mechanismus entwickelt wurde, mit ein echter Ball angeflogen kommt, wenn ein lebensgroßer Werfer auf dem Bildschirm einen Ball wirft. Solch eine Vorrichtung soll auch in der medizinischen Behandlung verwendet werden und nicht nur im Bereich von Sport und

(Freizeit) Vergnügen. Z. B. gibt es Kinder, die in den Zoo gehen möchten, aber weil sie krank sind, nicht gehen können. Vor ihren Augen erscheint ein dreidimensionaler Zoo. Bewegen die Kinder einen Hebel, bewegt sich Bild. Sie können an der Kasse vorbei in den Zoo gehen. Bei den Affen und Elefanten können sie deren Brüllen hören. Kinder, die so einen Zoobesuch erlebt haben, gekommen gute Laune und ihre Konzentrationsfähigkeit soll sich erhöhen.

Computer bringen uns Sachen bei, machen mit uns Sport und führen teilweise medizinische Behandlungen durch. Das, was von Menschen gemacht wird, ist weniger geworden. In der Zukunft wird es sowohl in Schulen als auch in Krankenhäusern viele Computer geben, aber lediglich zwei bis drei Techniker.

【語彙】

【本文１】

3. Die gesellschaftlichen Veränderung in der letzten Zeit geschehen äußerst schnell.
4. Das Verhältnis von Männern und Frauen lag bei 6 zu 4.
6. Die Landwirtschaft ist der primäre Wirtschaftssektor.
7. Fischerei und Forstwirtschaft sind die Sekundärindustrie.
8. Die Dienstleistungsbranche ist der tertiäre Wirtschaftssektor.
12. Er arbeitet in der Dienstleistungsbranche.
14. Als ich Kind war, gab es Dampflokomotiven.
15. Die Japanreise war der Anlass, um mit dem Japanischlernen zu beginnen.
17. Heute habe ich viele Fische gefangen.
18. Weil mein Prüfungsergebnis schlecht ist, muss ich an der Nachprüfung teilnehmen.
25. Nach dem Krieg entwickelte sich in Japan die Textilindustrie merklich.
28. Ein Vertreter der Firma hielt bei der Zeremonie die Begrüßungsrede.
29. Seine Japanischkenntnisse haben sich auffallend entwickelt.
30. Das rasche wirtschaftliche Wachstum in den 1950er Jahren hat auch viele Probleme hinterlassen.

第七課 Die Entwicklung der Wirtschaft

31. Alle Unternehmen sind damit befasst, die Produktsorten zu verbessern.
32. Alle Unternehmen konkurrieren in Bezug auf den Verkaufspreis.
33. Ein Unternehmen muss sensibel hinsichtlich der Anforderungen der Verbraucher sein.

【本文2】

2. Seine / ihre Meinung ist nicht sehr realistisch.
6. Das Original ist teuer, es sei denn es ist eine Fälschung.
8. Dieses Krankenhaus hat eine Vielzahl von Geräten und ist modern.
9. In Entertainment-Einrichtungen wie Karaoke-Bars und Diskotheken versammeln sich viele junge Leute.
10. Sushi gibt es nur in dem Restaurant.
12. Sein Fachgebiet ist die Physik.
16. Da es mir heute nicht so gut geht, möchte ich nach Hause gehen.
17. Du kannst dich kaum konzentrieren. Was ist los?
19. Sein Verhalten ist mutig.

【文法・表現】

1. ～ようになりました
a. Von Tōhoku nach Kyūshū kann man jetzt einfach mit dem Shinkansen fahren.
b. In letzter Zeit lerne ich jeden Tag eine Stunde Schriftzeichen.

2. ～をきっかけに
a. Die Reise nach Japan im letzten Jahr war der Anlass dafür, dass ich angefangen habe, Japanisch zu lernen.
b. Ich habe mich mit ihr angefreundet, als wir beide am gleichen Projekt gearbeitet haben.

3. ～において

Die Olympischen Spiele im Jahr 2008 haben in Peking stattgefunden.

4. ～によって

a. Meine Eltern sind im Krieg gestorben.

b. Das Institut wurde vom Bildungsministerium eingerichtet.

5. ～を通じて

a. Ich habe Herrn Tanaka über Herrn Kimura kennen gelernt.

b. Günstige Hotels können über das Internet gebucht werden.

6. ～に限らず

a. Ich höre nicht nur klassische sondern jede Art von Musik.

b. Arrangierte Ehen gibt es nicht nur in Japan, sondern auch in anderen Ländern.

7. 高まる/ 高める

a. Die Nachfrage nach Computern wächst von Tag zu Tag.

b. Das Unternehmen hat sehr gute Anlagen gekauft, um die Produktivität zu erhöhen.

8. にともなって（連れて）

a. Mit zunehmender Temperatur haben die Kirschblüten angefangen zu blühen.

b. Mit dem Größerwerden unseres Kindes haben bei uns die Ausgaben für Essen zugenommen.

【練習】

I 「ように」の様々な用法に注目して、次の例文をドイツ語に訳しなさい。

1. ようになる（習慣の変化, Veränderung der Gewohnheiten）

Jetzt trinke ich nicht mehr so oft Alkohol.

2. ようになる（能力・可能性の変化, Veränderung der Fähigkeiten, Möglichkeiten）

Ich kann (jetzt) 300 Schriftzeichen lesen.

Männer und Frauen können (jetzt) im Alter von 20 Jahren wählen.

第七課 Die Entwicklung der Wirtschaft

3. ようにする（いつも努力する, ständiges Bemühen）

Nach dem Essen bemühe ich mich immer die Zähne zu putzen.

4. ようになっている（自動的にそうなっている, etwas wird automatisch so）

Diese Maschine arbeitet automatisch auf Tastendruck.

5. よう（に）（目的, Zweck, Ziel）

Ich habe jetzt angefangen Japanisch zu lernen, um nächstes Jahr nach Japan zu fahren.

Machen Sie Notizen, damit Sie es nicht vergessen.

6. よう（に）（伝達、間接話法, Übermittlung, indirekte Rede）

Mir wurde gesagt, dass ich morgen um 9 Uhr hierher kommen soll.

7. よう（な / に）（比喩, Vergleich）

Eine Wange wie ein Apfel.

II 次の「ように」を使った文の中から同じ使い方のものを選びなさい。

1 と 9 (wie)

2 と 7 (automatisch)

3 と 13 (Veränderung der Fähigkeit)

4 と 6 (Bemühung)

5 と 11 (um...zu)

8 と 10 (sollen)

12 と 14 (Veränderung der Gewohnheit)

III【熟語読み】

1. けいざい、けいえい、けいり、きょうもん、きょうてん
2. わりあい、わいかん、わりざん、わりびき、いちわり
3. へんか、へんどう、へんじん、いへん

4. かくめい、かいかく、ひかく
5. しょうひん、しょうぎょう、しょうばい
6. しなもの、ひんしつ、ひんしゅ
7. かかく、かち、ぶっか
8. しょうひ、しょうか、しょうか、ひけし
9. せいさん、たんじょう、せんねんがっぴ、しゅっせい、きむすめ、なまもの、せいぶつ、せんせい、せいと、せいかつ

IV 【語彙】
1. 医学、発達
2. 設備、価格
3. 第三次産業
4. 体験
5. 集中力
6. 経済
7. きっかけ
8. 将来
9. 消費者、要求
10. 現実
11. 占める
12. 限り
13. 関係
14. 代表、労働力

【内容質問】

【本文１】
1. 産業の発達によって変化する。
2. 農業、林業、水産業。
3. イギリスの産業革命。

第七課 Die Entwicklung der Wirtschaft

4. １９６０年代。
5. 高度経済成長期。
6. 少品種の大量生産が広まり、安い販売価格で商品が作れるようになった。
7. 消費者の要求する多品種の少量生産が可能になった。

【本文２】

1. コンピューターを使って現実を疑似体験すること。
2. スポーツ、娯楽、医療、工業など。
3. 少年は病気なので外に出られないので、彼の精神的な助けとなった。
4. 先ず、ゲームのスイッチを入れ、レバーを動かし、切符売り場を通って中に入った。
5. 多分なくならない。
6. 【例】では人間は何をすべきかについて考えなければならない。
7. 【例】機械のソフトを開発すること、心のケア、精神を豊かにすることなどは人間にしかできない。

【漢字テスト】

1. 革製品、いっぱんてき
2. 所属、にほんがっか
3. 繊維業、軽工業、さか
4. 明治維新
5. 金融業
6. 将来、医療、そうち、医師
7. 販売費、可能
8. 娯楽、行為
9. 機械、金属、輸出、けいざい、求
10. 投

【聴解】

1. 日本は資源が少なく、すべてを外国から輸入しなければならない国です。
2. 日本の今の問題は経済が良くならず、失業率が増え、赤字が増えて会社が倒産している。
3. 日本は自国のことだけ考えずに、アジアに目を向け、中国や韓国に技術提供し、その人的資源を活用しなければならない。

【聴解スクリプト】経済の発達

市川： 最近の社会は便利になりましたね。

宮本： 私なんか便利すぎるんじゃないかな、と思うほどです。

市川： これも経済が発達したおかげですね。

宮本： しかし、日本は資源が少なくて、すべてを外国から輸入しなければなりませんね。石油とか石炭とか何も無いんじゃないですか。

市川： そうですね。それは日本の大きな問題だと思います。なにしろ、土地がないのですから。その代わり、今や日本では世界に技術を輸出しているのです。高い技術力を世界に誇り、そのエンジニア達を外国に送りだし、指導することができるのです。

宮本： １９８０年代のバブル経済の頃は良かったですよね。でも、バブルがはじけてから、日本の経済は一向に良くなりませんね。失業率は増えるし、赤字は増えて会社は倒産するし、あまりいいニュースがないようですね。

市川： 確かに。ま、これからは日本は自国のことだけ考えるのではなく、例えば、アジアという地域の経済を向上させるようにしなければならないでしょうね。例えば中国や韓国にどんどん技術を提供しそこの人的資源を使って生産活動を広げていくとかね。

宮本： そうですね。もっとグローバルな世界経済を発展させていくということでしょうかね。

第七課 Die Entwicklung der Wirtschaft

【作文例】

日本の奇跡的経済復興

　1960年から1973年まで日本には奇跡的な経済復興がありました。国家は企業に投資しました。強い競争のために保護主義の政策を取りましたから、景気が増しました。更に、日本の企業は外国の技術を移入して、改良しました。そして、3分の1の大企業の労働者に解雇を予告することができませんから、労働者の原動はよかったです。
小中企業は大企業の下請けですから、大企業は大量に安く生産することができました。でも、企業の労働者の賃金は低かったです。したがって、当時のスローガンは「金持ちの日本・貧しい日本人」でした。

石油危機・1973年・バブル経済・1985年

　日本では石油鉱床がありませんから、石油危機は大変なショックでした。それで、日本は東南アジアから石油を移入し、原子力を増設しました。しかし、1970年日本では大きな経済成長がありました。1985年からバブル経済があったのです。日本で不動産と商品の価格は急に高くなりました。たくさん間違った投資のために経済は大変悪くなりました。ですから価格破壊がおこりました。日本人はお金の本当のありがたさを忘れ、大量の高いものを買いました。バブル経済の崩壊のあとで、日本人の価値観念が変わりました。日本経済はバブル崩壊のために再起することが長い間できませんでしたから、この時期を「ロストデケード」と言います。

【翻訳】

1. バーチャル・リアリティーを作り出す目的のために特別なソフトウエアーの開発が必要である。
2. 農林業において、就労者の数は数パーセント落ち込んだ。
3. ジェームス・ワットはその蒸気機関の発明によって産業革命のきっかけを作った。
4. 悪天候のために試合は3日間延期になった。
5. インターネットを通して予約したチケットは催し物開演の一時間前にチケット売り場で受け取ることができる。

6. ロストックでは造船、海運、旅行業やサービス業と並んで、大きな雇用主として大学が経済的に明らかに支配的である。

7. 報告によると、多くの人がまだ生死の境をさまよっているので死者の数はもっと多くなる可能性があるということである。

8. 賞の授与にあたって、彼は非常に感動的なスピーチを行った。

9. チェスの才能を持っている人は早くから集中力が一番大切であることを示している。

10. 企業の拘束条件の改善によって著しい進歩が見られる。

11. Nachdem ich viele Jahre Japanisch gelernt habe, kann ich jetzt endlich eine japanische Zeitung lesen.

12. Nachdem ich im Sommer in dieser Firma ein Praktikum gemacht hatte, konnte ich jetzt anfangen, dort zu arbeiten.

13. Dies zum Anlass nehmend, hoffen wir auch künftig auf Ihre Unterstützung.

14. Zur Wirtschaftsmesse, die in Hannover stattfindet, sollen jedes Jahr viele Japaner aus der Finanzwelt kommen.

15. In letzter Zeit kann man über das Internet fast alle Informationen bekommen.

16. Durch einen Bekannten habe ich Ihre Adresse bekommen, Herr Tanaka. Freut mich, Sie kennen zu lernen.

17. Was japanisches Essen betrifft, so esse ich alles, auch Sushi, allerdings kein Nattō.

18. Das Interesse von jungen Leuten an Politik nimmt zu.

19. Mit der Entwicklung der Industrie verändert sich der Anteil der arbeitenden Bevölkerung.

20. Die China-Begeisterung scheint jetzt weltweit zuzunehmen.

第八課 Andere Kulturen

Text: Unterschiedliche Kulturen existieren nahe beieinander

In Japan leben heute Ausländer mit unterschiedlichem kulturellen Hintergrund. Darunter sind Nord- und Südkoreaner der zweiten und dritten Generation, die in Japan geboren und aufgewachsen sind. Außerdem hat in den letzten Jahren die Zahl der Menschen aus Asien und Mittel- und Südamerika zugenommen, die in Japan wegen ihrer Ausbildung oder Arbeit leben. Es studieren auch immer mehr Ausländer an Japans Universitäten und Fachschulen. Die Familienangehörigen all dieser Menschen leben inzwischen auch in Japan.

Es ist anzunehmen, dass nun Menschen verschiedenster Kulturen in Japan leben. Eine Welt fremder Kulturen existiert nicht fern von Japan, sondern ist Teil des Alltagslebens eines jeden. Leider gibt es in Japan hinsichtlich Recht und Sitten immer noch verschiedene Beschränkungen für Ausländer. Das muss sich in Zukunft ändern, die Mauern, die Länder trennen, müssen niedriger werden. Außerdem muss sich jeder einzelne Japaner weiter bemühen, in seinem Herzen die Mauern fremden Kulturen gegenüber zu beseitigen.

So wie immer mehr Ausländer nach Japan kommen, haben die Japaner auch immer mehr Möglichkeiten, selbst Länder mit fremden Kulturen zu besuchen. Inzwischen leben wir in einer Zeit, da immer Kinder wegen der Arbeit des Vaters oder der Mutter im Ausland geboren werden und aufwachsen. Es ist zu erwarten, dass von jetzt ab immer mehr Japaner im Ausland arbeiten. Die Zahl der Japaner, die z. B. in NGOs überall in der Welt ehrenamtliche Tätigkeiten übernehmen, wird auch zunehmen. Je mehr Gelegenheiten es so gibt, im Ausland zu arbeiten, desto weniger dürfen wir vergessen, dass für die Menschen in diesen Ländern, die Kultur der Japaner, also unsere, die fremde ist. Wir müssen darauf achten, dass viele Ausländer unsere unüberlegten Gesten und Worte befremdlich finden.

Egal ob im In- oder Ausland ist gegenseitiges Verständnis mit Angehörigen fremder Kulturen, die in der Nähe leben der Schritt zu einer friedlichen und wohlhabenden Gesellschaft und Kultur.

Dialog: Was von Japan verlangt wird

Mizutani: Warum erfährt Japan in unserem globalen Zeitalter keine Wertschätzung?

Saitō: Zunächst ist wohl anzuführen, dass Japans internationaler Beitrag eher gering ist. Und dann kommt hinzu, dass Japan seine historische Verantwortung, seine Kriegsverantwortung verdunkelt.

Mizutani: Was wird dann jetzt von Japan verlangt?

Saitō: Ich denke, es ist wichtig, in welchem Maße wir die Veränderungen in der Welt von jetzt bis in die Zukunft von einem bürgerlichen oder menschlichen Standpunkt aus erfassen. Wenn nicht, dann kommt im Sinne der bürgerlichen Solidarität der eigentliche länderüberschreitende internationale Beitrag als Idee nicht zustande.

Mizutani: Ein Staatssekretär für auswärtige Angelegenheiten hat Folgendes gesagt: „Ein Land, das international von Gewicht ist, muss ein entsprechendes Gesicht haben, sein eigenes Gesicht." Was heißt in diesem Zusammenhang „Gesicht"?

Saitō: In gewissem Sinne hat Japan auch ein Gesicht. Das beste Gesicht ist die Industrie. Egal wo man ist, überall gibt es z. B. Toshiba, Hitachi, Sony und Toyota, deshalb nimmt man in der ganzen Welt japanische Unternehmen wahr. Daher ist sich jeder der japanischen Wirtschaft bewusst und demzufolge nimmt man auch bis zu einem gewissen Grade Japan als Land wahr. Trotzdem wird Japan nicht wahrgenommen. Kein Gesicht zu haben, bedeutet dann, die Japaner als Menschen nicht sehen zu können?

【語彙】

【本文】

1. Die Menschen haben unterschiedliche Charaktere.
2. Seine Eltern sind Japaner zweiter Generation, deshalb gehört er zur dritten.
3. Es gibt unterschiedliche Rassen auf der Welt.
4. In einer anderen Kultur zu leben ist nie einfach.

第八課 Andere Kulturen

5. Die Existenz des Vaters war für ihn sehr wichtig.
6. In der Gesellschaft gibt es verschiedene Einschränkungen.
7. Schlechte Gewohnheiten müssen geändert werden.
9. Er baut eine Mauer um sich, um nicht mit anderen zu sprechen.
11. Ihre unabsichtlich geäußerten Worte haben mich verletzt.
12. Das kindliche Verhalten hat mich mild gestimmt.
14. An einem neuen Ort hat jeder anfänglich ein Gefühl der Fremdheit.
15. In Japan gilt genaue Aufmerksamkeit anderen gegenüber als wichtig.
17. Ich habe den ersten Schritt in Richtung meines Zieles für die Zukunft gemacht.

【会話】

1. Der Bericht, den ich geschrieben habe, wurde vom Professor hoch eingeschätzt.
2. Ich wurde gefragt, wie man in der heutigen internationalen Gesellschaft einen Beitrag leisten kann.
5. Eine Antwort darf nicht mehrdeutig sein.
6. Der Wert der Währungen schwankt täglich.
8. Es ist wichtig, die Dinge aus eigener Sicht zu erfassen.
13. Jedes Land hat sein eigenes Gesicht.
15. Die japanische Industrie war ursprünglich Landwirtschaft und Fischerei.

【文法・表現】

1. ～はず
a. Sie müsste nächstes Jahr nach Japan fahren.
b. Morgen sollte schönes Wetter werden.
c. Er müsste früher Lehrer gewesen sein.

2. ～と同様
a. Für die Deutschen ist ihre eigene Kultur genau so wichtig wie für jede andere Nation auch.
b. Diese Waren haben nur den gleichen Preis.

3. ～ば～ほど

a. Wenn man jeden Tag Schriftzeichen übt, desto besser wird man.

b. Je bequemer das Leben desto besser.

4. さらに

a. Der Taifun kam näher und der Wind nahm zu.

b. Sie strengte sich noch mehr an und wurde eine berühmte Ärztin.

5. 何気なく

a. Wenn man beim Sprechen unvorsichtig ist, passiert es, dass man andere verletzt.

b. Als er sich zufällig umdrehte, hat er seinen Freund gesehen.

6. ～を問わず

a. Dieses Buch ist bei jedem Alter beliebt.

b. Diesem Verein kann jeder, unabhängig vom Geschlecht, beitreten.

7. ～にあって

Welche Bedeutung hat Moral in einer chaotischen Zeit?

8. それにもかかわらず

a. Ungeachtet des eigenen Unglücks, hat sich diese Person für andere eingesetzt.

b. Japan versucht einen Beitrag in der Welt zu leisten, allerdings findet das keine große Wertschätzung.

9. 視点でとらえる

a. Heutzutage ist es notwendig, die Dinge von einem globalen Standpunkt aus zu erfassen.

b. Für Erwachsene ist es wichtig, ab und zu den Standpunkt eines Kindes einzunehmen.

第八課 Andere Kulturen

【練習】接続詞

【I 接続助詞のまとめ】

順接

1. それに、その上、また
2. それとも、あるいは、(若しくは)
3. それから、その上に、それに

逆接

1. ところが、でも、それなのに、けれども
2. でも、それなのに
3. それにもかかわらず、ところが、それなのに、けれども

因果関係

1. ですから、だから、それで、
2. ですから、だから、従って
3. それにしては、それにしても

その他

1. ところで
2. さて
3. それなら、それでは、では

【II 接続助詞のまとめ】

なり

a. Als er aus der Schule kam, hat er seine Tasche abgelegt und ist gleich rausgegangen.
b. Als ich in Japan angekommen bin, habe ich gleich Sushi gegessen.

とたん

a. Als er aus der Schule kam, hat er seine Tasche abgelegt und ist gleich rausgegangen.
b. Als der Regen aufgehört hat, sind die Kinder gleich nach draußen gegangen.

つつ

a. Wir führen ein Leben in gegenseitiger Hilfe.

b. Ich habe beim Gehen über einiges nachgedacht.

c. Auf der Welt verändert sich das Klima (ist das Klima dabei, sich zu verändern).

d. Mein Japanisch wird besser.

ところで

a. Egal, wie ich mich jetzt beeile, ich werde es auf keinen Fall schaffen.

b. Lass uns nach Hause gehen, da niemand gekommen ist.

ながら

a. Obwohl Frau Tanaka sagt, dass sie kein Geld hat, kauft sie oft ein.

b. Obwohl Herr Yamada sagt, dass er keinen Appetit hat, isst er viel.

つつ

Obwohl ich dachte, es sei hoffnungslos, habe ich es noch einmal probiert.

ものの

a. Ich kann zwar Japanisch sprechen, mache aber oft Fehler.

b. Ich bin zwar in Japan, verstehe aber überhaupt kein Japanisch.

ものを

a. Warum gehst du nicht, obwohl es besser wäre zu gehen?

b. Warum machst du es nicht, ob wohl es machen könntest?

くせに

a. Ich habe ihn gefragt, aber obwohl er es weiß, hat er es mir nicht gesagt.

b. Obwohl ich schon lange in Japan bin, weiß ich nichts über Japan.

第八課 Andere Kulturen

からといって

a. Obwohl es niedlich ist, ist es nicht gut, das Kind zu verwöhnen.

b. Obwohl es gut schmeckt, ist es ungesund, es so zu essen.

【内容質問】

【本文】

1. 日本で生まれ育った在日二世、三世の韓国・朝鮮人、研修や仕事のために在日する外国人、留学生など。
2. 皆の日常生活の中にある。一人一人の心の中にある。
3. 法律面、習慣面。
4. 制約を改善しなければならない。
5. 旅行、留学、仕事のため、親の仕事のため、ボランティアのため。
6. それぞれの人が自国の文化を持っていて、その間には異文化があるということ。
7. 異文化とは言語や習慣などの面で異なる文化ということです。
8. 偏見や差別を持つことなく、その違いをきちんと知る必要がある。

【会話】

1. 評価されてはいない。
2. 「国際貢献」が乏しいこと、戦争責任をあいまいにしてきたことなど。
3. 国を越えた本来の意味での国際貢献。
4. お金を出すだけではなく、世界の変動を市民的な視点で捉えて、人間として行動すること。
5. 日本の「顔」は現在は、東芝、日立、ソニー、トヨタなどの大手企業。
6. 評価されていると思います。／ 評価されていないと思います。
7. 一人の独立した人間として、自分の行動に責任が取れるように生きていかなければならない。例えば国というひとくくりの蓑に隠れることなく、国際人として生きること。

【漢字テスト】

1. 国際社会、貢献
2. 法律、異
3. 異文化、壁、取り除
4. 研修、勉強、らいにち、ぞうか
5. 普段、改善
6. 責任感、乏
7. 火山地帯、じしん
8. とうざい、壁
9. 善人
10. 貧乏
11. 除

【聴解】

1. 言葉でした。
2. 彼はまだ選挙権がありません。
3. 誤解を解くために、何でも話し合うことです。

【聴解スクリプト】異文化

北川：	ジョーンズさん、日本にきてもう何年になりますか。
ジョーンズ：	早いもので、もう2年半になります。
北川：	それなら、もうカルチャーショックというようなものは卒業しましたよね。
ジョーンズ：	それはもうありませんが、反対に今度は国に帰ると逆カルチャーショックがあるんですよ。
北川：	そうかもしれませんね。ところで、日本に来た時に大変苦労したことは何でしたか。
ジョーンズ：	何といっても言葉でした。ま、僕は国で少しは日本語を勉強してから来ましたから、すぐに慣れてきましたがね。他には、日本人の習慣

第八課 Andere Kulturen

	ですね。習慣の違いから来る誤解がかなりあって、苦労しました。日本人の丁寧な遠まわしのものの言い方で最初のころよく誤解してしまいました。
北川：	制度上の問題はありませんでしたか。
ジョーンズ：	ありますよ。僕にはいまだに選挙権がないんですよ。税金を払っているというのにね。僕は国では欠かさず、投票にいっていたのにこの国では、政治に口を出す権利が無いのは不満ですね。何故なら，政治のことは余り詳しくないんですが、政治的な疑問点がこの国には多すぎますよ。それから、僕は来年には日本人のフィアンセと結婚しようと思っているんですけど、今僕達の問題は結婚後どちらの国に住もうかということなんですよ。どちらの国に住んでも、お互いに文化的違いから来る摩擦があるわけですよね。それなら、一層、お互い全く違った国に住んでもいいわけだけど、やはり、僕にも彼女にも問題なのはお互いの中にある異文化なんですよね。
北川：	二人の間で口論とかあるわけですか。
ジョーンズ：	時々はありますよ。大概は誤解から来るものですがね。でも、何でも話し合わないといけないと思っています。そうすることで、二人がだんだん近づいていけると信じています。
北川：	お二人の幸せな国際結婚を祈っています。
ジョーンズ：	ありがとうございます。これからも、もし問題があったらいろいろアドバイスをお願いいたします。

【作文例】

私と異文化の出会い

　子供の頃から、親の仕事のために外国人が日常的に傍にいた。このことは地方都市に育った者には極めてまれな経験だったと言えよう。何故なら、封建色の残る私の故郷では、当時まだ外国人は少なく、一緒に外出しようものならまだまだ人の目が非難めいてそばだったものである。

私は片言の共通語である英語を混ぜながら、また彼らも習いたての表現を使って必至になってお互いの会話を続けた。彼らはこの土地が好きで、人々と何とかコミュニケーションをとりたがっていたからである。何よりも、日常生活での情報が不足していたから、必要に迫られてのことだったのかもしれない。異文化の中でその日の買い物にも困っていたのである。

　目の色が違い、皮膚の色が違い、異なる習慣を持つ人々との接触は確かに初めのころは沢山の違和感があり、戸惑いもあった。しかし、その中で私が学んだことは、人間としての基本的な心の交流はどこにでもあるということだった。このことは、同じ民族同士の間にも、相性の合う人、合わない人があるのと同じだ。同じ民族同士でも誤解もあれば、喧嘩もある。極端には家族同士でも、お互いの交流ができないこともある。

　時が過ぎ、私自身が今、母国を離れた異文化の中に身を置いている。一度ならず、幾度もこの異文化の中に入っていけない難しさを感じた。その度に、ホームシックにかかった。大きな障害となったのは何と言っても言葉だと思った。

　しかし、言葉で通じ合えなくても、大切なことは何とか相手を分かろうとする努力と人間としての寛容性ではないだろうか。その態度があれば、異文化の中にあっても、文化の違いとして受け入れ、そこから出発できる多様性を自らの中にも育てることができるのではないだろうか。

【タスク】

http://sietar-japan.org/

http://www.intercultural.jp

http://www.kuis.ac.jp/icci/

【翻訳】

1. ここは近道だし、供給も多種多様である。
2. 今日よくあるほかの文化との混合はつまり、異なる文化を持つ人々の間の違いより同じ文化を持つ人同士にある違いのほうが大きいと言うことである。
3. 私の言い方を許してください。

第八課 Andere Kulturen 263

4. 定価の反対は変動費である。
5. 彼は３５歳にもかかわらず若々しい考え方をする。
6. 習慣は人間を繰り返し古い道へと押し返す。
7. 壁が落ちた日は多くの東ドイツ人にとって心に刻み付けられる出来事であった。
8. スエーデンでは移住者の２世は（移民の子供）例外なく完璧なスエーデン語を話す。
9. 早ければ早いほど航空券は安く予約できる。これが格安飛行の原理である。
10. 寒さにもかかわらず、海水浴シーズンはすでに幕開けした。
11. Je mehr Freunde, desto besser – das ist nicht so.
12. Freiheit ist für dich genau so wichtig wie mich. Deshalb ist es besser, andere mehr zu respektieren.
13. Als ich zufällig in meiner Stammkneipe vorbeigeschaut habe, waren meine alten Freunde dort versammelt.
14. Japan sollte international mehr geachtet werden.
15. Irgendwann habe ich angefangen, viel zu lesen.
16. Weil jeder, egal welcher Nationalität, diesem Verein beitreten kann, sind Menschen unterschiedlicher Rassen vertreten.
17. Es ist vielleicht wichtig, dass Wissenschaftler manchmal die Dingen vom Standpunkt der normalen Menschen aus betrachten.
18. Leipzig ist eine recht große, moderne deutsche Stadt. Trotzdem ist es in Japan noch wenig bekannt.
19. Wir haben jetzt das 21. Jahrhundert und es ist an der Zeit, darüber nachzudenken, was für eine Gesellschaft wir unseren Kindern hinterlassen.
20. Sie geht auf ihren 20. Geburtstag zu und ist noch erwachsener und charmanter geworden.

第九課 Der Mensch

Text 1: Das Leben der Japaner

Japaner, die ins Ausland reisen, erscheinen den Menschen vor Ort als sehr schüchtern. Die meisten Japaner sehen so aus, als würden sie sich schnell verstecken, wenn man sie anspricht. Japaner sind im Allgemeinen nicht so geübt im Umgang mit Menschen. Sie sind nicht daran gewöhnt, mit anderen Menschen Kontakt zu knüpfen. Außerdem gibt es verschiedene Beschränkungen im gesellschaftlichen Umgang, so dass man sich wahrscheinlich nicht ungezwungen benehmen kann. Es gibt auch noch einen weiteren Grund. Japanische Höflichkeit meint nicht nur eine gewählte Sprechweise und gute Manieren sondern auch im Umgang mit anderen nicht egoistisch zu sein. Ausländer erzählen alles Mögliche über sich, während Japaner denken, es ist nicht gut für den Gesprächspartner, ihm die eigene, langweilige Geschichte zu erzählen. Ganz gleich wie traurig sie sind, schwatzen sie nur über Belangloses, ohne auf ihre Traurigkeit zu sprechen zu kommen.

Mich hat mal ein japanischer Herr gefragt: „Was für Schätze besitzen Sie? Ihr Mann lebt doch schon lange in Japan. Er sammelt bestimmt schöne Wandschirme und andere Kunstgegenstände." Ich klagte, dass fast alles, was mein Mann gesammelt hatte, 1923 beim großen Erdbeben verbrannt war. Ich jammerte über dies, klagte über jenes und der Mann hörte mitfühlend zu. Ich fragte ihn: „Waren Sie damals in Tokyo? Haben Sie auch etwas verloren?" Ein Lächeln zeigte sich auf seinem Gesicht: „Ich habe meine Frau und Kinder verloren." Ich war bestürzt und wollte ihn trösten, aber er lächelte einfach weiter, als ob wir uns über etwas Lustiges unterhielten. In Wahrheit musste er die Ausländerin irgendwie beruhigen, die erschüttert war, als sie von diesem ungeahnten Unglück erfuhr und konnte deshalb nicht in seinem Kummer versinken. Und so hatte er weiter das typisch japanische Lächeln im Gesicht.

第九課 Der Mensch

Text 2: Unannehmlichkeiten und Unglück

Das Buch „Gotai Fumanzoku" (wörtlich: „Mein Körper ist nicht perfekt", deutscher Titel: *Leben ist Freude*) von Ototake Hirodata wurde zum Bestseller und bewegte viele Menschen. Der junge Autor zitiert Helen Keller mit den Worten: „Eine Behinderung ist unpraktisch, aber kein Unglück." Diese lebendigen Worte gehen nahe.

Ototake Hirodata wurde ohne Arme und Beine geboren, besuchte aber trotzdem eine normale Schule. Er hatte viele Freunde und schaffte es an seine Wunschuniversität. Er führt ein glückliches Leben. Wenn er schreibt, klemmt er den Stift zwischen Wange und Hand und drückt das Papier ans Gesicht.

Sein Elektro-Rollstuhl ist besonders, wenn er darin sitzt, ist er genau so groß, wie ein normaler Mensch. Wenn er von Schulen zu einem Vortrag eingeladen wird, sagt er: „So wie jemand mit schlechten Augen eine Brille trägt, sitze ich im Rollstuhl, weil ich Probleme mit den Beinen habe. Das muss euch überhaupt nicht leidtun. Genau so wie ihr niemanden bemitleidet, der eine Brille trägt."

Die Leser des Buches sind davon ergriffen, dass er seine Behinderung nicht als Unglück versteht, sondern nur als körperliche Besonderheit und so geschäftig wie aktive junge Leute ist. Natürlich bedurfte er dazu der Unterstützung der Menschen in seinem Umfeld. Vor den Lehrern, die ihn ganz normal behandelten und nicht verhätschelten, obwohl er behindert ist, muss man den Hut ziehen. Dass dieser junge Mann dank solcher Menschen fröhlich aufwachsen konnte, stimmt die Leser hoffnungsvoll.

【語彙】

【本文１】

1. Als sie ihn gesehen hat, ist sie plötzlich rot geworden.
3. Er kann mit jedem auskommen, er ist ein umgänglicher Mensch.
5. Endlich habe ich mich an das Leben in Deutschland gewöhnt.
6. Er benimmt sich durch und durch wie ein Firmenchef.
7. In Japan ist Höflichkeit äußerst wichtig.

8. Es ist ein schönes Gefühl eine anmutige Person zu sehen.
9. Die Menschen, mit denen ich jetzt Umgang habe, sind Erwachsene.
10. Es heißt, dass Franzosen generell egoistisch sind.
14. Jeder hat sein Geheimnis.
15. Die Großmütter bringen mit ihrem Geschwätz Blumen zum Blühen.
16. Mein Schatz sind die Kinder.
19. Die Mittelalter-Sammlung des Kunstmuseums ist ausgezeichnet.
23. Meine Mutter klagt immer, dass ich nicht lerne.
25. Für solche Menschen solltest du niemals zu viel Mitgefühl haben.
27. Auf dem Gesicht zeigte sich ein Lächeln.
29. Ich war entsetzt darüber, dass alles im Feuer verbrannt ist.
30. Er hat hart gearbeitet.
31. Mein Freund hat mich nach Kräften getröstet.
32. Er hat die Prüfung bestanden und war überglücklich vor Freude.
34. Ich konnte die Erregung wegen des Unglücks meiner Familie nicht unterdrücken.
35. Beruhige dich und überleg, wie es weitergeht.

【本文2】

2. Ich war von dem Film, den ich gestern gesehen habe, sehr ergriffen.
4. Wenn man in einer Arbeit zitiert, muss der Autor angegeben werden.
6. In Deutschland gibt es viele Einrichtungen für Behinderte.
8. Ich kann es tatsächlich erleben und erstmals lebhaft spüren.
9. Die Frist für die Abgabe des Berichts ist näher gerückt.
11. Mein Wunsch ist es, Arzt zu werden.
15. Er hat mir Arbeit aufgezwungen.
21. Ich habe jemandem die Arbeit übertragen.
25. Eine Besonderheit dieser Stadt ist, dass es viel Grün gibt.
26. Er hat meine Gefühle erwidert.
27. Sie ist ein äußerst positiver Mensch.

第九課 Der Mensch

28. Greenpeace unternimmt verschiedene Aktionen.
29. Kyōto liegt in einem Becken, das von Bergen umgeben ist.
30. Behandeln Sie die Ware sorgfältig, sie leicht kaputt gehen.
31. Es ist nicht gut, Kinder zu verwöhnen, dann werden sie verhätschelt.

【文法・表現】

1. 見える/聞こえる（自発）

a. Von hier aus ist der Fernsehturm sichtbar.

b. Von meinem Zimmer aus kann ich den Fernseher im Nachbarzimmer hören.

2. ～そう

a. Ich habe einen Riesenhunger.

b. Ich kann es kaum erwarten, den Kuchen zu essen, obwohl er dick zu machen scheint.

3. ～し

a. Es regnet und es ist kalt, ich möchte heute nicht rausgehen.

b. Ich möchte nie wieder in diesem Laden einkaufen, die Sachen sind teuer und das Personal unfreundlich.

4. ～ず

a. Ich bin nicht zur Universität gegangen, (sondern) habe in der Stadt Pachinko gespielt.

b. Bitte sagen Sie nur das Wichtige, ohne Unnützes ständig zu wiederholen.

5. ～ことがある（経験）

a. Wie oft sind Sie in der Vergangenheit in Japan gewesen?

b. Ich habe noch nie etwas mit einem so außergewöhnlichen Geschmack gegessen.

6. 〜ながら

a. Beim Essen zu sprechen, zeugt nicht von guten Manieren.

b. Wie gingen lachend.

7. 〜ようとする

a. Gerade als ich losgehen wollte, kam ein Anruf.

b. Gerade als ich schlafen wollte, kam plötzlich ein Freund.

8. 〜かのように

a. Ich habe mich ganz wie zu Hause gefühlt.

b. Ich fühle mich genauso wohl wie beim Eintauchen in eine heiße Quelle.

9. 〜わけにはいかない

a. Weil heute eine Vollversammlung ist, kann ich trotz Fieber nicht zu Hause bleiben.

b. Weil ich extra eingeladen wurde, muss ich hingehen.

10. ぬ

a. Ich muss unbedingt gehen.

b. Lieber etwas ungesagt lassen.

11. さらに

a. Durch den Taifun ist der Wind stärker geworden. Außerdem hat es sogar zu regnen angefangen.

b. Das Firmenmanagement funktioniert nicht wie gedacht. Außerdem bin ich in persönliche Probleme verwickelt.

第九課 Der Mensch

12. ～ばかりではなく

a. Er hat nicht nur ein Auto aus einheimischer Produktion, sondern auch eins aus ausländischer.

b. Nicht nur Kinder sondern auch Erwachsene können sich an diesem Anime erfreuen.

13. ～に於いて（場所、時）

a. Die Konferenz soll in Saal 1 stattfinden.

b. In der nahen Zukunft werden Computer in allen Familien verbreitet sein.

14. ～を初め

a. Bitte grüßen Sie die Professoren und alle anderen in der Japanologie herzlich.

b. Kati isst Sushi und jedes andere japanische Gericht.

15. 何とか

a. Englisch kann ich irgendwie sprechen.

b. Mit diesem Geld kann ich einen Monat lang irgendwie leben.

16. ちっとも（話し言葉）

a. Sie ist kein bisschen ernsthaft.

b. Obwohl es laut Kalender schon Frühling ist, ist es überhaupt noch nicht warm geworden.

17. ～に頭が下がる

a. Ich ziehe meine Hut vor seinem Verantwortungsbewusstsein.

b. Seinen Bemühungen wurde nicht der angemessene Respekt gezollt.

18. ～のお陰で

a. Mit der Hilfe des Lehrers bin ich im Japanischen gut geworden.

b. Danke der Nachfrage, mir geht es gut.

【練習】

I
1. こと
2. こと
3. こと、こと
4. こと、もの
5. もの、もの
6. こと、もの
7. こと、こと、もの

「こと」の用法

1. Aufforderung, Anweisung: Leg das Buch an seinen ursprünglichen Platz zurück.
2. Betonung: Viele Freunde im Leben zu haben, das ist Glück.
3. Entschluss: Ich habe mich entschieden, nächstes Jahr nach Japan zu fahren.
4. gelegentlich: Ich esse manchmal im japanischen Restaurant.
5. Möglichkeit: Ich kann Japanisch sprechen.
6. Unentschlossenheit: Ich gehe sowieso, aber ...
7. Betonung: Überraschend ist, dass hier niemand wohnt.
8. über, betreffend: Ich möchte über den Aufsatz sprechen.

「もの」の用法

1. Grund, Ursache:

    Weil die Straße überfüllt war, bin ich zu spät gekommen.
2. Die Verwirklichung einer schwer umzusetzenden Sache befürworten oder erwarten:

    Wenn es möglich ist, versuch es.
3. Ein Sachverhalt wird angeführt, dann folgt eine Einräumung:

    Obwohl ich gesagt habe, dass ich gehe, möchte ich nicht.

第九課 Der Mensch

4. Ein Sachverhalt wird zunächst anerkannt, im zweiten Satzteil kommt aber der Gegensatz/Widerspruch zum Ausdruck:

   Obwohl ich das nicht wusste, tut es mir leid.

5. Bringt ein Gegenargument, eine scharfe Erwiderung zum Ausdruck:

   Du hast es nicht gemacht, obwohl du es kannst.

6. Der erste Satzteil nennt einen Grund oder Anlass, der zweite die Konsequenz:

   Du hast nicht gelernt, deshalb wirst du nicht bestehen.

II
1. 例：日本語を話しています。/ 見えます。
2. 例：ゆっくりしていました。/ 感じます。
3. 例：振舞っています。/ 人を使っています。
4. 例：勝手に振舞っています。

【内容質問】

【本文１】
1. 日本人は外国人からはにかみやで人付き合いに慣れていないように見られている。
2. 初めての人とでもうまく会話ができて、社交的だという意味。
3. 制約というのは、日本では上下関係が厳しく、常に礼儀正しく振る舞わなければならず、自由ではない。また、色々な社会的ルールもある。
4. 自分のこと、自分の利益しか考えられない人のこと。例えば、電車に乗る時、他の人を押しのけてでも最初に乗ろうとする人。
5. 例えば、天気のことなど。
6. 不都合なことに対して愚痴や文句をいうこと。
7. 彼女は東京にいました。
8. 彼女のご主人が収集したものが大震災で焼けてしまったから。
9. 奥さんと子供を亡くしました。
10. 日本人は一般的に感情を表に現さず、曖昧に微笑んでいることが多い。
11. 【例】本当に怒っている時や悲しい時は、微笑むことができないのではないだろうか。

【本文2】
1. 著者が障害を不幸な境遇としてではなく、単なる身体的特徴として積極的に明るく受け止めているからである。
2. 生まれた時から手と足がない。
3. 両親、先生方、そして友だちの協力がある。
4. 例: 普通の人と同様に接してあげることができる。

【漢字テスト】

1. 優雅、振る舞い
2. 紳士、宝物
3. 嘆、希望、積極的
4. 気持ち、鎮、椅子
5. 悲, 浸、救
6. 己、扱
7. 隠
8. 微笑, 甘い, 頼
9. 懸命, 慰
10. 待遇
11. 鏡

【聴解】

1. 日本人が何回もお礼を言うことに苦労している。
2. 相手との人間関係をスムースにするために心から気持ちを表すことが大切だと言っている。
3. 言葉はコミュニケーションの道具だけである。

【聴解スクリプト】礼儀正しい日本人

ジョーンズ： 北川さん、ちょっと聞いていいですか。

北川： ええ、いいですよ。なんですか。

ジョーンズ： どうして日本人は前日のお礼を次に会ったとき何回も言うんですか。

第九課 Der Mensch

北川： ああ、先日はご馳走様でした。とか先週はいろいろありがとうございました、とか。あれですか。

ジョーンズ： そうそう。それです。一度その時に言ったのでは足りないんですか。

北川： 足りるとか足りないの問題ではないんですよ。日本人は相手の厚意をいつまでも忘れていないということを感謝の言葉によって表したいんですよ。そうすれば、会話の切り出しもスムースにいくんですね。人間関係には欠かせない大切なことなんですよ。お世話になったとき、ご馳走になったとき、次回会ったときに「先日はありがとうございました。」という一言で、うまくいくんですね。

ジョーンズ： それでは、いつでも、ありがとうございましたと言えば、うまくいくんですね。

北川： それは違います。心から気持ちを表さない場合は何も相手に伝わらないと思ってください。この人との関係を長く保ちたいと思うなら、気持ちよい関係を続けたいと思うなら、その気持ちを感謝の言葉で伝えることが大切でしょう。言葉はあくまで、コミュニュケーションの道具だけです。

ジョーンズ： わかりました。スムースな人間関係ということですね。

【作文例】

　ドイツと比べる日本は色々な意味で違います。文化や言葉などはもちろんですが、それにともなって人々の考え方や人間関係も違います。それに見るだけで分かるところもあれば、分かりにくいところもあります。確かに代表的な説明など誰にも出来ないと思いますが、私はこれから自分の経験を説明してみたいと思います。

　ドイツでは他人のことを何も知らずにすぐに判断する人が多いです。日本で訳がわからないと簡単に相手の行動を判断することが出来ないという考え方があります。それはいいことだと思います。しかし、その考え方に裏もあります。訳を聞かないまま相手を分かることも、助けることもできない人がいます。職場でそういうことが問題になると大変だと思います。

　ドイツ人は日本人と違ってあまり遠慮しません。つまり言いたいことを直接に言う

のです。遠慮したほうがいい場合もありますが、時々それが邪魔になることもあります。例えば、他人に悪いと思って自分の意見を言わない人と約束すると、とても大変で、時間がかかります。自分の意見があっても言わない人はドイツにあまりいませんからそれに慣れるまで誤解しやすいです。

　日本とドイツは確かに違うところがたくさんありますが、どちらのほうがいいかは私には決められません。比べないほうがいいかもしれません。もし、比べようとしても一人一人の見方と意見が違うはずです。それより、それぞれのやり方を経験したほうがお互いに理解できるようになると思います。

【タスク】

例：インタビュー

失礼ですが、今ちょっとお時間がありますか。私はＮＨＫのレポーターの村田と申しますが、今バレンタインデーについて色々な人のご意見を伺っています。
バレンタインデーについて少しインタビューさせて頂いてもよろしいでしょうか。

【中略】

そうですね。なるほど、大変参考になりました。
お時間を取って頂いてありがとうございました。

【翻訳】

1. 学生ばかりでなく、先生もまずBA制度に慣れなければなりません。
2. 軍隊はこの国の民主主義への道への一番大きな障害である。
3. 車椅子は障害者の移動を可能にする。
4. ハンブルクはよく水の都として知られているが、一番特徴的なことはその港である。
5. このホテルで客は広範囲にわたるウエルネスプログラムが楽しめ、自らを甘やかすことができる。
6. 私がコロンボの病院で見た悲惨さは私の医学を勉強したいという望みをもう一度確認させた。
7. ベルリンとその周辺を知るための特別にいい方法は、蒸気船で回ることだ。

第九課 Der Mensch

8. 彼は私たちのセミナーでインドへの旅行について興味深い講演をしてくれた。
9. みやげ物として、芸術かキッチュかの分類は大切なことではない。
10. その犬は子供の右の頬に噛み付いて大変な怪我を負わせた。
11. Du kannst dich nicht immer hinter anderen verstecken. Langsam musst du deine eigene Haltung zeigen.
12. Der junge Mann benimmt sich durch und durch wie ein Gentleman.
13. Als ich schlafen wollte, verspürte ich eine starke Erschütterung.
14. Egal in welchen Verhältnissen man aufwächst. Jeder hat das Recht; nach seinen Wünschen zu streben.
15. Dank der aktiven Hilfe anderer Länder, konnten wir uns irgendwie von der Erdbebenkatastrophe erholen.
16. Ich denke, weil die Kinder in unserer Familie nicht verzogen wurden, verstehen sie den Kummer anderer.
17. Die Regierung hat sich nicht nur an die Hilfe für die Erdbebengebiete gemacht, sondern auch begonnen, die anderen Länder um Hilfe zu bitten.
18. Egal; welchen Grund es gibt, jetzt muss es gemacht werden.
19. Dank der angestrengten Pflege meiner Familie habe ich mich irgendwie von den Folgen des Unfalls erholt.
20. Ich ziehe den Hut vor den Mühen der Ärzte und Krankenschwestern.

第十課 Die Sprache

Text: Höflichkeitssprache als Waffe (Wozu braucht man *keigo*?)

Höflichkeitsausdrücke, die in der japanischen Frauensprache vorkommen

Es gibt wohl geschlechtsspezifische Unterschiede in den Höflichkeitsausdrücken im Japanischen. Man kann die Höflichkeitssprache grob in drei Kategorien unterteilen. Erstens gibt es die ehrerbietig-höfliche Sprache, die Respekt gegenüber dem Zuhörer oder dem Gesprächsgegenstand, ganz gleich ob Person oder Sache, zum Ausdruck bringt. Zum Beispiel „ ... san ga o-kaki ni natta hon desu." (Das ist ein Buch von Herrn / Frau X.) Und es gibt die ehrerbietig-höfliche Sprache, mit der man sich selbst erniedrigt und dem Gesprächspartner gegenüber Respekt zum Ausdruck bringt. So zum Beispiel benutzt man anstelle von „iku" „mairimasu" (gehen).

Zweitens gibt es die Höflichkeitssprache, die nicht Respekt bestimmten Personen oder Sachen gegenüber zum Ausdruck bringt, sondern eine allgemein höfliche Sprechweise ist. Im Allgemeinen wird sie am Wortende ausgedrückt. So werden an Stelle von „da" „desu" oder „de gozaimasu" (sein) verwendet.

Und drittens gibt es verschönernde Ausdrücke, die verwendet werden, um die Eleganz im Ausdruck des Sprechers zu erhöhen. Dazu werden vor Substantive, Adjektive und Verben die Präfixe „o" oder „go" gesetzt, zum Beispiel „Kono koro wa o-yasai wa o-takai desu ne." (In letzter Zeit ist das Gemüse teuer, nicht wahr?)

Es ist allgemein bekannt, dass die oben genannte Höflichkeitssprache und Höflichkeitsausdrücke komplexen Veränderungen unterliegen je nach Alter, Beruf, sozialer Stellung des Sprechers, der Beziehung zum Gesprächspartner und dem Gesprächsthema.

Ich bin der Auffassung, dass es bei den Höflichkeitsausdrücken im Japanischen, zwei Punkte ausgenommen, keine geschlechtsspezifischen Unterschiede gibt. Zunächst kann man hier die Häufigkeit der Verwendung von verschönernden Ausdrücken anführen. Männer benutzen zwar auch verschönernde Ausdrücke wie „o-sake" oder „o-hashi", aber Frauen neigen dazu, verschönernde Ausdrücke häufiger zu verwenden. Ein zweiter Unterschied liegt in den prosodischen Merkmalen, die auftreten, wenn Frauen Höflichkeitssprache verwenden. Frauen sprechen den ganzen Satz in einer höheren Tonhöhe und die Vokale ein bisschen länger, wodurch die Aussage als höflicher und respektvoller aufgefasst wird.

第十課 Die Sprache

Dialog: Schlafstörungen

Ein Gespräch zwischen Arzt und Patientin. Die Patientin ist eine junge Studentin.

Arzt: Guten Morgen. Wie geht es?

Patientin: Guten Morgen. Herr Doktor, ich kann in letzter Zeit nicht gut schlafen.

Arzt: Seit kurzem gibt es immer mehr junge Patienten mit dem Problem. Gibt es bei Ihnen irgendeinen Grund dafür?

Patientin: Ich bin eigentlich ein Nachtmensch. Ich habe gemerkt, dass ich internetsüchtig bin. Ich bin auf jeden Fall bis 2 Uhr wach. So sehr ich es auch versuche, ich kann dann nicht einschlafen. Meine Mutter schimpft immer mit mir, weil ich morgens nicht aus dem Bett komme, obwohl sie mich oft wecken kommt..

Arzt: Ach so. Das kommt häufig vor. Sie sind dann bestimmt während der Vorlesung eingeschlafen.

Patientin: Nein, noch nicht. Auf jeden Fall bin ich durch Schlafmangel zerstreut, es scheint, dass ich im Kopf nicht wach bin, wahrscheinlich höre ich nichts.

Arzt: Es gibt in letzter Zeit viele junge Leute, für die der Unterschied zwischen Tag und Nacht verschwimmt. Wie gesagt, ist wohl der Computer die Ursache. Deshalb passt der Körper sich dem an und funktioniert nur in der Nacht. Da die Prüfungen an der Universität tagsüber sind, funktioniert der Kopf nicht. Das ist ein Problem. Ältere Menschen sind eher Morgentypen.

Patientin: Nächstes Jahr habe ich Abschlussprüfung. Was soll ich machen?

Arzt: Wie wäre es, wenn Sie kurz entschlossen auf eine Abendschule wechseln? Sie schlafen tagsüber.

Patientin: Herr Doktor, machen Sie bitte keine Witze. Ich meine es ernst.

Arzt: Natürlich war das ein Scherz. Dann gebe ich Ihnen gleich ein Medikament, das Sie müde macht. Aber bemühen Sie sich langsam Tag und Nacht wieder zu tauschen.

Patientin: Vielen Dank.

Arzt: Gute Besserung.

【語彙】

【本文】

1. Ich habe im Krieg mit der Waffe in der Hand gekämpft.
2. In der japanischen Sprache gibt es Unterschiede zwischen den Geschlechtern.
3. In der Bibliothek sind die Bücher nach unterschiedlichen Klassifikationssystemen unterteilt.
4. In letzter Zeit sind Umweltprobleme zu einem weltweiten Gesprächsthema geworden.
5. Der Premierminister veranstaltete als Respektsbezeugung für den amerikanischen Präsidenten eine Willkommensfeier.
6. Die ehrerbietig-höfliche Sprache im Japanischen bereitet den Ausländern große Probleme.
7. Bescheidenheit heißt, sich selbst zu erniedrigen und sein Gegenüber zu respektieren.
8. Als *keigo* werden die ehrerbietig-höfliche Sprache, die bescheiden-höfliche Sprache und die Höflichkeitssprache bezeichnet.
10. Dieses Geschäft hat in der Regel bis 20 Uhr geöffnet.
12. Bitte drücken Sie sich gewählt aus.
15. Seine Position scheint recht hoch zu sein.
17. Zwischenmenschliche Beziehungen sind etwas Komplexes.
18. Es ist allgemein bekannt, dass die Ressourcen der Welt abnehmen.
20. Ich bin der Meinung, dass dieses Projekt zeitlich nicht zu schaffen ist.
21. Im Japanischen wird das Wort „ich" nicht häufig verwendet.
23. Dieses Gedicht ist wundervoll in seiner Metrik.
24. Im Japanischen gibt es keinen Akzent, sondern einen Tonhöhenakzent.
26. Dieser Film hat die Herzen der Menschen ergriffen und lässt sie nicht mehr los.

第十課 Die Sprache

【会話】

1. Ich habe aufgrund von Stress Schlafstörungen.
5. Menschen tun, ohne nachzudenken, unbewusst dasselbe.
6. Seit kurzem bin ich nach Rock-Musik süchtig.
8. Es gibt allerlei: Zeitmangel, Geldmangel, Arbeitskräftemangel, Wissensmangel.
10. Man muss zwischen gut und schlecht unterscheiden.
13. Witze, die andere verletzen, sind nicht gut.
14. Für ihn / sie ist nur Ernsthaftigkeit eine Stärke.

【文法・表現】

1. 大きく分けて
   a. Japan kann man grob in vier Inseln unterteilen.
   b. Die japanische Geschichte kann man grob unterteilen in Altertum, Mittelalter, neuere Zeit, Moderne und Gegenwart.

2. ～かわりに
   a. Morgen kommt Herr Tanaka für mich.
   b. Wie ist es am Mittwoch statt Montag?

3. ～にあたる
   a. Er ist genauso wichtig wie mein Onkel für mich.
   b. Für das japanische „itadakimasu" scheint es im Deutschen keine Entsprechung zu geben.

4. どちらかというと（ば）
   a. Ich esse zwar alles, aber es japanisches Essen wäre mir lieber.
   b. Ich mag eher klassische Musik.

5. こころもち

a. Bitte versuchen Sie das U ein bisschen kürzer auszusprechen.

b. Er scheint etwas zugenommen zu haben.

6. もしかすると

Ich werde nächste Woche vielleicht nach Japan fahren.

7. 〜ほうです

a. Ich bin morgens belastbarer als abends.

b. Ich bin eher ein Freund von Süßem als von Alkohol.

8. 〜のに

a. Wohin gehst du eigentlich trotz des Regens?

b. Obwohl ich so sehr gelernt habe, bin ich durch die Prüfung gefallen.

【内容質問】

【本文】

1. この筆者の意見では、あります。
2. ２つの点にあります。まず、女性は男性より美化語を使う頻度が多いことです。次に韻律特徴として女性は全体のピッチを上げ、母音を長めに発音することが多いことです。
3. 第１は尊敬語、第２は丁寧語、第３は美化語です。
4. 敬語は話し相手の年齢、職業、社会的地位、相手との関係、話題によって変化、影響されます。
5. 日本社会では特に人間関係をスムーズにするのに役に立つ。
6. 敬語はありますが、日本語の敬語ほど幾層にも分かれていません。どちらかというと丁寧語です。（例えば、Sie と du の違いだったり、Könnten Sie 〜などの表現が敬語にあたります。）
7. 日本語ほど複雑ではありませんが、十分、敬いの言葉になっています。

第十課 Die Sprache

【会話】

1. 遅くまでインターネットを使うことによって体のリズムが崩れた。
2. 「夜型人間」というのは夜はいつまでも起きていられる、夜に強い人のこと。その反対は「朝型人間」である。
3. まだそこまではしていない。
4. 同様にインターネットやテレビなどで、寝るべきときに寝ないので昼と夜がひっくり返っている若者が多いので。
5. とにかく薬を出し、少しずつ昼と夜の生活を変えていくようにアドバイスした。
6. はい、時々あります。
7. 多い時で、２時間ぐらいです。
8. 様々な資料の源になっています。とても便利です。

【副詞のまとめ】

1.1. 時間に関係ある副詞

まもなく　　　bald

　　　　　　　Bald kommt der nächste Bus.

しばらく　　　a. eine Weile, ein Augenblick

　　　　　　　Ich rufe den Abteilungsleiter, warten Sie bitte einen Moment.

　　　　　　　b. eine ganze Weile

　　　　　　　Wir haben uns lange nicht mehr gesehen, wie geht es Ihnen?

もうすぐ　　　bald

　　　　　　　Bald ist Weihnachten, nicht wahr?

そのうちに　　bald, über kurz oder lang, binnen kurzem

　　　　　　　Er ist zu spät. Ich denke, dass er gleich kommt.

やがて	demnächst, in nächster Zeit; nach kurzem
	Das Kind ist bald groß.
すぐ	sofort
	Komm bitte sofort, es gibt etwas Dringendes.
早速	sofort, unverzüglich, auf der Stelle
	Die bestellte Ware werde ich sofort liefern.
ただちに	sofort, unverzüglich
	Ich bin fertig. Lass uns sofort aufbrechen.
たちまち	plötzlich, auf einmal; im Nu
	Zunächst hat es nur genieselt, aber plötzlich goss es in Strömen.
そろそろ	langsam, allmählich, nach und nach
	Es ist Oktober, die Blätter färben sich langsam rot.
今にも	jeden Augenblick
	Es wird plötzlich dunkel, es sieht aus, als würde es jeden Augenblick regnen.
たまたま	zufällig
	Als ich in der Stadt bummelte, habe ich zufällig alte Freunde getroffen.
いったん	erst einmal, vorläufig
	Ich werde erst mal in mein Heimatland zurückkehren und dann komme ich wieder.

第十課 Die Sprache

いまだに　　　bis jetzt, noch

　　　　　　　Ich erinnere mich noch immer an meine Kindheit.

いまさら　　　nun, jetzt; jetzt, wo die Dinge so sind

　　　　　　　Jetzt können wir den Plan nicht mehr ändern.

【練習１】

1. 着くでしょう。／　着くはずです。
2. 雨も止むでしょう。／　雨も上がるでしょう。
3. 新しい年が始ります。／　お正月です。
4. 慣れてくることでしょう。
5. 安全なところに避難(ひなん)して下さい。
6. なくなってしまった。／　消えてしまった。
7. 連絡してみました。／　行ってみました。
8. 故郷に帰って／　入院して
9. 勉強してももう遅い。
10. 帰ってくる頃ですから。

1.2. 必ず過去形を伴う副詞

かつて　　　　früher

　　　　　　　Früher war das hier ein ruhiges Dorf.

さきほど　　　vorhin, gerade, vor kurzem

　　　　　　　Vorhin hat Herr Tanaka angerufen.

すでに　　　　schon, bereits

　　　　　　　Als ich ankam, war der Zug bereits abgefahren.

とっくに schon längst

    Als ich in das Unterrichtszimmer kam, hatte der Unterricht schon angefangen.

たった今 eben, gerade

    Gerade eben kam ein Anruf.

前もって vorher, im Voraus

    Bevor ich Sie besuche, rufe ich an.

あらかじめ im Voraus, vorher, zuvor

    Ich habe im Voraus mitgeteilt, dass es nächste Woche eine Sitzung geben wird.

のちほど später, nachher

    Dann bis später.

【練習2】

1. 出たばかりです。
2. お帰りになりました。（帰りました）
3. お目にかかります。
4. 行ってみた方がいいです。行ってみます。
5. 帰国した

1.3. 希望や願いを伴う副詞

やっと endlich, schließlich; mit Mühe

    Es dauerte drei Jahre, aber endlich kann ich eine Zeitung lesen.

ようやく endlich, schließlich, erst

    Nachdem ich eine Stunde lang warten musste, kam endlich der Zug.

第十課 Die Sprache

どうにか	irgendwie, auf die eine oder andere Weise
	Mein Kind hat es irgendwie geschafft, allein zu leben.
是非	unbedingt, auf jeden Fall, gewiss
	So lange ich jung bin, möchte ich unbedingt zum Studium an eine amerikanische Universität.
どうか	unter allen Umständen, um jeden Preis
	Bitte stellen Sie mich unbedingt in dieser Firma an.
とうとう	schließlich, endlich, zuletzt
	Nach langer Krankheit ist er schließlich gestorben.
結局	schließlich, endlich, letztendlich
	Nach fünf Jahren haben sie schließlich geheiratet.
ついに	zuletzt, schließlich, endlich
	Ich habe es mehrmals probiert und dann endlich geschafft.
やはり	wirklich, wie erwartet, schließlich, am Ende
	Herr Matsumoto hatte nun doch Krebs.

【練習3】

1. どうか
2. とっくに
3. 是非
4. なんとか
5. どうぞ
6. どうか

7. ぜひ
8. もう、まだ
9. なんとか
10. とっくに

2. 習慣、頻度に関係がある副詞

絶えず	ununterbrochen, ständig, immer
	Er isst ununterbrochen.
常に	immer, stets, dauernd
	Er schreibt immer Tagebuch.
年中	jahraus jahrein; das ganze Jahr hindurch; immer
	Mein Vater sagt immer, er sei beschäftigt.
始終	immer, ständig, von Anfang bis Ende
	Meine Mutter sagt immer zu mir: „Lerne!"
しょっちゅう	immer, dauernd, ständig
	Dieser Student kommt dauernd zu spät zum Unterricht.
ひっきりなしに	hintereinander, unablässig, pausenlos
	Aus dem Nebenzimmer kommt pausenlos Musik.
頻繁に	häufig, öfter, wiederholt
	In letzter Zeit gab es häufiger große Erdbeben.
しばしば	oft, öfters, häufig, wiederholt
	Ich komme oft in dieses Geschäft.

第十課 Die Sprache

度々　　　　öfters, häufig, mehrmals

　　　　　　Er ruft mich oft an.

たまに　　　gelegentlich, selten, hin und wieder

　　　　　　Ich gehe hin und wieder in die Disko.

まれに　　　selten, nur selten einmal

　　　　　　Er fehlt fast nie, nur im Ausnahmefall.

めったに　　kaum, selten, so gut wie nie

　　　　　　Japanische Züge haben so gut wie nie Verspätung.

【練習4】

1c. 木村さんは分からない事は、いつも人に聞いてばかりで、自分で調べようとしない。
2e. 今年は,中村さんに度々お世話になった。
3a. 断ってばかりいないで、たまには私たちと遊びに行きませんか。
4f. あの人とは家の前で時々会うことがあるが、名前は知らない。
5b. あのレストランは評判がよく、年中込んでいる。
6d. 語学の上達は、絶えず話す練習をすることだ。

3.　数量や程度に関係がある副詞

3.1. 数が多い場合

いっぱい　　a. voll

　　　　　　Samstags sind die Geschäftsstraßen immer voller Menschen.

　　　　　　b. die ganze Zeit

　　　　　　Ich habe diesen Monat bei der Arbeit viel zu tun.

たくさん　　a. viel, viele, zahlreich

　　　　　　Er isst immer viel.

b. genügend, ausreichend

Es gibt schon genügend Verkäufer.

たっぷり reichlich, gut, genügend

Bis zur Abfahrt haben wir genügend Zeit.

充分，十分 ausreichend, genügend, hinlänglich

Es gibt ausreichend Essen.

3.2. 数が少ない場合

ちょっと ein bisschen, ein wenig; ein Moment

Warten Sie bitte noch einen Moment.

ほんの少し nur ein wenig

Ich kann nur ein wenig Japanisch sprechen.

わずか wenig, gering, knapp

Ich muss jeden Monat mit wenig Geld leben.

たった nur, bloß, nichts als

Gestern kamen nur fünf zum Unterricht.

3.3. 大体の数量

およそ zirka, ungefähr, etwa

Von Tōkyō bis Ōsaka dauert es mit dem Shinkansen ca. 3 Stunden.

約 ungefähr, etwa, rund

Es dauert wohl etwa ein Jahr, bis ich meine Arbeit fertig habe.

第十課 Die Sprache

ざっと	a. ungefähr, grob, annähernd, etwa
	Es dauert ungefähr 2 Jahre, bis die neuen Universitätsgebäude fertig sind.
	b. flüchtig, kursorisch
	Ich habe die Zeitung überflogen.
ほぼ	ungefähr, fast, beinahe, annähernd, wohl
	Meine Abschlussarbeit ist fast fertig.

3.4. １００％の状態

全部	alles, alle
	Ich habe alles aus dem Kühlschrank aufgegessen.
すべて	alles, jeder; völlig
	Ich habe alle Bücher im Regal gelesen.
すっかり	a. ganz, restlos, alles
	Weil es so lecker war, habe ich alles aufgegessen.
	b. völlig, vollkommen
	Ich bin von meiner Krankheit vollständig genesen.
そっくり	alle, alles, insgesamt
	Ich habe mein gesamtes Portemonnaie verloren.

【練習5】

I　1.　十分
　　2.　全部
　　3.　ちょっと
　　4.　すっかり
　　5.　たっぷり

II　1.　１００です。
　　2.　３人だけだった。
　　3.　盗(と)られてしまった。
　　4.　３万円ぐらいだろう。

4.　否定形と一緒に使う副詞

ちっとも　　　überhaupt nicht, nicht im geringsten

　　　　　　　Das Essen schmeckt überhaupt nicht.

さっぱり　　　einfach, rundweg, überhaupt nicht, nicht im mindesten

　　　　　　　Ich kann mich einfach nicht an den Namen dieser Person erinnern.

一向に　　　　überhaupt nicht, absolut nicht, gar nicht

　　　　　　　Obwohl ich die Medikamente genommen habe, ist es gar nicht besser geworden.

大して　　　　nicht besonders, nicht sonderlich, nicht so

　　　　　　　Obwohl ich mich nicht besonders vorbereitet habe, habe ich die Prüfung bestanden.

めったに　　　kaum, selten, so gut wie nie

　　　　　　　Er macht selten Hausaufgaben.

一切　　　　　gar nichts, überhaupt nichts

　　　　　　　Ich habe damit überhaupt nichts zu tun.

決して　　　　auf keinen Fall, niemals, nicht im mindesten

　　　　　　　Ich lüge nie.

第十課 Die Sprache

とうてい gar nicht, überhaupt nicht, auf keinen Fall

Dieses schwierige Problem ist nicht zu lösen, egal wie oft man darüber nachdenkt.

とても überhaupt nicht, gar nicht, auf keinen Fall

Er sieht gar nicht wie ein Student aus.

一概に unterschiedslos, insgesamt

Es stimmt nicht, dass alle Japaner ernst sind.

必ずしも nicht immer

Die Reichen sind nicht unbedingt glücklich.

必ず a. ohne Zweifel, gewiss

Jeder muss sterben.

b. unbedingt

Putzen Sie unbedingt die Zähne.

二度と niemals wieder, kein zweites Mal

Machen Sie das nie wieder.

まさか Ausgeschlossen! Niemals!

Es ist unmöglich, dass mein Kind so etwas Schlimmes getan hat.

しいて mit Gewalt, gewaltsam

Wenn er/sie nicht auf die Universität will, bringt es nichts, ihn/sie zu zwingen.

ついに	am Ende, zum Schluss, schließlich
	Obwohl er versprochen hat, zur Party zu kommen, ist er ohne Bescheid zu geben, dann doch nicht gekommen.
なかなか	nicht einfach, kaum
	Heutzutage sind junge Leute kaum für Politik zu begeistern.
別に	nicht besonders
	Ich bin Alkohol nicht besonders abgeneigt, ich trinke nur kaum.
あえて	nicht davor zurückschrecken, bereit sein
	Wenn du so entschlossen bist, dann kann ich nichts dagegen tun.
夢にも	nicht im geringsten, nicht im Traum
	Ich hätte nicht im Traum gedacht, dass so etwas Schreckliches passieren könnte.

【練習6】

1. あまり
2. 一概には、必ずしも
3. あまり
4. 一概に、必ずしも
5. まさか
6. 必ずしも、夢にも、決して
7. もう
8. 決して
9. 一概に、必ずしも
10. あえて
11. 夢にも

第十課 Die Sprache

12. 必ずしも

【練習7】

1. ２００８年８月にドイツに帰ります。
2. いいえ、ドイツでも勉強を続けます。
3. あまり行きませんでした。先生のお宅が初めてでした。
4. ドイツの写真を送ると約束しました。
5. ドイツで先生や家族に会い、ドイツの色々な所を案内して、ドイツのビールをご馳走することを期待しています。

【タスク】

拝啓

　先生お元気ですか。私もおかげさまで元気にしております。

　日本に来てもう3ヶ月たちました。初めはとても心配しましたが、皆様に親切にしていてだいて、だんだん日本の生活にも慣れてきました。また、その節は日本語があまり分からないために、ご心配おかけしました。

　先生があの時下さった辞書は大変役に立っています。最初は辞書の引き方も分からなかったのですが、少しずつ慣れてきました。今ではこの辞書がないと困ります。本当にありがとうございました。この辞書を引くとき、いつも先生のことを思い出して、感謝しています。あと、9ヶ月、日本滞在中に新聞が読めるようになって、国に帰りたいと思っています。今は毎日、学校の宿題やレポートで忙しいのですが、週末、いつか先生のお宅を訪問したいと思っております。少しは上達した日本語で先生とお話できたら、素晴らしいです。先生のご都合をお知らせください。

　それでは、季節の変わり目、お体ご自愛くださいますよう。

敬具

平成21年3月1日

ヤン・シュミット

山田隆先生

【漢字テスト】

1. 敬語、敬、あいて
2. 丁寧
3. 睡眠、眠
4. 譲
5. 冗談、まじめ
6. しよう、頻度
7. 野菜、ていねい
8. 醒
9. 種類
10. じょせい、年齢
11. 捉

【聴解】

1. 敬語です。
2. 敬語があることによって、相手との関係がわかる。
3. えらくなると、敬語を理解しなければならないから。

【聴解スクリプト】

北川： ジョーンズさんこのケーキ召し上がりませんか。

ジョーンズ： え、今何と言いましたか。

北川： いえね、このケーキ食べませんか、と言ったんですよ。

ジョーンズ： 食べますよ。ケーキは大好きですから。でもどうして日本語にはそんな厄介な敬語なんてものがあるんですか。我々外国人泣かせですよ。

第十課 Die Sprache

北川： そうですね。でも敬語がなくなると日本社会は成り立たないと思いますよ。敬語によって、相手との関係をコントロールしていくことができるんですね。

ジョーンズ： 英語にも少しはそうした表現はあるけど、日本語のようにそんなにいくつもの段階はありませんよ。果たしてそんなに沢山の段階が必要なんですか。

北川： そうですね。まず一番大切なことはいま誰と話しているか、ということですね。相手との関係を考えてその段階を選ばなければなりません。

ジョーンズ： じゃ、相手が誰かわからない場合はどうなりますか。

北川： その場合は最上級の敬語を使うわけです。

ジョーンズ： ああ、そうして少しづつ探っていくというわけですか。だから日本人は名刺を渡すんですね。

北川： そうなんです。特にビジネスでは名刺がないとなりたちません。名刺は相手の名前はもちろん、むしろ名前より敬称が大切かな。

ジョーンズ： 敬称ってなんですか。

北川： 敬称というのはその人の地位のことです。社長とか、課長とかと言ったね。

ジョーンズ： それで、相手の地位によって、敬語の段階を選ぶというわけですか。じゃ、外国人でもえらくなると敬語を理解しなければならないわけですね。僕は平社員でよかった。

【翻訳】

1. 彼は私の代わりに講演をした。
2. 勉強する代わりに一晩中、友だちとしゃべっていた。
3. 去年のクリスマスは丁度日曜日に当たった。
4. そのうちに彼が数年前からひどい睡眠障害に苦しんでいたことがわかった。
5. 一つの問題を除いてすべての質問に彼は正しく答えた。
6. 雨が降り出したので、道の途中で引き返した。
7. 例えば教授と話すときは、尊敬語を使わなければならないことは周知のことです。
8. 彼らの努力にもかかわらず、ことはうまく運ばなかった。

9. 多分彼は正しい。
10. まず私の先任者の功績をたたえたい。
11. Ich bin anstelle des Abteilungsleiters zur Sitzung gegangen.
12. Man kann die Weltwirtschaft grob in drei Blöcke einteilen, nämlich Europa, Amerika und Asien.
13. In Japan gibt es keine Präsidenten, man kann sagen, dass dem der Premierminister entspricht.
14. In Japan werden von alters her Jungen eher mehr geschätzt als Mädchen.
15. Wenn wir sofort losgehen, schaffen wir vielleicht noch den Zug um 7 Uhr. Beeil dich.
16. Obwohl ich traurig war, habe ich mich zusammengerissen und nicht geweint.
17. Ich bin eher ein Frühaufsteher.
18. Es ist bekannt, dass man mit Kindern anderer Leute eher nachsichtig ist.
19. In jeder Sprache gibt es höfliche Formulierungen, aber im Japanischen sind sie am kompliziertesten.
20. Obwohl der Junge noch klein ist, arbeitet er für die Familie. Das ist rührend.

漢字索引

第一課

政治	Politik	解答	Lösung, Antwort
病気が治る	die Krankheit wird geheilt	重視	Wichtigkeit, Wert legen
歴史	Geschichte	軽視	Geringschätzung, Verharmlosung
履歴書	Lebenslauf		
史学	Geschichtswissenschaft	程度	Grad, Umfang
東洋史	Geschichte des Fernen Ostens	過程	Verlauf, Prozess
		地域	Gebiet, Gegend, Bezirk
欧州	Europa	領域	Territorium, Gebiet, Bereich
欧米	Europa und die USA		
新米	neuer Reis; Neuling, Anfänger	独身	ledig, unverheiratet
		独自	Originalität
日米	Japan und die USA	孤独	Einsamkeit, Isolierung
米国	USA	植民地	Kolonie
建設	Aufbau, Bau	植物	Pflanze
建立	Errichten Bauen	戦争	Krieg
建物	Gebäude	戦場	Schlachtfeld
設立	Gründung, Errichtung	姓名	Vor- und Nachname
機関を設ける	Institutionen einrichten	改正	Verbesserung, Änderung
標準語	Standardsprache	改革	Reform
目標	Ziel	日本風	japanischer Stil
共通語	Verkehrssprache	風車	Windrad, Windmühle
私共	wir	絶望	Verzweiflung
必要	notwendig	絶対	absolut, unbedingt
重要	wichtig, bedeutend	占領	Besetzung, Okkupation
結果	Ergebnis	占い	Horoskop, Prophezeiung
果樹園	Obstgarten	超越	Transzendenz
理解	Verständnis, Verstehen	越境	Grenzverletzung
溶解	Auflösung	大阪府	Stadtpräfektur Ōsaka

京都府	Präfektur Kyōto	就く	eine Stellung antreten
政府	Regierung	職業	Beruf
政策	Politik, politische Maßnahme	職種	Berufssparte, Art der Beschäftigung
策略	Taktik, Kniff, List	風俗	Sitte, Gewohnheit
就任	Amtsantritt	採用	Annahme; Anstellung
就職	Finden einer Arbeit; Dienstantritt	採集	Sammlung, Sammeln

第二課

中小企業	kleine und mittelständische Unternehmen	労働者	Arbeiter
企画	Plan, Vorhaben	疲労	Ermüdung, Erschöpfung
一般	allgemein	技術	Kunst; Technik
全般	Gesamtheit	技師	Ingenieur, Techniker
豊富	Reichtum, Fülle	技能	Können, Fähigkeit, Kunstfertigkeit
豊満	Fülle, Beleibtheit	学術	Wissenschaft
資金	Kapital, Fonds	手術	Operation
資料	Material, Unterlagen, Daten	経営	Management, Leitung
学資	Schulgeld, Studiengeld	営業	Betrieb, Geschäft, Gewerbe
設備	Einrichtung, Ausstattung	創造	Erschaffung, Kreation, Schöpfung
施設	Einrichtung, Institution		
設計	Plan, Entwurf, Design	創設	Errichtung, Gründung
生産量	Produktion, Ausstoß	建造	Bau, Aufbau
計量	Messung, Wägen	造園	Landschaftsgartenbau
価格	Preis, Kosten, Wert	競争	Wettbewerb, Konkurrenz
物価	Warenpreis	競馬	Pferderennen
比較	Vergleich	戦争	Krieg
対比	Gegensatz, Kontrast, Vergleich	闘争	Kampf, Konflikt, Streit
		指示	Hinweis, Andeutung
限界	Grenze, Limit	展示	Ausstellung
期限	Termin, Frist	展覧会	Ausstellung

発展	Entwicklung	逆様	Inversion, Spiegelung
地震	Erdbeben	訓練	Schulung, Drill
震度	Erdbebenstärke	教訓	Lehre, Unterweisung
災害	Unglück, Unfall	学級	Schulklasse
被災	Betroffenheit	級友	Klassenkamerad
事件	Ereignis, Vorfall	被害者	Opfer
景色	Landschaft	水害	Wasserschaden
景気	Konjunktur	間違い	Irrtum, Fehler
不況	Rezession	勘違い	Missverständnis, Irrtum
状況	Zustand, Lage	大切	wichtig
逆行	Rückwärtsbewegung	切実	Dringlichkeit; Aufrichtigkeit

第三課

定年	(Dienst-)Altersgrenze	生命	Leben
定規	Lineal	命令	Befehl
息子	Sohn	延命	Lebensverlängerung
寝息	Atem eines Schlafenden	延期	Aufschub, Verzögerung
夫人	(verheiratete) Frau	歓迎	Willkommen, Begrüßung
夫婦	Ehepaar	迎合	Schmeichelei, Opportunismus
産婦	Wöchnerin		
婦人	Frau	健康	Gesundheit
引退	Ruhestand, Zurückgezogenheit	健在	gesund
		珍味	Delikatesse
退場	Weggehen, Abtritt, Abgang	珍客	langerwarteter, seltener Gast
退院	aus dem Krankenhausentlassen werden	活動	Aktivität, Tätigkeit
		活発	lebhaft, aktiv
適当	geeignet, passend	活躍	Tätigkeit, Aktivität
最適	Optimum, beste Eignung	躍動	lebhafte Bewegung
長寿	langes Leben	数学	Mathematik
寿命	Lebensdauer, Leben	数字	Zahl, Ziffer

応対	Empfang, Behandlung	鼻緒	Riemen an *geta*
応接間	Empfangszimmer	へその緒	Nabelschnur
対応	Entsprechung, Übereinstimmung	日暮れ	Sonnenuntergang
		暮時	Abenddämmerung
制度	System, Organisation	静寂	Stille, Ruhe
学制	Schulsystem	寂び	geschmackvolle Einfachheit
熱中	Begeisterung, Schwärmen	核戦争	Atomkrieg
太陽熱	Sonnenwärme	核家族	Kernfamilie
余暇	freie Zeit	隣人	Nachbar
休暇	Urlaub, Ferien	右隣	der Nachbar zur Rechten
複数	Plural	身分	soziale Stellung, Stand
複雑	kompliziert	独身	ledig
重複	Verdoppelung, Überschneidung	単身	allein, unbegleitet; unverheiratet
一緒	Zusammensein		

第四課

教育	Erziehung, Bildung	急激に	plötzlich, abrupt, drastisch
育児	Kinderpflege		
幕府	Bakufu	激情	Leidenschaft, Passion
天幕	Zelt; Vorhang	著書	Werk, Buch
武士	Krieger	著述	lit. Werk; Verfassen, Schreiben
弁護士	Rechtsanwalt	進出	Vorrücken, Vorwärtskommen
修士	Magister		
機関	Motor; Organ, Institution; Mechanismus	進学	Wechsel auf eine höhere Schule
関係	Beziehung, Verhältnis; Belang	封建制	Feudalsystem
		封筒	Umschlag, Kuvert
関する	angehen; betreffen	封鎖	Blockade, Sperrung
幕末	Ende des Tokugawa-Shōgunats	内容	Inhalt
		容姿	Gestalt, Figur
年末	Jahresende		

命令	Befehl	薄情	kaltherzig, gefühllos
教育令	Erziehungserlass	肉薄	Heranrücken bis an den Körper des Gegners/ Partners
敗戦	verlorener Krieg		
敗者	Verlierer, Besiegter	我慢	Geduld, Ausdauer
至上主義	Überlegenheit	自我	Ich, Selbst, Ego
過保護	Verzärtelung	我が社	meine/unsere Firma
保守派	Konservative	状態	Situation, Umstände
援護	Unterstützung, Beistand	態度	Haltung, Einstellung
護衛	Leibwache, Eskorte	年賀状	Neujahrsgruß, -karte
傾向	Tendenz, Neigung	形状	Form, Gestalt, Figur
傾斜	Neigung, Gefälle; Tendenz	干渉	Einmischung
		交渉	Verhandlung, Besprechung
増減	Zu- und/oder Abnahme		
減少	Abnahme, Verminderung		

第五課

立派	schön, prächtig, stattlich	及第	Bestehen (einer Prüfung)
右派	die Rechten	言及	Erwähnung, Bezugnahme
派閥	Clique, Faktion	人影	Schatten eines Menschen
日常	Alltag, tägliches Leben	影法師	Schatten einer Person
常識	Verstand; Allgemeinwissen	影響	Einfluss
普通	normal, gewöhnlich	交響曲	Symphonie
普段着	Alltagskleidung	復習	Wiederholung
副食	Nebengericht, Beilage	復活	Auferstehung
副大統領	Vizepräsident	日系	japanische Abstammung
最低	niedrigst-, Minimal-	直系	direkte Abstammung
低賃金	niedriger Lohn	突撃	Attacke, Angriff
豆腐	Tofu	衝突	Zusammenstoß; Konflikt
豆乳	Sojamilch	墓地	Friedhof
普及	Ausbreitung, Popularisierung	墓参り	Besuch eines Grabes

単純	einfach, schlicht, naiv, einfältig	礼儀	Höflichkeit, Etikette
純粋	Reinheit, Echtheit	水柱	Wassersäule, Wasserstrahl
消化	Verdauung	茶柱	aufrecht schwimmende Teestiele
消灯	Löschen des Lichtes	垂直	senkrecht, vertikal
消費	Konsum, Verbrauch	浮世絵	japanischer Farbholzschnitt
姿勢	(Körper-)Haltung, Einstellung	浮浪者	Obdachloser, Landstreicher
姿態	Gestalt, Figur, Haltung	韓国	Südkorea
行儀	Manieren	日韓	Japan und Korea

第六課

資源	Rohstoff, Ressourcen; Material	暖冬	milder Winter
源氏物語	Genji monogatari	指摘	Hinweis, Fingerzeig
石炭	Steinkohle	摘出	völlige Entfernung, Herausschneiden
木炭	Holzkohle	子供	Kind
石油	Erdöl	供え物	Opfergabe
油絵	Ölgemälde	供給	Angebot, Versorgung, Lieferung
燃焼	Verbrennung	給食	Versorgung mit Nahrungsmitteln
不燃性	Feuerfestigkeit	事故	Unfall, Vorfall
山焼き	Abbrennen des trockenen Grases	故事	geschichtliche Begebenheit
焼失	Abbrennen, Niederbrennen	深夜	Mitternacht
酸性雨	saurer Regen	深酒	übermäßiges Trinken
酸化	Oxidation	深刻	Ernst, Ernsthaftigkeit
酸素	Sauerstoff	時刻	Zeit; Stunde
水素	Wasserstoff	被害者	Opfer, Geschädigte(r)
元素	Element, Grundstoff	処理	Erledigung, Handhabung; Entsorgung
地球	Erde, Globus	太陽	Sonne
球技	Ballsport	陽性	Positivität
温暖化	Erwärmung		

環境	Umgebung, Umwelt, Milieu	効果	Erfolg, Wirkung, Effekt
環状線	Ringlinie	効能	Effektivität, Wirkung
総合	Synthese, Verbindung	測量	Messung, Vermessung
総会	Vollversammlung	予測	Vorhersage, Vorausberechnung
検討	Untersuchung, Prüfung		
討議	Debatte, Diskussion, Diskurs	排出	Verbreiten; Ausstoßen, Ablassen
討論	Diskussion, Debatte	排水	Abwasser; Wasserableitung
防止	Vorbeugung, Verhütung	削減	Kürzung, Reduktion
防火	Feuerschutz	厳格	streng, hart, ernst
		厳重	streng, scharf, hart

第七課

革命	Revolution	食費	Verpflegungskosten
改革	Erneuerung, Reform	費用	Kosten, Ausgaben
革製品	Lederwaren	消費者	Verbraucher, Konsument
機械	Maschine, Mechanismus	要求	Erfordernis, Forderung
金属	Metall	求婚	Heiratsantrag
所属	Zugehörigkeit	可能	Möglichkeit
日本製	japanisches Produkt	不可	unmöglich, schlecht, ungenügend
特製	Sonderanfertigung		
輸入	Import	許可	Erlaubnis, Genehmigung, Lizenz
輸出	Export	仮想	Annahme; virtuell
密輸	Schmuggel	等々	und so weiter
金融業	Geldgeschäft	等級	Klasse, Grad, Stufe
融和	Integration, Harmonie	投手	Werfer, Pitcher
繊維	(Textil-)Faser	服装	Kleidung
明治維新	Meiji-Restauration	装置	Vorrichtung, Anlage
軽工業	Leichtindustrie	装備	Ausrüstung, Ausstattung
鉄鋼	Stahl, Eisen und Stahl	配置	Anordnung, Arrangement, Verteilung
販売	Verkauf		

娯楽	Vergnügung, Unterhaltung	将軍	General, Shōgun
想像	Einbildung, Phantasie	将来	Zukunft
女神像	Büste einer Göttin	大将	General, (An-)Führer
映像	Bild; Spiegelbild	教師	Lehrer
行為	Tat, Handlung; Betragen	医師	Arzt
医療	ärztliche Behandlung	恩師	verehrter Lehrer
療養	Heilbehandlung		

第八課

異文化	andere Kultur	東西の壁	Mauer zwischen Ost und West
異人	Fremder; anderer Mensch	壁画	Fresko, Wandmalerei
研修	Studium, Training, Ausbildung	控除	Abzug, Subtraktion
修行	Schulung, asketische Übung	除夜の鐘	Glockenläuten am Silvesterabend
普段	gewöhnlich, normal, alltäglich	貢献	Beitrag, Dienst
階段	Treppe, Stufe; Phase	献身	Aufopferung, Hingabe
段階	Stufe, Stadium, Phase	貧乏	arm
法律	Gesetz, Recht	欠乏	Mangel
律令制度	*Ritsuryō*-System	責任	Verantwortung
違法	Rechtswidrigkeit	責務	Pflicht
合法	Gesetzmäßigkeit, Legalität	重責	schwere Verantwortung
善悪	Gut und Böse	黒帯	schwarzer Gürtel
改善	Verbesserung, Reform; Kaizen	連帯	Solidarität

第九課

隠蔽	Geheimhaltung, Verheimlichung	日本舞踊	japanischer Tanz
		舞姫	Tänzerin
隠れ蓑	Tarnkappe; Deckmantel	優雅	Anmut, Eleganz
振動	Schwingung, Vibration	優秀	Überlegenheit, hervorragende Leistung
振興	Aufschwung, Förderung		

優美	Anmut, Grazie	文鎮	Briefbeschwerer
雅楽	(altjapanische Hofmusik)	障害	Hindernis, Störung
雅言	elegante Sprache	障子	Papierschiebetür
自己	selbst	希望	Wunsch, Hoffnung
利己主義	Egoismus	希求	Wunsch, Verlangen
接触	Berührung, Kontakt	志望	Wunsch
触感	Tastempfindung	望遠鏡	Fernrohr, Teleskop
紳士	Herr, Gentleman	依頼	Bitte, Gesuch
宝石	Edelstein, Juwel	手鏡	Handspiegel
宝物	Schatz, Kostbarkeit	鏡台	Toilettenspiegel
宝島	Schatzinsel	遭遇	Begegnung, Zusammenstoß, Erlebnis
尋問	Verhör, Befragung		
	Gesuch, inständige Bitte	待遇	Behandlung, Empfang; Lohn
	Bewunderung, Erstaunen	徴用	Kriegshilfsdienst
微笑	Lächeln	徴収	Einnehmen, Requisition
微々	winzig, klein; unbedeutend	積雪	Schneedecke
顕微鏡	Mikroskop	積載	Beladen, Verladung
懸賞	Preisausschreiben	積極的	positiv, aktiv
懸案	schwebende Frage	極楽	Paradies
一生懸命	äußerste Anstrengung	南極	Südpol
慰安婦	„Trostfrau"	取り扱い	Behandlung, Handhabung, Umgang
慰問	Krankenbesuch, Beileidsbesuch	扱い方	Behandlungsweise
浸水	Überschwemmung	甘柿	süße Persimone
浸食	Erosion, Korrosion	甘党	Naschkatze
揺りかご	Wiege	救急	erste Hilfe
動揺	Schwanken, Unruhe	救済	Rettung, Bergung; Erlösung
鎮圧	Unterdrückung, Unterwerfung	椅子	Stuhl

第十課

尊敬	Achtung, Respekt	野菜	Gemüse
敬具	Hochachtungsvoll, Viele Grüße	菜食主義	Vegetarismus
種類	Art, Sorte	年齢	Alter
人類	Menschheit	老齢	hohes Alter
尊父	(*höfl.*) Vater (*von jm. anderen*)	頻繁	Häufigkeit
		頻度	Häufigkeit, Frequenz
尊兄	du, Sie (*Anrede unter gleichrangigen Männern*); Ihr Bruder	韻律	Metrum, Versmaß
		音韻	Laut, Phonem
		睡眠	Schlaf
謙譲	Bescheidenheit, Zurückhaltung	午睡	Mittagsschlaf
譲歩	Zugeständnis, Konzession	冬眠	Winterschlaf
移譲	Zueignung, Vermächtnis	春眠	Frühjahrsschlaf
丁寧	Höflichkeit; Sorgfalt	眠り薬	Schlafmittel
丁度	gerade, eben, genau	冗談	Scherz, Spaß
安寧	öffentliche Ruhe	捕捉	Fangen, Fassen; Verstehen
地位	Stellung, Rang	覚醒リズム	Aufwachrhythmus
位置	Lage, Stellung, Position		

索引

あ

相手	あいて	Partner; der andere	9
あいまいに		unbestimmt, unklar, zweideutig	10
あいまいにする		verdunkeln, verhüllen	8
諦める	あきらめる	aufgeben, verzichten; sich fügen	4
扱い	あつかい	Behandlung; Handhabung	9
あやまち		Fehler	1
甘やかす	あまやかす	verwöhnen, verzärteln	9
改める	あらためる	verbessern, verändern; erneuern	1

い

生き残り	いきのこり	Überlebender	2
以降	いこう	ab, seit	5
意識	いしき	Wahrnehmung, Empfindung, Bewusstsein	8
維持	いじ	Erhaltung, Aufrechterhaltung, Bewahrung, Instandhaltung	4
至る	いたる	ankommen, anlangen, erreichen	4
著しい	いちじるしい	bedeutend, beachtlich, ansehnlich	4
著しく	いちじるしく	in auffallender Weise	7
一連	いちれん	Reihe, Serie, eine Reihe von	2
一瞬	いっしゅん	Augenblick, Moment	2
居眠りする	いねむりする	einnicken, ein Schläfchen machen	10
一般	いっぱん	allgemein, üblicherweise	9
異文化	いぶんか	andere Kultur	8
違和感	いわかん	Gefühl der Fremdheit	8
医療	いりょう	ärztliche Behandlung	7
色々と	いろいろと	verschiedenartig	9

引用	いんよう	Zitat	9
韻律的	いんりつてき	metrisch	10

う

植木	うえき	Gartenpflanze, Topfpflanze	3
浮かべる	うかべる	schweben, schwimmen, treiben	9
受け止める	うけとめる	fangen, auffangen; parieren, abfangen	9
薄い	うすい	dünn; schwach; leicht	4
牛	うし	Kuh, Rind	5
運輸業	うんゆぎょう	Transportwesen	7

え

影響	えいきょう	Einfluss	5
映像	えいぞう	Bild; Spiegelbild	7
援助	えんじょ	Hilfe, Unterstützung, Beistand	2
延長	えんちょう	Erweiterung, Verlängerung, Ausdehnung	3

お

オウム真理教	オウムしんりきょう	Aum-Sekte	2
追い付く	おいつく	aufholen, einholen, erreichen	1
怒る	おこる	zornig werden, sich ärgern	10
押し付ける	おしつける	niederdrücken, unterdrücken; aufzwängen	9
お箸	おはし	Essstäbchen	10
及ばす	およばす	ausüben, ausdehnen	6
温暖	おんだん	Wärme	6

か

買いあさる		etw. kaufen wollen, Jagd machen auf	2
改善	かいぜん	Verbesserung, Richtigstellung; *Kaizen*	8
開発	かいはつ	Erschließung, Urbarmachung; Entwicklung	6
外務事務次官	がいむじむじかん	Staatssekretär im Außenministerium	8
顔を持つ	かおをもつ	ein Gesicht haben	8
価格	かかく	Preis, Wert	2
化学	かがく	Chemie	7
華僑	かきょう	Auslandschinese	1
限り	かぎり	Einschränkung, Grenze; begrenzt, Beschränkt	2
限る	かぎる	sich beschränken, begrenzen, abgrenzen	7
核家族	かくかぞく	Kernfamilie	3
格差	かくさ	Unterschied, Differenz, Gefälle	2
覚醒	かくせい	Erwachen	10
学術	がくじゅつ	Wissenschaften	4
学制	がくせい	Schulsystem, Schulwesen	4
愕然	がくぜん	bestürzt, entsetzt, erschrocken	9
確立する	かくりつする	aufstellen, gründen, errichten, festlegen	4
火山地帯	かざんちたい	Vulkangürtel	6
課す	かす	auferlegen, geben, zuweisen	6
仮想	かそう	Annahme, Vermutung	7
課題	かだい	Aufgabe, Thema	2
活動	かつどう	Tätigkeit, Aktivität	9
活躍	かつやく	Tätigkeit, Aktivität	3
過程	かてい	Prozess, Verlauf, Vorgang	1
家庭料理	かていりょうり	Hausmannskost	5

悲しい	かなしい	traurig, betrübt, unglücklich	9
壁	かべ	Mauer	8
過保護	かほご	übertriebene Fürsorge, Verhätschelung	4
我慢	がまん	Geduld, Ausdauer	4
画面	がめん	Bildschirm	7
通う	かよう	regelmäßig gehen/fahren, zur Arbeit fahren, verkehren	9
瓦礫	がれき	Schutt, Trümmer; wertloser Kram	2
彼ら	かれら	sie (*Plural, mask.*)	9
環境	かんきょう	Umwelt, Milieu; Umgebung, (Lebens-)Umstände	6
関係	かんけい	Beziehung, Verbindung; Belang	10
韓国	かんこく	Süd-Korea	5
感動	かんどう	Rührung, Ergriffenheit	9

き

きっかけ		Gelegenheit, Anlass	7
記事	きじ	(Zeitungs-)Bericht, Artikel	4
技師	ぎし	Techniker, Ingenieur	7
疑似体験	ぎじたいけん	Simulation	7
基礎	きそ	Grundlage, Fundament, Basis	4
議定書	ぎていしょ	Protokoll	6
厳しい	きびしい	streng, hart, scharf	6
気分	きぶん	Stimmung, Laune; Befinden	7
切符売り場	きっぷうりば	Kartenschalter, Kasse	7
希望	きぼう	Wunsch, Hoffnung, Erwartung	9
逆に言えば	ぎゃくにいえば	umgekehrt gesagt, anders herum gesagt	2

急激	きゅうげき	plötzlich, abrupt; schlagartig, drastisch	4
休息	きゅうそく	Ruhe, Pause	5
教育勅語	きょういくちょくご	Kaiserlicher Erziehungserlass	4
行儀	ぎょうぎ	Manieren, Benehmen	5
供給	きょうきゅう	Versorgung, Belieferung, Angebot	6
境遇	きょうぐう	Lebensverhältnisse, Lage, Umstände, Umwelt	9
教訓	きょうくん	Belehrung, Lehre, Lektion	2
教授	きょうじゅ	Unterricht, Vorlesung; Professor	10
強制	きょうせい	zwingen, nötigen; Zwang	1
競争力	きょうそうりょく	Wettbewerbsfähigkeit	2
協調する	きょうちょうする	zusammen arbeiten, einträchtig handeln	4
共通	きょうつう	gemeinsam, gemein	1
共同生活	きょうどうせいかつ	Zusammenleben, Gemeinschaftsleben	3
共有	きょうゆう	gemeinsam besitzen, mitbesitzen	1
強要	きょうよう	erpressen, erzwingen	1
協力	きょうりょく	Zusammenarbeit, Mitwirkung	6
気楽	きらく	sorglos, unbekümmert; bequem, behaglich	3
金属	きんぞく	Metall	7
金融業	きんゆうぎょう	Finanzwesen	7

く

茎	くき	Stängel, Halm	5
区別	くべつ	Unterschied, Unterscheidung	10
暮らす	くらす	leben, auskommen, sich ernähren	9
車椅子	くるまいす	Rollstuhl	9

加える	くわえる	addieren, hinzufügen	2
訓練	くんれん	Übung, Training, Ausbildung; Drill	7

け

～系	～けい	Abstammung, (Familien-)Linie	5
敬意	けいい	Achtung, Respekt, Verehrung	10
経営	けいえい	Management, Verwaltung, Betrieb	2
計画的	けいかくてき	planmäßig, systematisch	2
景気	けいき	Konjunktur	2
傾向	けいこう	Tendenz, Trend	4
軽工業	けいこうぎょう	Leichtindustrie	7
結果	けっか	Ergebnis, Resultat, Folge	7
決定	けってい	Entscheidung	2
喧嘩	けんか	Streit, Krach; Handgemenge	4
健在	けんざい	gesund sein	3
現実	げんじつ	Wirklichkeit, Realität	7
現象	げんしょう	Phänomen	6
謙譲語	けんじょうご	bescheiden-höfliche Sprache	10
建設	けんせつ	aufbauen, Aufbau	1
検討する	けんとうする	überprüfen, nachprüfen, durchsehen	6
現場	げんば	derselbe Ort, Tatort	4
懸命	けんめい	eifrig, fleißig	9

こ

行為	こうい	Tat, Handlung, Geschäft	7
講演	こうえん	Vortrag, Rede, Vorlesung	9
効果	こうか	Effekt, Wirkung	6
講義	こうぎ	Vorlesung, Vortrag	10
郷学	ごうがく	Dorfschule, Schule für das Volk und die Samurai	4

交際	こうさい	Umgang, Gesellschaft	9
構造	こうぞう	Struktur, System, Aufbau	7
高度経済成長期	こうどけいざいせいちょうき	Phase mit hohem Wirtschaftswachstum	7
合理化	ごうりか	Rationalisierung	2
高齢者	こうれいしゃ	Senior, betagte Person	3
国際貢献	こくさいこうけん	internationaler Beitrag	8
心配り	こころくばり	Aufmerksamkeit	8
試み	こころみ	Versuch, Probe	6
異なる	ことなる	sich unterscheiden, abweichen, anders sein	8
言葉	ことば	Wort, Sprache	9
言葉遣い	ことばづかい	Sprache, Ausdrucksweise	8
国家主義	こっかしゅぎ	Nationalismus	4
こぼす		verschütten, umstürzen; klagen, murren	9
語尾	ごび	Wortendung, Endsilbe	10
固有	こゆう	eigentümlich, wesenseigen	1
娯楽	ごらく	Unterhaltung, Vergnügen	7

さ

災害者	さいがいしゃ	Opfer, Verunglückter, Geschädigter	2
妻子	さいし	Frau und Kind	9
最終的に	さいしゅうてきに	schließlich, letzten Endes	6
採用	さいよう	jn. anstellen, aufnehmen	1
削減	さくげん	Kürzen, Kürzung	6
さっと		schnell, rasch; auf einmal, schlagartig	9
寂しい	さびしい	einsam, verlassen, öde; traurig	3
差別	さべつ	Diskriminierung; Unterschied	1
様々	さまざま	verschieden, mannigfaltig, allerlei	5

産業	さんぎょう	Industrie	7
産業革命	さんぎょうかくめい	industrielle Revolution	7
参拝	さんぱい	einen Tempel/Schrein besuchen	1

し

実感	じっかん	lebhafter Eindruck, unmittelbares Gefühl	9
資金	しきん	Fonds, Geldmittel, Kapital	2
しぐさ		Benehmen, Betragen, Verhalten	8
私見	しけん	persönliche Meinung	10
資源	しげん	Quelle, Ressource, Material	6
事件	じけん	Vorfall, Angelegenheit, Zwischenfall	2
私塾	しじゅく	Privatschule (*insbes. in der Edo-Zeit und bei einem Lehrer zu Hause*)	4
実質的	じっしつてき	wesentlich, substanziell; gehaltvoll	5
鎮める	しずめる	beruhigen, stillen, dämpfen	9
下請け	したうけ	Zulieferungsauftrag; Zulieferer	2
したがって		deshalb, demnach, also	2
自治体	じちたい	selbstverwaltete Körperschaft, Gemeinde, Kommune	6
実現	じつげん	Verwirklichung	6
実用化	じつようか	Anwendbarmachung, Implementierung, praktischer Gebrauch	6
指摘	してき	Hinweis, Angabe, Hervorheben	6
視点	してん	Aspekt, Gesichtspunkt, Sicht	8
指導	しどう	Anleitung, Leitung; Unterweisung; Führung	4
占める	しめる	besetzen, einnehmen, innehaben	1
周囲	しゅうい	Peripherie, Umfeld, Umwelt	9

習慣	しゅうかん	Sitte, Gewohnheit	5
重視	じゅうし	etw. für wichtig halten, wichtig nehmen, Wert auf etw. legen	1
従事	じゅうじ	Beschäftigung mit	7
収集	しゅうしゅう	Sammlung	9
就職	しゅうしょく	eine Stellung finden	1
周知	しゅうち	allgemeine Bekanntheit	10
集中力	しゅうちゅうりょく	Konzentrationsfähigkeit	7
主食	しゅしょく	Hauptnahrungsmittel	5
出世	しゅっせ	Aufstieg, (schnelle) Karriere	2
寿命	じゅみょう	(natürliche) Lebensdauer, Leben	3
使用頻度	しようひんど	Häufigkeit der Verwendung	10
消化	しょうか	Verdauung	5
障害	しょうがい	Hindernis, Störung; Behinderung	9
蒸気	じょうき	Wasserdampf	7
商業	しょうぎょう	Handel	7
少子化	しょうしか	Sinken der Geburtenrate; Trend zu weniger Kindern	4
上昇する	じょうしょうする	aufsteigen, ansteigen	6
冗談	じょうだん	Spaß, Witz	10
消費者	しょうひしゃ	Konsument, Verbraucher	7
昌平校	しょうへいこう	Schule des *bakufu*	4
将来	しょうらい	Zukunft	7
奨励する	しょうれいする	ermutigen, fördern, unterstützen	6
植民地	しょくみんち	Kolonie	1
女史	じょし	Frau (*als Suffix*); *höflich-respektvolle Bezeichnung für eine Frau von höherem Rang*	9
庶民	しょみん	einfaches Volk	4

処理	しょり	Erledigung, Handhabung, Behandlung	6
自立心	じりつしん	Unabhängigkeitsgefühl	4
深刻な	しんこくな	ernst, bedenklich	6
人生	じんせい	(Menschen-)Leben	3
身長	しんちょう	Körpergröße	9

す

水産業	すいさんぎょう	Fischerei	7
垂直	すいちょく	senkrecht, vertikal	5
睡眠障害	すいみんしょうがい	Schlafstörung	10
姿	すがた	Gestalt, Form, Figur, Aussehen	5
救う	すくう	retten, helfen; erlösen	9
すぐれた		hervorragend, ausgezeichnet	2
進む	すすむ	vorwärts gehen, vorangehen, Fortschritte machen	3

せ

性差	せいさ	Geschlechterunterschied	10
製造業	せいぞうぎょう	herstellende Industrie	7
青年	せいねん	Jugendlicher, junger Mann, junge Frau	9
姓名	せいめい	Vor- und Nachname	1
制約	せいやく	Bedingung, Einschränkung	8
石炭	せきたん	(Stein-)Kohle	6
積極的	せっきょくてき	aktiv, positiv	9
世間話	せけんばなし	Geschwätz, Gerede	9
接する	せっする	in Berührung kommen, berühren	9
世代	せだい	Generation	3
節電・節水	せつでん・せっすい	Strom und Wasser sparen	6

設備	せつび	Einrichtung, Ausstattung	2
絶対に	ぜったいに	absolut, unbedingt	1
接頭辞	せっとうじ	Präfix	10
せまってくる		näher rücken	9
世話	せわ	Hilfe, Beistand; Pflege, Betreuung	3
繊維	せんい	Textilfaser	7
戦後	せんご	Nachkriegszeit, nach dem Krieg	5
先日	せんじつ	neulich, vor Kurzem, unlängst	5
先住民族	せんじゅうみんぞく	Ureinwohner	1
先進国	せんしんこく	Industrieland, fortschrittliches Land	6
全盛	ぜんせい	Blütezeit, Höhepunkt	2
戦争責任	せんそうせきにん	Kriegsschuld, -verantwortung	8
占領	せんりょう	besetzen, einnehmen; Besetzung	1

そ

増設	ぞうせつ	vergrößern, ausbauen, zusätzlich einrichten	4
創造	そうぞう	Schöpfung, Erschaffung, Kreation	8
創造性	そうぞうせい	Kreativität, Erfindungsgabe	2
装置	そうち	Vorrichtung, Einrichtung, Apparat	7
俗信	ぞくしん	Volksglaube, Aberglaube	5
育つ	そだつ	aufwachsen, heranwachsen; aufziehen, erziehen	9
供える	そなえる	darbringen, opfern, feierlich widmen	5
尊敬語	そんけいご	ehrerbietig-höfliche Sprache	10
存在	そんざい	Dasein, Existenz; Sein	8

た

第一次産業	だいいちじさんぎょう	Primärindustrie	7
第一歩	だいいっぽ	erster Schritt	8

対応	たいおう	Entsprechung, Übereinstimmung	3
大企業	だいきぎょう	Großunternehmen	2
第三次産業	だいさんじさんぎょう	Tertiärindustrie	7
退職	たいしょく	Pensionierung, Rücktritt, seinen Abschied nehmen, in den Ruhestand treten	3
大震災	だいしんさい	Erdbebenkatastrophe	9
第二次産業	だいにじさんぎょう	Sekundärindustrie	7
代表	だいひょう	Vertreter, Stellvertreter	7
大量	たいりょう	Masse, große Menge	7
大量に	たいりょうに	massenhaft, viel	2
宝物	たからもの	Schatz, Kostbarkeit	9
尋ねる	たずねる	suchen, forschen; fragen, befragen	9
他人	たにん	der Andere, Fremder	3
頼む	たのむ	bitten, ersuchen; beauftragen	9
球	たま	Ball, Kugel	7
多様化	たようか	Diversifikation; Vielfältigkeit	5
多様な	たような	verschiedenartig, divers, mannigfaltig	8
単一	たんいつ	einzig; einfach	1
単純	たんじゅん	einfach, schlicht; naiv, einfältig	5
単なる	たんなる	nur	8

ち

地位	ちい	Stellung, Rang, Position	10
地球	ちきゅう	Erde, Erdkugel	6
秩序	ちつじょ	Ordnung; Recht und Ordnung; System	4
地方	ちほう	Gegend, Gebiet, Region	5

茶柱	ちゃばしら	aufrecht schwimmende Teestiele (*Glückssymbol*)	5
中小企業	ちゅうしょうきぎょう	kleine und mittelständische Unternehmen	2
直後	ちょくご	gerade danach, unmittelbar nach	5
著者	ちょしゃ	Autor	9
賃金	ちんぎん	Lohn	2

つ

つい		erst, soeben; unabsichtlich, unbewusst	10
通常	つうじょう	gewöhnlich, in der Regel	10
突き立てる	つきたてる	hineinstecken; in die Erde stoßen	5

て

低〜	てい〜	niedrig-, -arm	5
程度	ていど	Grad, Ausmaß	3
丁寧	ていねい	Höflichkeit, Zuvorkommenheit	10
定年	ていねん	Dienstaltersgrenze	3
手入れ	ていれ	Pflege, Betreuung	3
鉄鋼	てっこう	Eisen und Stahl	7
寺子屋	てらこや	Tempelschule, private Schule für Kinder in der Edo-Zeit	4
電動式	でんどうしき	elektrisch	9
伝統的	でんとうてき	traditionell	5

と

同化政策	どうかせいさく	Anpassungspolitik	1
同居	どうきょ	Zusammenwohnen	3
同情	どうじょう	Mitgefühl, Mitleid	9

導入	どうにゅう	Einführung, Einleitung; einführen, Einleiten	2
豆腐	とうふ	Tofu (*Sojabohnenquark*)	5
動揺	どうよう	Unruhe; Schwanken; Erregung	9
動力	どうりょく	Triebkraft, Kraft	7
独身	どくしん	Ehelosigkeit; ledig	3
特徴	とくちょう	Besonderheit, Charakteristikum	9
特別な	とくべつな	speziell, besonders	9
途中	とちゅう	unterwegs, auf dem Weg	10
乏しい	とぼしい	unzureichend; arm, armselig	8
捉える	とらえる	fangen, fassen; festnehmen verstehen, begreifen	8
取り除く	とりのぞく	beseitigen, entfernen; löschen	8
努力	どりょく	Bemühung, Mühe	2,9

な

慰める	なぐさめる	trösten, aufmuntern	9
亡くなる	なくなる	sterben	5
嘆く	なげく	klagen, jammern, trauern	9
何気ない	なにげない	unschuldig, unabsichtlich, arglos	8
慣れる	なれる	sich gewöhnen an	9
成り立つ	なりたつ	zustande kommen, entstehen; sich verwirklichen	8

に

〜に比べて	〜にくらべて	im Vergleich mit, verglichen mit	2
二酸化炭素	にさんかたんそ	Kohlendioxid	6
二世、三世	にせい、さんせい	zweite Generation und dritte Generation	8
日常	にちじょう	Alltag; alltäglich, gewohnt	5

～に富む	～にとむ	reich sein an etw.	2
入信	にゅうしん	einen Glauben annehmen	2

ね

熱中する	ねっちゅうする	sich für erw. begeistern, schwärmen, sich in etw. vertiefen	3
燃焼	ねんしょう	Verbrennung	6

の

農業	のうぎょう	Landwirtschaft	7
除く	のぞく	aussortieren; ausschließen	10
延びる	のびる	sich verlängern, sich ausdehnen	3

は

廃棄物	はいきぶつ	Abfall(-stoff)	6
排出量	はいしゅつりょう	Emissionsmenge, Ausstoßmenge	6
排除	はいじょ	beseitigen, ausschließen	1
敗戦	はいせん	Niederlage; verlorener Krieg	4
墓	はか	Grab	5
幕府	ばくふ	Bakufu, Shōgunat, Shōgunatsregierung	4
幕末	ばくまつ	Ende der Tokugawa-Zeit (1853-1867)	4
はさむ		einklemmen, zwischen etw. klemmen	9
発生	はっせい	Entwicklung, Entstehung, Vorkommen	6
発達	はったつ	Entwicklung, Wachstum	7
発電所	はつでんしょ	Kraftwerk	6
はまる		geraten in, fallen in; sich eignen, passen; nach etw. süchtig werden	10
藩校	はんこう	Schule für die Samurai, Daimyatsschule	4

阪神大震災	はんしんだいしんさい	Kansai-Erdbeben	2
反省	はんせい	nachdenken, sich Gedanken machen, reflektieren	1
反動	はんどう	Reaktion, Gegenwirkung	3
販売	はんばい	Verkauf, Vertrieb, Absatz	7

ひ

被害	ひがい	Schaden, Verlust	6
美化語	びかご	Wort zur Verschönerung	10
低める	ひくめる	niedrig machen, tief machen	10
美術品	びじゅつひん	Kunstgegenstand	9
微笑	びしょう	Lächeln	9
浸る	ひたる	eintauchen; sich widmen, sich Hingeben	9
ピッチ		Tonhöhe, Tempo	10
否定	ひてい	verneinen, (ab-)leugnen	1
人付き合い	ひとづきあい	Umgänglichkeit, Freundlichkeit	9
一人っ子	ひとりっこ	Einzelkind	3
標準語	ひょうじゅんご	Standardsprache, Hochsprache	1
評価	ひょうか	Bewertung; Schätzung; Würdigung	8
表現	ひょうげん	Ausdruck, Formulierung, Darstellung	5
屏風	びょうぶ	Wandschirm, Paravent	9
品位	ひんい	Charakter, Würde, Eleganz	10
品種	ひんしゅ	Sorte, Art	7

ふ

～風	～ふう	Art, Weise; Stil	5
風景	ふうけい	Landschaft	5
風俗	ふうぞく	Sitte	1

風力	ふうりょく	Windstärke	6
復活	ふっかつ	Wiederaufleben; Auferstehung	5
武器	ぶき	Waffe	10
普及	ふきゅう	Ausbreitung, Verbreitung, Popularisierung	5
不況	ふきょう	Flaute, Rezession	2
複雑	ふくざつ	Komplexität, Schwierigkeit	10
副食	ふくしょく	Beilage, Nebengericht	5
複数	ふくすう	Plural, Mehrzahl	3
不幸	ふこう	Unglück	9
復興運動	ふっこううんどう	Wiederaufbaubewegung	1
物質	ぶっしつ	Stoff, Substanz, Materie	2
不足	ふそく	Mangel, Defizit	10
普通	ふつう	normalerweise, üblicherweise	5,9
仏壇	ぶつだん	buddhistischer Hausaltar	5
部品	ぶひん	Zubehör, Teil	2
触れる	ふれる	berühren, anfassen, in Berührung kommen	9
振舞う	ふるまう	sich benehmen, sich verhalten	9
分野	ぶんや	Bereich, Gebiet, Fach	7
分類	ぶんるい	Klassifikation, Einteilung	10

へ

へだてる		fernhalten, abschirmen; trennen	8
変化	へんか	Veränderung, Wandel	7
変動	へんどう	Schwankung, Fluktuation; Änderung	8

ほ

母音	ぼいん	Vokal	10
崩壊	ほうかい	Zusammenbruch, Zerfall, Niedergang	2
防止	ぼうし	Vorbeugung, Verhütung	6
僕	ぼく	ich (*Männersprache*)	9
北欧	ほくおう	Nordeuropa	5
保護する	ほごする	schützen, behüten; pflegen	4
頬	ほほ	Wange	9
本物	ほんもの	Echtheit, Unverfälschtheit, Original	7
本来	ほんらい	ursprünglich; eigentlich; natürlich	8

ま

まかなう		versorgen, verpflegen; bestreiten, bewerkstelligen	6
真面目	まじめ	Ernsthaftigkeit, Aufrichtigkeit	10
惑う	まどう	sich verlaufen, sich verirren; zögern, schwanken	2
まとめる		abschließen, beendigen; sammeln; vollenden; ordnen	6
眩しい	まぶしい	blendend; grell	10
満足	まんぞく	Zufriedenheit	5

み

身近	みじか	Nähe von jmd., Vertrautheit	5, 6
見慣れる	みなれる	sich an einen Anblick gewöhnen	5
見舞う	みまう	besuchen, aufsuchen; heimsuchen, überfallen	2

む

迎える	むかえる	empfangen, aufnehmen, begrüßen	3

息子	むすこ	Sohn	3

め

明治維新	めいじいしん	Meiji-Restauration (1868)	1
眼鏡	めがね	Brille	9
めざす		streben nach; beabsichtigen; zielen auf	1
珍しい	めずらしい	selten, ungewöhnlich; seltsam	3

も

設ける	もうける	gründen, errichten; festlegen	4
目標	もくひょう	Ziel; Absicht	6

や

焼肉	やきにく	gebratenes Fleisch	5
焼ける	やける	brennen, zerstört werden	9
訳す	やくす	übersetzen	7
役割	やくわり	Rolle	4
山盛り	やまもり	große Portion, aufgehäufte Portion	5

ゆ

優雅	ゆうが	Anmut, Grazie, Eleganz	9
勇気	ゆうき	Mut, Kühnheit	1
有限	ゆうげん	begrenzt, beschränkt, endlich	6
悠々自適	ゆうゆうじてき	ein ruhiges, geruhsames Leben	3
豊かな	ゆたかな	reich, wohlhabend	2, 8
揺るぐ	ゆるぐ	wackeln, wanken, beben	2

よ

様子	ようす	Zustand, Lage, Umstände	3

要求	ようきゅう	Forderung, Anspruch, Nachfrage	7
横になる	よこになる	sich hinlegen; schlafen	5
予測する	よそくする	vermuten, voraussehen, rechnen mit	6
呼びかける	よびかける	anrufen, ansprechen, sich wenden an	6

り

利己的	りこてき	egoistisch, eigennützig	9
立体	りったい	Körper, Kubus, dreidimensionale Form	7
理念	りねん	Idee; Prinzip; Doktrin	4
立派	りっぱ	großartig, herrlich, ausgezeichnet	5
利用	りよう	Benutzung, Verwertung	6
林業	りんぎょう	Forstwirtschaft	9

れ

例	れい	Beispiel	9
冷却期間	れいきゃくきかん	Abkühlungspause, Abkühlungsphase	2
礼儀正しさ	れいぎただしさ	Höflichkeit, Manieren, Etikette	9
連想	れんそう	Assoziation, Gedankenverbindung	5
連帯	れんたい	Solidarität	8

わ

話題	わだい	Gesprächsthema, Gesprächsstoff	10
割合	わりあい	Verhältnis; Proportion; Anteil	7

推薦のことば

　本書は、21世紀に入ってほぼ10年を経過する EU 欧州連合圏の真っ只中に産声をあげようとしている。そこで推薦者は、まずその「稀有な出生史」を本書の推薦理由の筆頭として特記し、その後に具体的な推薦理由を述べることにしよう。

　本書の「出生史」が稀有であるのは、外的要素としての現行欧州圏内の「時代精神」であり、内的要素としての「日・独の生母・産婆」である。EUは、今では加盟27カ国から成る超国家的性格を持った経済・社会・文化統一体として未だに成長・進化し続ける「若い国」であるが、その出自は、欧州人が1950年二度の世界大戦で荒廃しきったヨーロッパ土壌に立ち、人類の恒久的な自由・平和の実現を誓ったその「発想」に遡る。当時のフランス外務相ロバート・シューマンが隣国ドイツに呼びかけ、さらに翌年欧州の「経済復興と国家間平和」の実現めざし西欧圏6カ国（ベルギー、フランス、西独、イタリア、ルクセンブルグ、オランダ）がシューマン宣言を採択したことに端を発した。そして半世紀後の2000年には「ヨーロッパ・デー」を定め、その理念として「*Unity in diversity/ in varietate concordia* 多様性の中の統合」を掲げる。翌年には、欧州評議会がその統一体の原動力としての「言語文化政策」として『CEFR欧州共通言語参照枠：学習・教育・評価』を公表し、ヨーロッパ全土に言語教育ガイドラインとしての位置づけをした。そこに見られる人間・歴史・教育観は、「複言語・複文化主義」という両語に結実している。「多言語・多文化」などの用語が「社会・国」の言語文化様態を記述するのに対し、この新造語は、ヒトの「個」のコミュニケーション能力に焦点を当てる。そして、個人の成長の過程で、異言語・異文化の多様性に柔軟に対応できる「人間力」を育てることを教育を通して具現化しようとする意図を明確にする。それから10年、この「複言語・複文化力醸成」という言語文化教育思想は、マクルーハンの言う「エレクトロニクス時代」の進化と共に、欧州圏を大きく超え、日本を含む世界の言語教育領域での指針となってきている。「新生児」は、この「時代精神」の息吹きの中、「日・独の生母・産婆」から「異語・異文化教育の現場」という接触場面の継続的実践研究の成果を血肉として譲り受けてくる。しかも、その両教育者の営為の根源には「人間愛」が深く流れることを、本書の推薦者は、個人的にも研

究者仲間としても知っている。推薦者が推薦理由の筆頭に「稀有な出生史」を挙げた理由もまさにここに在る。

次に主な推薦理由として以下具体的な5点に触れよう。

1.「話して考える⇔書いて考える」の明確な授業設計

推薦者は、大江健三郎（2004）『「話して考える」と「書いて考える」』集英社の題名に倣い、本書がヒトの「言語文化」活動の「読・書・話・聴」技能の蓄積を明確に設計していることを指摘する。【話してみよう】という教室活動で始まり、認知活動としての【本文】・【会話】のテクストの「読み」を通しての対峙があり、さらに自身にとって興味のある「切り口」から、インターネット・リサーチを含む「自己と世界との対峙」を各種メディアを通して広げていき、最終的にクラス活動としての「個人の見解発表・クラス討論」が待っている。着実なナビゲーションの中での「冒険の楽しさ」がそこにはある。従来の所謂コミュニカティブ・アプローチの教科書がともすれば「読・書」技能に重点を置いてきている中、「話技能」をここまで徹底してコミュニケーション能力の中心部に据えた設計は、OPI試験官有資格者・OJAE研究者としての著者であればこそ可能となった快挙である。

2. CEFR時代精神を具現化し「『個』の複言語・複文化力」の養成が可能

欧州言語教育参照枠は、「学習者」という用語を避ける。どんなに初級の段階にあるにしても、「複言語・複文化力」という発想法に立てば、実際に言語を用いるのであるから、「言語使用者」なのである。細川英雄（2002）は、『日本語教育は何をめざすか』明石書店と「自問」し、そのめざすところは「言語と思考の往還」という認知プロセスを通しての「個の文化の確立」と応える。そして授業者の役目はあくまでも「水先案内人的支援である」と呈示した。本書ではこの各「言語使用者」の「日本語・日本文化」との対峙を通しての異言語・異文化の「個化」のプロセスが明確にシラバス化されていて画期的である。また、CEFRを視座に入れていることにより、欧州他言語との「比肩化」を可能にしており、日本語界の大学レベルでは先駆的である。

3.「専門教育」への「橋渡し」としての中級教材化の成功

　本書のテーマ群は学際的である。歴史・文化史・思想史、経済/経営、社会・食文化、地学・環境、倫理・哲学、国際社会関係、言語・日本学・日本語学と幅広く１０課に収められている。各課では、漢語彙を中心とした「語彙・表現」の提出とともに、その新規に獲得される言語表現をさらにまたコンテクスト化した形での各種「練習、質疑応答、説明描写、作文、タスク遂行」などのバラエティーに富んだ練成法が周到に用意されている。照準を当てられた文法項目は主として「似通ったもの同士の差異化」をより明確にするように工夫されているが、この配慮は本書が「独母語・独母文化者」の「産婆」を持ったからこそ顕化できた視座であろう。練習結果のチェックは希望すれば、授業者の直接/間接、対面/ヴァーチャルによる「添削支援」も受けられるという配慮もある。

4.「デジタル・ギャラクシー時代」の要望に応え得る「人文系教育」

　世界は確実に「グーテンベルグ・ギャラクシー」から「デジタル・ギャラクシー」へと再構築されつつあり、日本学・大学文化圏においても、「デジタル・ネイティブ」が主層を占める昨今となってきている。彼女・彼らは、生後直後からコンピュータに囲まれ、社会化・文化化の子ども時代を経てきた新世代である。推薦者が「電筆」と呼ぶ基本的にはキーボード操作により、コンピュータ画面に表出するサイバー・スペースへの「書字・読字・理解」の直感的な把握をすることが当たり前となっている。20世紀末まで日本学とは『漢字辞書ページめくり学』の別名なり」と自虐的諧謔で揶揄されたものであった。しかし、新世代は、①電子辞書の操作、②漢字学習サイトなどの「手書き文字探索」、③マルチメディア方式の語彙学習などを通して、日本語学習の「高速道路」化を具現化してきている。そのデジタル・ネイティブ時代到来にあって、本書は片や「グーテンベルグ銀河系」の一つの星としての「人文系語学教育出版物」の形態を採りながら、片やメール交信・ネットリサーチを含む「学習支援」や、日本語新使用者が世界へ向けて情報発信源としてリソースになりうる可能性をも統合させている。「対面授業+インターネット学習のハイブリッド形態」を具現しているの

である。本書はその意味でドイツ語圏での中級段階向けの「B-Learning 型日本語教科書」の嚆矢となっており、時代の先端を行くのである。

5.「自立・自律型独習」にも使用可能

　「電筆・インターネット型学習」は、また学習者を地理的・時間的制約から解放し言語表現に関する「ユビキタスな自立/自立型学習」を可能にする。無論この部分だけが活用される場合には、上記の社会構成主義的に構築される「協働学習仲間としてのクラス文化創成」への直接関与は実現できなくなるが、しかし日本語力を獲得していく上での国境を越えた「発信型」コミュニケーションは、「自立・自律型独習」の支援を促進するであろう。

　以上、推薦のことばとして本書の「稀有な出生史」と５点の特長を述べた。本書の出版時は、本書著者酒井康子氏がその実行委員会役員として重責を担う「第１４回AJE欧州日本語教師会ベルリン・シンポジウム」の開催期2009年9月3日〜5日と重なるであろうか。同シンポジウムの中心テーマは、まさに CEFR 欧州参照枠『複言語・複文化力』圏内の日本語教育とは？」であり、サブテーマとしてあげられているのは、以下の3点である。
　1)「話す」能力とは？－「独話力・交話力育成と授業設計・実践」を中心に
　2)「子どもにとって」は？- 複言語・文化力の発達・進化の視座から
　3)「日本語教育スタンダード」とは？

　欧州「時代精神」圏内で開かれる AJE 日本語教育シンポジウムという「揺籃」の中に、酒井氏が10年余をかけて深い愛情で育んだ「稀有な本書」が生まれてくる。時期的・内容的な「ジャスト・ミート」である。これほどの快挙はあろうか。

2011年3月　ベルリンにて
ベルリン自由大学日本学科　山田ボヒネック頼子准教授